新型职业农民培训读本

沈　琼　夏林艳　编著

中国农业出版社

北　京

前　　言

这本书是写给新型职业农民的通俗读物，也是教育部人文社科重点研究基地重大项目（编号：18JJD790012）的研究成果。根据统计显示，截止到2017年底，我国已经培育的新型职业农民达到1 400万人，到2020年，新型职业农民将超过2 000万人。农业农村部部长韩长赋说，未来种地要靠新型职业农民。新型职业农民不仅能种地，而且有能力把地种好！他们把资本、科技、机械等现代因素融入农业农村，实现农业的高质量、高效益、绿色化发展，带动乡村振兴。

当然，作为中国传统农业向现代农业转型中成长的规模日益庞大的群体，新型职业农民需要系统了解我国关于新型职业农民培育的相关信息，这些信息将帮助他们更好地认识现代农业、了解自身在现代农业建设中的责任和担当，更好地融于新型职业农民培育工程中，获得更多的现代发展要素，培育持续发展的能力。

本书设计了九章内容，首先是介绍新型职业农民的基本概念和培育价值；第二章介绍现代农业特征下的新型职业农民的素养和能力；第三章系统介绍我国新型职业农民培育工程；第四章、第五章和第六章分门别类地介绍我国生产经营型职业农民、专业服务型职业农民、专业技术型职业农民教育培训的内容体系；第七章介绍部分地区新型职业农民的认定标准；第八章梳理了不同层级的新型职业农民扶持政策；第九章列举了八位新型职业农民的成长事迹。

新型职业农民的培育是一个缓慢的过程。当前，我国新型职业农民培育工程还处于试点时期，与新型职业农民有关的制度设计还处于不断探索的过程中。本书的作者也是第一次面向农民朋友，试图撰写一本通俗易读的读物。尽管有一些学术积累，曾经完成的国家项目、著作和四十多篇的学术论文也难以保证写好本书。我是如此的诚惶诚恐，经常与我的学生夏林艳商量探讨，希望能够写得更接地气，能够为新型职业农民朋友的事业发展做出贡献。当然不足是难以避免的，希望读者们原谅。

最后，中国农业出版社为本书的出版提供了大量的帮助。当赵刚编辑向我约稿时，我深深为中国农业出版社关注新型职业农民群体感到欣慰，也为出版社在"三农"领域前瞻性的视野、务实性的服务而感到钦佩！

沈　琼

2018 年 5 月 1 日于盛和苑

目　　录

第一章　新型职业农民概论

随着经济的不断发展，我国传统农业逐渐向现代农业转变，与此同时，农业对农民的综合素质要求也越来越高。改革开放以来，活跃的经济促使了城镇化快速发展和人口流动速度的加快，大量的农村青壮年劳动力向城市转移，留在农村的生产者被形象地称为"386199"部队，造成了发展农业生产缺人手，发展现代农业缺人才的不利局面，严重制约了农村经济的发展。党中央、国务院高度重视"三农"问题，始终把三农工作作为全党工作的重中之重。2012年中央1号文件首次提出新型职业农民的概念，并阐述"大力培育新型职业农民，对未升学的农村初高中毕业生免费提供农业技能培训，对符合条件的农村青年务农创业和农民工返乡创业项目给予补助和贷款支持"。

本章主要介绍新型职业农民的内涵、分类、特征及在农业现代化建设中的作用等内容。

第一节　什么是新型职业农民

一、新型职业农民内涵

新型职业农民是以农业为职业、具有相应的专业技能、收入主要来自农业生产经营并达到相当水平的现代农业从业者。

新型职业农民是相对于传统农民和兼业农民而言的。在此概念提出来之前，国家曾提出新型农民和职业农民的说法。新型农民是在2005年党的十六届五中全会中提出的，即为适应现代农业发展和建设社会主义新农村的需要，切实提高农民文化素质和技能水平，培养的有文化、懂技术、会经营的新型农民。新型农民强调的是时代性、现代性。职业农民强调的是农民职业属性，突出农民的专业特点。职业农民是为了区别身份概念的农民，是专门从事农业生产和经营的农业从业者。

新型职业农民将新型农民和职业农民有机地结合起来，是适应我国农村劳动力结构变化和现代农业发展的新形势的需要，体现了农民从身份向职业的转变，从兼业向专业转变、从传统农业生产方式向现代农业生产经营方式转变的特点。

二、新型职业农民分类

新型职业农民主要包括生产经营型、专业技能型和社会服务型职业农民三类，如表1-1所示。根据2016年中共中央组织部办公厅、农业部办公厅、人力资源和社会保障部办公厅、国家统计局办公室联合开展的全国农村实用人才统计，截至2016年，全国农业实用人才总量为16 923 021人，其中生产经营型9 656 679人，专业技能型2 522 240人，专业服务型4 744 102人。

表1-1 新型职业农民的主要类型

主要类型	定 义
生产经营型	以农业为职业、占有一定的资源、具有一定的专业技能、有一定的资金投入能力、收入主要来自农业的农业劳动力
专业服务型	在社会化服务组织中或个体直接从事农业产前、产中、产后服务，并以此为主要收入来源，具有相应服务能力的农业社会化服务人员，主要是农村信息员、农村经纪人、农机服务人员、统防统治植保员、村级动物防疫员等农业社会化服务人员
专业技能型	在农民合作社、家庭农场、专业大户、农业企业等新型生产经营主体中较为稳定地从事农业劳动作业，并以此为主要收入来源，具有一定专业技能的农业劳动力，主要是农业工人、农业雇员等

第二节　为什么要培育新型职业农民

培育新型职业农民是解决"谁来种地"问题的根本途径。随着新型工业化和城镇化进程加快，大量农村青壮年劳动力进城务工就业，务农劳动力数量大幅减少，"兼业化、老龄化、低文化"的现象十分普遍。很多地方务农劳动力平均年龄超过50岁，文化程度以小学及以下为主，"谁来种地""如何种好地"成为现实难题。迫切需要加快培育新型职业农民，吸引一大批年轻人务农创业，形成一支高素质农业生产经营者队伍，确保农业后继有人。

培育新型职业农民是加快农业现代化建设的战略任务。现代农业发展关键在人，培育新型职业农民就是培育中国农业的未来。"十三五"时期，农业现代化要取得明显进展，构建现代农业产业体系、生产体系、经营体系，走产出高效、产品安全、资源节约、环境友好的道路，确保国家粮食安全和重要农产品有效供给，提高农业国际竞争力，迫切需要把农业发展方式转到依靠科技进步和提高劳动者素质上来，加快培养一批综合素质好、生产技能强、经营水平高的新型职业农民。

培育新型职业农民是推进城乡发展一体化的重要保障。长期以来，我国劳动力、资金、土地等要素资源大量从农村流向城镇，导致工农、城乡发展失衡，成为我国经济社会发展的突出矛盾。推进城乡发展一体化，根本是要促进城乡要素平等交换和公共资源均衡配置。迫切需要大力培育新型职业农民，提高农民的科学文化素质和生产经营能力，推动农民由身份向职业转变，逐步成为体面的职业，让广大农民平等参与现代化进程、共同分享现代化成果；吸引一批农民工、中高等院校毕业生、退役士兵、科技人员等到农村创新创业，带动资金、技术、管理等要素流向农村，发展新产业新业态，增强农村发展活力，繁荣农村经济，缩小城乡差距。

培育新型职业农民是全面建成小康社会的重大举措。全面建成小康社会，最艰巨最繁重的任务在农村，重点难点在农民，尤其是贫困地区的农民。农村全面小康，关键是要促进农民收入持续增长。目前，农民增收的渠道还不多、能力比较弱，持续增收的长效机制还没有建立起来。迫切需要培育一支创新创业能力强的新型职业农民队伍，推动农村产业转型升级，发挥示范带动作用，促进贫困农民增收致富，确保农村不拖全面小康的后腿。

第三节　新型职业农民的特征

以市场化为导向，强调传统经营方式向现代经营方式的变革。我国传统农业生产经营体系是一个自给自足的、封闭的体系，与市场缺乏足够的交流，农民通过购买生产生活资料，出售农产品来部分地参与市场交换，以满足自身的需要。与传统农业相比，现代农业与市场的联系更为密切。随着社会主义市场经济体制的逐步完善，市场在资源配置中的作用日益突出。作为现代农业生产的新生力量与领军群体，新型职业农民更加强调以市场为导向，灵活运用市场运作机制，追求自身经济利益的最大化，从而实现现代农业生产经营方式的变革。在工业化和城镇化的大背景下，新型职业农民具有较强的开放性和流动性，倾向于根据市场需求发展农业商品化生产，并控制生产规模，围绕提供农业产品和服务组织开展生产经营活动，形成产前、产中到产后的产业链条。随着农业现代化进程的推进，作为新型职业农民成长内发动力的市场，在现代农业生产经营体系中扮演的角色日益重要。

以专业化为手段，强调传统兼业农民向各类专业农民的变革。传统的农业生产具有"小而全"的特征，农民的兼业化现象较为严重。新型职业农民与传统农民相比，更加强调以专业化为手段，实现从兼业农民向各类专业农民的转变。随着农村生产力水平的提高和分工分业的发展，无论是种养、农机等专业大户，还是各种类型的农民合作社，都集中于农业生产经营的某一个领域、品种或环节，开展专业化的生产经营活动。从全球范围来看，农业分工分业是现代农业发展的大势所趋。在现阶段，我国重点培育的新型职业农民包括三种类型，即生产经营型、专业技能型和社会服务型。其中，生产经营型农民作为现代农业生产中的"白领"，是新型职业农民培育的重中之重。每类新型职业农民对专业化的要求都比较高，都需要具备扎实的专业知识和娴熟的专业能力，以适应现代化农业生产的需要。因此，在培育新型职业农民的过程中，必须不遗余力地提高其专业化水平。

以规模化为基础，强调传统小农生产向社会化大生产的变革。在传统农业生产中，农民的小农意识比较强烈，"小富即安""日出而作，日入而息"是其重要的特征，生产仅仅是作为一项自给自足的常规工作而存在，因此，传统的农民对农业生产缺乏足够的热情。与传统农民相比，新型职业农民更加强调现代农业生产的规模化经营，从而实现传统小农向社会化大生产的变革。农业作为国民经济的基础产业，为了适应市场经济的发展需要，提高农业生产率，必须实行农业的产业化经营，走适度规模经营的道路。与此相应，新型职业农民必须能够适应现代农业生产适度规模经营的要求。目前，我国正在加快培育新型农业经营主体，作为主要推动力量的新型职业农民需要逐步适应"家庭经营＋合作组织＋社会化服务"的新型农业经营体系的组织化路子，才能实现保供增收的目标。同时，在推进农业产业化的过程中，追求规模经营，发挥区域优势与集聚效应，新型职业农民必定是其中的中坚力量。从长远来看，这将直接影响着我国农业现代化的进程。

以高素质为特征，强调传统技术培训到现代培育体系的变革。现代农业发展方式从粗放式向集约式的转变，对农村生产力和生产要素的要求进一步提高，相对于技术、土地和资本等生产要素，人力资本在现代农业发展方式转变过程中的作用越来越突出。在此背景之下，为了实现农业的现代化，加强新型职业农民的培育已经到了刻不容缓的地步。与传统农民相比，新型职业农民的典型特征是高素质，不仅需要有扎实的专业知识和技能，而且需要有宽广的视野，综合的管理能力，优良的职业道德等综合素质。这一要求，意味着对新型职业农民的培育应该是全面而系统的农民职业教育，而不是简单的短期技能培训。新型职业农民的培育涉及多个方面的内容，包括专业认知的引导、实操技能的训练、综合能力的培养和职业道德的教育等。全面而系统的新型职业农民教育不仅告诉农民怎么做，而且告诉农民为什么这么做，从而在观念、能力和道德等方面全方位地提升新型职业农民的素质。

第四节　新型职业农民在农业现代化建设中的作用

改造农业首先需要改造农民。新型职业农民是农业生产经营的继承者，是农业现代化建设必需的人力资源，是农业供给侧结构性改革的主力军，是乡村振兴的主体，对促进农业规模化、专业化、集约型、特色化和可持续发展具有重要意义。

新型职业农民有利于农业经验技术、优秀文化理念的传承，是新农村建设的主力军。我国是一个农业大国，农业生产具有悠久的历史，积累了宝贵的农业生产经验和优秀的农业生产智慧，作为现代化农业的继承者，新型职业农民具有较高的文化素质和科技素养，可以更快、更好地继承传统农业生产的经验和优秀文化理念，解决"谁来种地"和"怎样种地"的问题，可以使我国农业、农村焕发新的生机与活力。

新型职业农民有利于提高农业的科技水平和机械水平。传统农业生产以家庭为单位，科技含量低，机械化利用率不高，属于粗放型、分散型农业，不利于现代农业的规模化、产业化、集约化生产。新型职业农民具有满足现代农业生产、经营、管理所需的科技文化素质、生产技能和职业道德水平，他们有利用科技和机械来提高农业生产附加值的意识和现实需要，会主动、积极地利用先进的农业科技技术和机械，从而达到农业规模化、集约化、产业化生产的目的。

新型职业农民有利于政府惠农政策落实。传统农民由于文化水平不高，客观上阻碍了国家各项惠农政策的落实，而"新型职业农民"理解国家的农业政策是对其素质的基本要求，这大大降低了国家惠农政策的实施成本，有利于各项惠农政策的落实，有利于国家对农业的扶持和调控，使国家的惠农政策和政府服务更具针对性和实效性，从而实现宏观调控农业的目的。同时，"新型职业农民"便于接受现代保险的理念和法律意识，懂得利用法律来保护自己的正当权益，增强了抗御风险的能力。

新型职业农民有利于规模化、专业化、集约型、特色型农业的形成和发展。现代化农业打破了传统家庭小规模经营的农业生产模式。传统农业生产以家庭为单位，缺乏科技创新、市场竞争意识和抵御风险能力，属于粗放型、分散型农业。新型职业农民有知识，懂技术，会经营，具有现代农业的先进生产管理理念，抗御风险的能力更强，有利于农业的规模化、专业化、集约型、特色型农业的形成和发展。

第二章 新型职业农民的素质与能力

新型职业农民是区别于传统农民（或者普通农民）的农业从业人员，是新时代我国农业从传统向现代转型的过程中必需的人力资源，其规模和素质决定着我国农业现代化建设的速度与质量。本章主要从现代农业的职业特征出发，与传统农业进行对比分析，提出新型职业农民应该具备的与现代农业职业特征相适应的素质与能力。

第一节 传统农业与传统农民

一、什么是传统农业

农业是一个产业概念，从农业所包含的内容和范围来划分，有狭义农业和广义农业之分。狭义农业指种植业或指农作物栽培业；广义的农业包括种植业、林业、养殖业和渔业。

传统农业是人类演进过程中的一种农业发展方式和阶段。指在自然经济条件下，采用人力、畜力、手工工具、铁器等为主的手工劳动方式，靠世代积累下来的传统经验发展，以自给自足的自然经济居主导地位的农业。传统农业具有以下特征：

技术停滞。在传统农业中，农民以传统的直接经验技术为基础，使用简陋的铁木农具和人力、畜力以及水力和风力进行生产。在这漫长的历史时期，农业技术的进步和生产的发展极其缓慢，农业完全以世代使用的各种生产要素为基础。

劳动生产率低下。由于技术停滞，农产品的增加主要依靠两种途径：一是扩大耕地面积，形成粗放式耕作。由于地球上可开垦荒地有限，这一方式越来越失去了发挥作用的余地；二是增加单位面积上的劳动投入，形成劳动密集型的精耕细作，但由于技术停滞，土地报酬递减规律发挥作用，因而劳动生产率呈下降趋势。

自给自足的自然经济。在传统农业中，很少有外部生产要素的投入，而生产的农产品也主要是满足自己的生产和生活需要，产品剩余很少，农业生产基本处于封闭的自我循环状态。原始的生产工具和生产技术迫使农民在小块土地上耕作，他们的衣食住行、生老病死等基本活动都局限于与世隔绝的村落中，形成自给自足的自然经济。

二、什么是传统农民

"农民"一词出自《谷梁传·成公元年》："古者有四民。有士民，有农民，有工民，有商民，即士农工商四民"。"农民"这一概念在不同的社会历史阶段有着不同的界定和认识，从整体来看，中国的农民既是一个职业的称谓，即农业从业者，又是一个身份的称谓，具有农村户籍的人员。在封建社会，由于农业生产相对稳定，农民拥有一定的土地等生产资料，国民收入主要来自于农业，农民相对于工商业者而言，具备相对较高的社会地位。社会主义市场经济初期，农民来自农业的收入较低且增长缓慢，城乡差距扩大，无论是从职业吸引力上，还是从社会阶层上，农民处于较低的层级。

当前，我国绝大多数的农民属于传统农民，其具有如下特征：

（一）来自农业的低收入特征

传统农民从事农业获得的收入较低，来自于农业的收入仅能使农民家庭处于维持生计的水平，甚至不能维持生计，农民少有积累或者财产，同时，农业生产也仅仅是处于传统要素密集或者维持在简单再生产的局面。譬如，1990年，全国农民平均纯收入为686.3元，来自家庭经营型性收入为518.6元，农民平均消费支出为584.6元，农民来自于农业的收入还不能满足其消费水平。农民是不情愿也没有能力对农业进行扩大再生产。

农民来自农业的收入处于较低水平，不仅表现在专职的农民的收入上，而且表现在兼业的农民的收入上。尽管随着工业化和城镇化进程加快，我国大部分农民的收入来源不仅仅局限在农业上，从事非农产业或者进城务工逐渐成为农民家庭收入的另一项重要来源。而且，近年来，国家对"三农"问题和不平衡不充分发展的高度重视，政府对农民财产的保护不断增强，对农业农民的转移支付不断增加，转移性收入和财产性收入成为农民收入增长较快的部分。工资性收入、财产性收入和转移性收入的增加，不仅提高了农民的收入水平，而且改善了农民的财产状况，使得农民有了部分积累，但是，这些仍不能改变其传统农民的角色。如果农民来自于农业的经营收入状况不能得到改善，农民仍不愿意对农业进行投资，农业对其而言，仍是处于维持生计的状态。譬如，2017 年，农民的平均收入为 13 432 元，消费支出为10 955 元，收入高于消费支出，农民有了一部分储蓄或者是生产性投入，但是，这部分收入中来自于农业的仅仅是 4 900 元，来自农业的收入水平并不能满足农民自身的消费需求。在这种状况下，农业生产效率根本不能实现，农业的粗放经营状态也不会得到改变。农民家庭尽管有了非农收入和一定的财产积累，但其作为农业生产者而言，仍是传统农民。

表 2-1　农民的收入和消费情况

单位：元/人

年　份	1990	2000	2010	2017
农村居民家庭纯收入	686.3	3 146.21	5 919.0	13 432
其中来自家庭经营性收入	518.6	1 498.8	2 832.8	49 000
农村居民消费支出	584.6	2 652.4	4 381.8	10 955
城镇居民收入	1 516.2	6 295.9	19 109.4	36 396
城镇居民消费支出	1 510.2	4 998.0	13 471.5	24 445

资料来源：中国统计年鉴（历年）。

（二）农民的分散性特征

传统农民分散在广大农村的每一个角落，这是他们的表象，也是农民的基本特征。传统农民在地理上的分散性是由农业生产的特点决定的。动植物的自然再生产过程与经济再生产过程结合在一起，作为动植物生存条件的土地具有极为重要的地位。可以说，没有大片的良田，就没有农业。土地的面积大小和质量好坏决定着农业生产活动的规模和内容。工业生产和其他非农业活动也需要土地，但在这里土地只是生产活动的场所和基地，可以集中在一个小的范围内进行，并且这种集中和集聚的程度越高，所能产生的规模效应就越大，这是非农产业在城市不断集结和膨胀的最根本原因。由于农业生产主要分布在广阔的土地上进行，农民只能分散在不同的地区，祖祖辈辈长此以往，分散性成了农民的固有特点之一。

传统农民的分散性表现为他们生存的地理空间中人口密度、经济密度和社会密度都很低。人口密度低是农民居住分散性的表现，同时也是经济密度低的结果。经济密度低主要表现在两个方面：一是单位土地面积的经济活动数量少，可以用单位面积上的劳动力、资金、技术设备等生产要素的投入或产量、产值、收益等生产经营成果的产出指标来表示；二是单位土地面积的人口承载力较低，用单位面积上所能供养的人口数量来衡量。显然，这两个方面是密切相关的。在传统农业阶段，科学在农业中的应用极为有限，资金、技术等现代生产要素的投入很少，主要采取劳动投入来增加产量，生产过程对自然条件的依赖十分强烈，土地生产率不高，因而土地的承载力低下，广种薄收成为传统农业的基本特征，这是传统农民分散性的经济根源。在较低的人口密度和经济密度条件下，出于交通不便，通讯手段落后，加之有自给自足的小生产方式做保证，传统农民的社会密度很低，表现出与外界的交往和联系少，超出家庭和血缘关系范围的社会活动缺乏，组织化程度很低的分散化特征。

传统农民的分散性程度取决于自然、社会和经济条件所决定的农业土地生产率和承载力。从空间上看，在自然条件优越或社会经济发展水平较高的地区农民的分散性较低。越是偏僻贫困的地区，农民的分散性就越强。从时间上看，随着社会经济发展水平的提高，土地的集约度、生产率和承载力不断提高，社会基础设施越来越发达，具有降低农民分散性和提高农民集中度与组织化程度的趋势。

（三）组织上的封闭性特征

传统农民的低收入特征再加上地理上的分散性的客观限制，传统农民在社会生活中表现出明显的封闭性特征。

首先，农民的社会活动范围局限在封闭的乡村范围内，他们与外界的联系和交流很少，社会生活带有浓厚的封闭意识。从生产活动来看，自给性生产的投入主要由家庭提供，产品主要供家庭消费。

其次，传统农民的社会组织化程度低。分散而孤立的农户之间缺乏交流和联系，很难形成利益共识和超越血缘与地缘关系的社会组织。

第三，传统农民的社会结构是稳定的。在封闭的乡村社会中，农民的流动极为有限。这不仅表现为农民在地域上的迁移和流动很少，而且表现为农民在社会阶层中的身份和地位变迁十分困难。

第四，传统农民的社会角色是固定的。在稳定的社会结构中，农民所充当的社会角色极为有限，社会阅历和体验贫乏，社会生活内容单调。他们把毕生精力用来满足自己的基本生活和生存需要，个人发展、提高和文化娱乐享受的东西很少，既造就了诚实勤劳、朴实无华的品格，也形成了狭隘、自私和守旧的习惯。

第五，传统农民的社会行为是内向的。传统农民的行为目标集中指向个人和家庭的需要，他们对社会环境没有影响力，也缺乏依赖性，主要靠自己家庭的力量和各种社会关系的力量来实现行为目标。与此相适应，传统农民行为的后果也缺乏利益分享和风险分散机制，农民在很大程度上是孤立存在于社会之中的。

(四) 农业的进入与退出的障碍特征

在我国社会主义经济特征下，耕地和宅基地的集体产权属性使得农业作为一种职业，非农民身份难以进入农业，因为不能承包耕地和买卖、租赁宅基地。

我国在1978年实施的家庭联产承包责任制，在保障农地集体产权的基础上，按照公平的原则，承包权由集体成员按照人头进行平均分配，这种制度设计保障了农村农民的稳定性，使得农业能够稳定持续，农民拥有最基本的生产资料和生存保障，在经济发展处于解决贫困和温饱阶段有着积极的意义。但是，户均小规模的土地使得我国的农业生产处于小农状态，农业的效率难以实现，农民在有限的土地上追求产量最大化，尽管在某种程度上提高了土地生产率，但是，劳动生产率极低，农民收入也极低，农业有产量优势却没有效益优势，农业竞争力逐步丧失。同时，也使得我国传统农民退出农业农村存在着困难：一是难以融入城镇；二是退出农业农村面临着集体身份的丢失，已经承包的耕地和拥有的宅基地既没有法律依据，也没有市场价格可以转让和出售。这样的制度设计使得我国传统农民数量巨大，农业拥有相对丰富的人力资源，但是，这种制度设计使得重要的生产资料——耕地的不可获得性，在很长时期内阻碍了新型职业农民的产生。

随着国家逐步鼓励农村土地的经营权流转，以及从制度上对农地进行三权分置，非农身份的人可以进入农业以及有经营能力的农民可以扩大农业规模，通过转包、租赁等方式获得农地的经营权，开展农业生产经营活动，形成新型农业经营主体。这种农业组织模式往往能够获得更高的农业生产效率，提高农业劳动生产率，其经营者也能够获得更高的收入水平。但是，当前的农地产权设计使得土地流转的交易费用较高，成为制约新型经营主体的务农稳定性和农业代际传承的重要因素。

第二节　现代农业的职业特征

一、生产的规模化

现代农业具有规模经济特征，其经济规模主要取决于经营主体的经营能力、市场范围、地理环境、气候条件、社会化服务水平等因素。不同的经营主体需要根据自身情况并结合当地自然条件、经济环境，寻找适度规模经济点。只有实现适度规模经营，才能降低农业生产成本，获得更高的农业效益。

国家统计局核算的规模农业经营户指具有较大农业经营规模，以商品化经营为主的农业经营户。具体标准如下：

种植业：一年一熟制地区露地种植农作物的土地达到 100 亩[①]及以上、一年二熟及以上地区露地种植农作物的土地达到 50 亩及以上、设施农业的设施占地面积 25 亩及以上。

畜牧业：生猪年出栏 200 头及以上；肉牛年出栏 20 头及以上；奶牛存栏 20 头及以上；羊年出栏 100 只及以上；肉鸡、肉鸭年出栏 10 000 只及以上；蛋鸡、蛋鸭存栏 2 000 只及以上；鹅年出栏 1 000 只及以上。

林业：经营林地面积达到 500 亩及以上。

渔业：淡水或海水养殖面积达到 50 亩及以上；长度 24 米的捕捞机动船 1 艘及以上；长度 12 米的捕捞机动船 2 艘及以上；或渔业经营收入 30 万元及以上。

---

① 1 亩≈667 平方米，下同。

农林牧渔服务业：对本户以外提供农林牧渔服务的经营性收入达到 10
万元及以上。

上述任一条件达不到，但全年农林牧渔业各类农产品销售总额达到 10
万元及以上的农业经营户，如各类特色种植业、养殖业大户等，按规模农业
经营户登记。

二、市场化

现代农业引入现代商品经营理念，是以市场为导向，按市场化要求来运
作的农业。因此，现代农业发展的制度基础——市场经济体制必然要求现代
农业必须具有市场化的特性。当前，现代农业的建设与发展，"自给而产"
的传统小农经济的观念必须要克服，树立"为卖而产、为赚而卖"的意识对
现代农业的发展具有重要的意义。我们应当把农业生产定位于一种商品生
产，在实现农产品的交换过程中获取最多的经济利润；同时，要注意克服
"重生产、轻市场"的传统农业观念，要将"贸易为先、以销定产"的意识
不断在现代农业的建设过程中树立起来，要随时盯着市场风云变化，花大力
气去争取市场订单的持续性和规模性，围绕市场需求转，盯着市场变化干。
对于传统的"以产量论英雄"的观念要进一步改变，将"以效益为核心"的
意识深入到人心，把效益作为农业生产经营的根本标准，合理开发资源，把
资源优势转为生产优势，进而形成商品优势、经济优势。

三、产业化

现代农业理念要求，必须实现农业经营模式的产业化。经营要面向市
场，通过产业化经营，将农业从相对封闭的生产体系转变为更加开放的产业
体系。面对现代农业这种开放的产业体系，在经营市场上，我们不仅仅是针
对国内农产品市场对国外农产品的开放，以及国内农业开发对国外资本的开
放，同时也包括农业产业系统对其他产业系统、农业部门对其他部门，以及
农业生产经营诸环节之间的开放。因此，现代农业产业化特性就要求克服
"农业即生产"（强调农业只是生产农产品的劳动）的传统农业观念，树立现
代农业"一体化经营"的意识，把种养业向加工、销售等经营环节延伸，把
第二、三产业与种养业联结，从而在开放中实现产业化经营。同时要克服农

业在传统意义上的内部"封闭发展"的倾向,将"开放经营"的现代农业理念逐步树立起来,在农业生产经营过程中,主动促进农业对外(地域、部门、环节)开放,主动融入国际市场,力求在更大空间聚集现代农业发展所需的资源、辐射现代农业的产品营销。另外,还要在宏观上克服"部门分割"的倾向,在农业发展理念上树立"城乡统筹"的意识,注重城乡经济相互协调,发挥产业管理部门的整体效能,在分工协作中促进发展。

四、知识化

现代农业是创新驱动型农业,知识成为现代农业发展的重要因素。现代农业广泛采用先进适用的农业科学技术、生物技术和生产模式,改善农产品的品质、降低生产成本,以适应市场对农产品需求优质化、多样化、标准化的发展趋势。现代农业的发展过程,实质上是先进科学技术在农业领域广泛应用的过程,是现代科学技术改造传统农业的过程。并且,现代农业广泛采用先进的经营方式、管理技术和管理手段,从农业生产的产前、产中、产后形成比较完整的紧密联系、有机衔接的产业链条,具有很高的组织化程度。有相对稳定、高效的农产品销售和加工转化渠道,有高效率地把分散的农民组织起来的组织体系,有高效率的现代农业管理体系。

五、绿色化

现代农业是绿色农业,在农业发展过程中保持农村的"生产、生活、生态"平衡,这是现代农业发展的必然要求。在现代农业发展的初始阶段,发达国家对化肥、农药的大量投入,虽然在一定程度上提高了农业的生产效率,将传统农业的生产模式逐步转向现代农业,但同时也带来了巨大的生态环境恶化问题。因此,随着现代农业发展的不断深入和认识的不断提高,可持续性也成为现代农业的必然要求。可持续发展的现代农业,是更多地依赖更新的资源和生物措施,不断减少化肥、农药的使用,有效保证食品安全。在重视发展经济的同时,也更加重视保护资源、改善环境和提高农产品质量。要求现代农业的发展必须是集生态效益、经济效益和社会效益为一体的发展,因此,现代农业在发展过程中需要保证实现农业可持续发展。

第三节　新型职业农民的来源与需要具备的能力

一、新型职业农民的来源

随着时代的发展，新型职业农民一定是热爱或者关注农业、具有一定的文化素质，能够学习和了解相关农业技术，理解农业市场运作原理和能够经营管理农业微观组织的群体。下列群体将成为新型职业农民的重要来源。

大学生村官。每年的大学生村官的选拔，全国将会有 100 多万的大学生村官进入到农村。这些人懂互联网、可以快速帮助当地的农民学习新技术和运用新技术。同时，他们的知识和眼界还能帮助农民与世界建立联系，实现农村与城市的衔接。

大中专毕业生。这些人大多是农二代、农三代，本身就是在农村长大的、对农村有着同样的热爱。同时，他们在外面读过书，接受知识快、又有想法，能更快接受新的种植和养殖方法，也可以快速改变农村的现状。

农村创业者。这群人是农村里的佼佼者，他们渴求成功，希望改变命运。这群人可能是农民的积极分子，也可能是 80 后、90 后，同样具有知识和文化，可以快速带领其他的农民致富。

返乡农民工。返乡农民工经过大城市的熏陶，也具有一定的经济基础。他们大多会成为农村创业者的主流，对于农村的情怀和牵挂一直是他们放不下的东西。因此，返乡农民工如果被激活的话，在未来的职业农民里也必将成为主流。

二、新型职业农民需要具备的素质和能力

（一）新型职业农民要具备的素质

职业兴趣。农业作为一种自由的职业选择，需要其从业人员对农业有着职业兴趣。新型职业农民具有农业情怀、农村情结，对农民有认同感，农业农村对其而言，是一个有吸引力的职业，一个有魅力的地方。职业兴趣一方面使得新型职业农民愿意稳定地从事农业，扎根农村，把务农作为终身的职业，愿意与动植物打交道，适用安静祥和的农村。他们愿意精心呵护土地，保持土壤肥力，实现农业的可持续发展。另一方面表现为高度的社会责任

感，愿意经受市场的检验，理解农业的多功能性，对消费者负责，为社会提供安全优质的农产品；对环境负责，在农业生产过程中减少化肥、农药、地膜和抗生素等的施用，不破坏生态环境；对子孙后代负责，保持土壤、气候、矿物质、水等自然资源的可持续发展能力。

职业技能。农业作为一种职业，具备相应的职业技能。这些技能包括生产经营能力、专业技术能力、管理能力等。既包括掌握专门的种植业生产规律、高产高效生产模式、防灾防害能力、绿色安全方式、新品种和新技术的推广运用能力；也包括了解农产品市场，能够根据市场信息分析和判断市场需求变化，从而进行科学的生产决策，合理配置农业资源要素、防范市场风险和管理好农业微观组织的能力。现代农业是市场化程度高的农业，相关职业技能也不断与时俱进，这就需要新型职业农民具备接受现代生产要素和市场信息的能力，以及不断学习的能力。

（二）新型职业农民需要拥有的能力

经营能力。这是区别于传统农民的重要本领。新型职业农民不仅是农业的生产者，而且是农业的经营者，不仅要会种养，更要会卖。善于经营的新型职业农民将有助于农村的发展，更有助于农民增收。

学习能力。活到老、学到老。不管是谁都要有这样的想法。新型职业农民除了学习生产技术，更要学习互联网知识、政策等新知识

互联网知识。职业农民一定要掌握互联网知识，并善于利用互联网工具服务生产和销售，从而能利用互联网知识帮助农民创业和增收。同时，还借助互联网发挥家乡的农产品品牌和环境优势，吸引投资与旅游。

新技术运用能力。发展现代化农业重点是借助新技术提升农业生产和管理。职业农民要善于利用新技术、新运用，把这些投入到农业生产中，提升农业竞争力和品牌影响力。

随着一二三产业的融合，新型职业农民不仅仅会种地，更是一个多面手，以土地为媒，打通一二三产业之间的融合。这样的话，农村才更需要职业农民，新型职业农民也离不开农村。

第三章 新型职业农民培训工程

新型职业农民培育就是在一定的培育环境下，培育主体借助培育工具和信息技术，以多样化的培育方式将农业知识、技能、现代观念等内容传递给农民，使普通农民和有志从事农民职业的人成为新型职业农民。为了全面推进新型职业农民的规模扩张和成长壮大，国家实施了包括新型职业农民培育工程、新型职业农民学历提升工程、新型职业农民信息化建设工程等三大重点工程，其中新型职业农民培育工程是重中之重。

第一节 新型职业农民培育工程发展历程

2012 年，农业部在全国具有代表性的 100 个县开展了新型职业农民培育试点工作，并取得了初步成效。在此基础上，2014 年，农业部联合财政部正式启动实施新型职业农民培育工程，着力培养一支有文化、懂技术、会经营的新型职业农民队伍，为发展现代农业提供强有力的人才支撑。2017 年，农业部发布《"十三五"全国新型职业农民培育发展规划》，在政府政策的指引下，新型职业农民培训规模不断扩大，财政投入力度持续增加，培育了一大批新型职业农民。

一、新型职业农民培育工程总体安排

2012 年 8 月，农业部发布《新型职业农民培育试点工作方案》，决定在全国 31 个省（市、区）选取有代表性的 100 个县（市、区）（以下称"县"）作为试点县，坚持政府主导、稳步推进和自愿原则，根据试点县内农业产业分布情况选择 2~3 个主导产业，培育新型职业农民 500~1 000 人，结合实际形成当地新型职业农民教育培养模式、认定管理办法和政策扶持意见。力争在各方的努力下，3 年时间内完成 10 万人的新型职业农民培育任务，形

成教育培养、认定管理、政策扶持等互相衔接配套的新型职业农民培育制度体系，全面推动我国新型职业农民培育工作，打造一批科技素质高、经营能力强的新型职业农民队伍。

2013 年，农业部发布《农业部办公厅关于新型职业农民培育试点工作的指导意见》，肯定了试点县新型职业农民培育工作取得的初步成果。为进一步加强对试点工作的指导，提出如下意见：第一，深刻认识培育新型职业农民的重要性、紧迫性，把培育新型职业农民放在"三农"工作的突出位置加以落实，准确把握新型职业农民主要类型及内涵特征，并进一步明确新型职业农民培育试点工作的目标任务。第二，积极探索构建新型职业农民教育培训制度，积极探索农业后继者培养途径，构建新型职业农民教育培训体系。第三，加强新型职业农民的认定管理，加强对新型职业农民认定管理必要性的认识，明确新型职业农民认定管理的基本原则，并阐述了新型职业农民认定管理办法的主要内容。第四，制定和落实新型职业农民扶持政策，加强扶持新型职业农民发展的政策研究，细化落实各项扶持政策。第五，加快推进新型职业农民培育试点各项工作，加强组织领导、加快试点进度、加强总结宣传。

2014 年农业部与财政部联合印发《关于做好 2014 年农民培训工作的通知》，共同启动实施新型职业农民培育工程。在 100 个试点县的基础上，在全国遴选山西和陕西 2 个示范省（覆盖不少于二分之一的农业县）、14 个示范市（覆盖不少于三分之二的农业县）和 300 个示范县，作为新型职业农民培育重点示范区，重点探索"三类协同、三位一体、三级贯通"的新型职业农民培育制度体系。

2015 年，农业部科技教育司发布《关于做好 2015 年新型职业农民培育工作的通知》，将新型职业农民培育工程示范规模扩大到全国 4 个整省、21 个整市和 487 个示范县。农业部联合相关部门启动实施现代青年农场主培育计划，每年培育现代青年农场主 1 万名。各示范省、市的重点任务是研究编制规划、出台指导文件；各示范县的重点任务是开展教育培训和认定管理，制定和落实支持扶持政策，创新机制模式，健全制度体系。

2016 年，中央财政继续支持新型职业农民培育工作，《关于做好 2016 年新型职业农民培育工作的通知》修改了新型职业农民培育对象的年龄标准，将原来的"原则上培育对象年龄不超过 55 周岁"改为"原则上培育对象年龄不超过 60 周岁"。此外，文件提出以新型农业经营主体带头人轮训计划和现代青年农场主培养计划为引领，加快培养有文化、懂技术、会经营的新型职业农民，并将新型职业农民培育工程示范规模扩大到 8 个整省、30 个整市和 800 个示范县。

2017 年农业部办公厅《关于做好 2017 年新型职业农民培育工作的通知》提出，依托新型职业农民培育工程，实施现代青年农场主培养、新型农业经营主体带头人轮训、农村实用人才带头人培训和农业产业精准扶贫培训等四个计划，培育各类新型职业农民不少于 100 万人。制定了《全国新型职业农民培育工作绩效考核指标体系（试行）》，全面开展绩效考核工作。

二、新型职业农民培育工程实施情况

（一）示范规模不断扩大

2014 年新型职业农民培育工程覆盖 2 个示范省、4 个示范市和 300 个示范县；2015 年新型职业农民培育工程示范范围扩大到 4 个整省、21 个整市和 487 个示范县；2016 年，示范范围已经扩大至 8 个整省、30 个整市和 800 个示范县。在新型职业农民培育工程示范带动下，截至 2016 年，全国 2 000 多个农业县（团、场）已经开展了新型职业农民培育工作。

（二）财政投入不断增加

中央财政持续增加对新型职业农民培育工程的投入力度，2014 年和 2015 年每年安排 11 亿元专项资金，2016 年中央财政投入 13.9 亿元，2017 年中央财政安排 15 亿元，比 2014 年增加 36.4%。

（三）培养了一批新型职业农民

2017 年全国新型职业农民规模超过 1 400 万，《"十三五"全国新型职业农民培育发展规划》明确提出，到 2020 年总量超过 2 000 万人。2017 年全国示范性培育人数达 100 万，其中现代青年农场主培养计划新增 1 万名培养对象、总体规模达到 3 万人；新型农业经营主体带头人计划培育种养大户、家庭农场经营者、农业专业合作社骨干 80 万人；农村实用人才带头人培训计划年培训村"两委"班子成员、农民合作社负责人、家庭农场经营者（种植养殖大户）、大学生村官等服务农村基层人员 2 万人；农业产业精准扶贫培训计划面向贫困县开展产业带头人和专项技能培训 15 万人。

(四) 建立了一批全国新型职业农民培育基地

　　2017 年 5 月，农业部公布了首批 100 个全国新型职业农民培育示范基地（表 3-1），其中农广校系统有 19 个培育基地。2017 年全国登记入库的基地总数为 7 210 个，其中实训基地 4 097 个、农民田间学校 1 747 个、创业孵化基地 172 个、综合类基地 1 194 个。按农业部规划，争取到 2020 年全国示范性基地总数达到 1 000 个，登记入库基地达到 1 万个以上。

表 3-1　首批全国新型职业农民培育示范基地名单

编　号	示范基地名称	主体建设单位
001	中央农业广播电视学校新型职业农民培育基地	中央农业广播电视学校
002	北京农业职业学院新型职业农民培育基地	北京农业职业学院
003	北京农学院新型职业农民培育基地	北京农学院
004	天津市现代农业科技创新基地	天津市农业科学院
005	河北省农业广播电视学校新型职业农民培育基地	河北省农业广播电视学校
006	河北省农业广播电视学校承德市分校新型职业农民培育基地	河北农业广播电视学校承德市分校
007	河北省石家庄市农林科学研究院新型职业农民培育基地	石家庄市农林科学研究院
008	山西省农科院果树研究所新型职业农民培育基地	山西省农业科学院果树研究所
009	山西省畜牧兽医学校新型职业农民培育基地	山西省畜牧兽医学校
010	山西潞玉种业股份有限公司新型职业农民培育基地	山西潞玉种业股份有限公司
011	内蒙古自治区赤峰市农牧科学院新型职业农民培育基地	赤峰市农牧科学研究院
012	内蒙古巴彦淖尔市乌拉特前旗农广校新型职业农民培育基地	乌拉特前旗农业广播电视学校
013	内蒙古自治区包头市农业科学研究所新型职业农民培育基地	包头市农业科学研究所
014	辽宁省农业广播电视学校新型职业农民培育基地	辽宁省农业广播电视学校
015	辽宁农业职业技术学院新型职业农民培育基地	辽宁农业职业技术学院
016	中国农业科学院果树研究所新型职业农民培育基地	中国农业科学院果树研究所

（续）

编 号	示范基地名称	主体建设单位
017	辽宁省农业经济学校新型职业农民培育基地	辽宁省农业经济学校
018	吉林农业大学新型职业农民培育基地	吉林农业大学
019	吉林省田丰新型职业农民培训中心	吉林田丰机械种植专业合作联合社
020	吉林省农业科学院新型职业农民培育基地	吉林省农业科学院
021	吉林农业科技学院新型职业农民培育基地	吉林农业科技学院
022	黑龙江农业经济职业学院新型职业农民培育基地	黑龙江农业经济职业学院
023	黑龙江农业职业技术学院新型职业农民培育基地	黑龙江农业职业技术学院
024	黑龙江省农广校"正兰三村"新型职业农民培育基地	黑龙江省农业广播电视学校
025	东北农业大学新型职业农民培育基地	东北农业大学新农村发展研究院
026	上海市农业广播电视学校新型职业农民培育基地	上海市农业广播电视学校
027	江苏省南京市雨发现代农业示范园区新型职业农民培育基地	南京雨发农业科技开发有限公司
028	苏州农业职业技术学院新型职业农民培育基地	苏州农业职业技术学院
029	江苏省滨海县农业广播电视学校随耕生态园分校	江苏省滨海县农业干部学校
030	浙江大学新型职业农民培育基地	浙江大学农业技术推广中心
031	浙江省农业科学院新型职业农民培育基地	浙江省农业科学院
032	浙江省湖州农民学院新型职业农民培育基地	湖州职业技术学院
033	浙江省温州科技职业学院新型职业农民培育基地	温州科技职业学院
034	浙江省台州市农广校新型职业农民培育基地	台州市农广校
035	安徽东昌农业科技有限公司新型职业农民培育基地	安徽省东昌农业科技有限公司
036	安徽省宿州职业技术学院新型职业农民培育基地	宿州职业技术学院
037	安徽省舒城县农科所新型职业农民培育基地	舒城县农业科学研究所
038	安徽省农业广播电视学校新型职业农民培育基地	安徽省农业广播电视学校
039	福建农林大学新型职业农民培育基地	福建农林大学
040	福建农业职业技术学院新型职业农民培育基地	福建农业职业技术学院
041	江西生物科技职业学院新型职业农民培育基地	江西生物科技职业学院
042	江西恒晖大农业科技有限公司新型职业农民培育基地	江西恒晖大农业科技有限公司

（续）

编 号	示范基地名称	主体建设单位
043	江西农业工程职业学院新型职业农民培育基地	江西农业工程职业学院
044	江西种植业新型职业农民培育基地	江西省红壤研究所
045	山东省农业广播电视学校新型职业农民培育基地	山东省农业广播电视学校
046	山东畜牧兽医职业学院新型职业农民培育基地	山东畜牧兽医职业学院
047	山东农业大学新型职业农民培育基地	山东农业大学
048	青岛农业大学新型职业农民培育基地	青岛农业大学
049	兰陵国家农业公园新型职业农民培育基地	山东新天地现代农业开发有限公司
050	河南农业大学新型职业农民培育基地	河南农业大学
051	信阳农林学院新型职业农民培育基地	信阳农林学院
052	河南农业职业学院新型职业农民培育基地	河南农业职业学院
053	河南省农业广播电视学校新型职业农民培育基地	河南省农业广播电视学校
054	长江大学农学院新型职业农民培育基地	长江大学
055	湖北省武汉市东西湖区农广校新型职业农民培育基地	武汉市东西湖区农业广播电视学校
056	湖北省宜都市农民科技教育培训中心新型职业农民培育基地	宜都市农民科技教育培训中心
057	湖南卫红米业有限公司新型职业农民培育基地	湖南卫红米业有限公司
058	湖南洋利农林科技有限责任公司新型职业农民培育基地	湖南洋利农林科技有限责任公司
059	湖南锦绣千村农业专业合作社新型职业农民培育基地	湖南锦绣千村农业专业合作社
060	仲恺农业工程学院新型职业农民培育基地	仲恺农业工程学院
061	广东科贸职业学院新型职业农民培育基地	广东科贸职业学院
062	广西玉林市五彩田园新型职业农民培育基地	玉林"五彩田园"示范区管理中心
063	中国热带农业科学院科研示范基地新型职业农民培育基地	中国热带农业科学院
064	海南陵水现代农业示范基地	海南润达现代农业股份有限公司
065	重庆市农业广播电视学校万州区分校新型职业农民培育基地	重庆农业广播电视学校万州区分校
066	四川省农科院新型职业农民培育基地	四川省农业科学院培训中心

（续）

编　号	示范基地名称	主体建设单位
067	四川农业大学新型职业农民培育基地	四川农业大学
068	四川省农业广播电视学校新型职业农民培育基地	四川省农业广播电视学校
069	四川省南充市农科院新型职业农民培育基地	南充市农业科学院
070	贵州农业职业学院新型职业农民培育基地	贵州农业职业学院
071	贵州省铜仁职业技术学院新型职业农民培育基地	铜仁职业技术学院
072	中央农业广播电视学校赤水市分校新型职业农民培育基地	中央农业广播电视学校赤水市分校
073	晨农集团昆明恒兴农产品经营公司新型职业农民培育基地	嵩明县农业技术推广站
074	西藏拉萨国家农业园区新型职业农民培育基地	西藏自治区农牧科学院
075	西藏农牧学院新型职业农民培育基地	西藏农牧学院
076	陕西省农业广播电视学校新型职业农民培育基地	陕西省农业广播电视学校
077	陕西省安康市汉滨区忠诚蔬菜农民专业合作社新型职业农民培育基地	安康市汉滨区忠诚蔬菜农民专业合作社
078	陕西海升现代农业园区新型职业农民培育基地	宝鸡海升现代农业有限公司
079	甘肃农业大学新型职业农民培育基地	甘肃农业大学
080	甘肃省农业广播电视学校新型职业农民培育基地	甘肃省农业广播电视学校
081	青海大通海兰农业开发公司培训中心新型职业农民培育基地	大通海兰农业开发公司培训中心
082	国家级互助县农业示范园区新型职业农民培育基地	高原特色现代农业示范园区
083	宁夏吴忠国家农业科技园区新型职业农民培育基地	吴忠市人民政府
084	宁夏万齐集团职业农民培育综合服务示范基地	宁夏万齐农业发展集团有限公司
085	新疆昌吉州农业科技推广中心试验示范基地	昌吉州农业技术推广中心
086	新疆兵团农广校新型职业农工培育综合基地	新疆兵团农业广播电视学校
087	黑龙江农垦职业学院新型职业农民培育基地	黑龙江农垦职业学院
088	广东省广前糖业发展有限公司新型职业农民培育基地	广东省广前糖业发展有限公司
089	青岛西海岸现代农业示范区绿色硅谷新型职业农民培育基地	青岛绿色硅谷科技培训中心公司

（续）

编　号	示范基地名称	主体建设单位
090	大连市农业广播电视学校新型职业农民培育基地	大连市农业广播电视学校
091	宁波市农科院新型职业农民培育基地	宁波市农业科学研究院
092	湖南生物机电职业技术学院新型职业农民培育基地	湖南生物机电职业技术学院
093	中联重机新型职业农民培育基地	中联重机股份有限公司
094	江苏现代畜牧科技园新型职业农民培育基地	江苏农牧科技职业学院
095	江苏农博园、江苏茶博园新型职业农民培育基地	江苏农林职业技术学院
096	隆平高科股份有限公司新型职业农民培育基地	袁隆平农业高科技股份有限公司
097	中国农业大学培训中心＋涿州教学试验场	中国农业大学
098	广东海大集团股份有限公司荆州新型职业农民培育基地	广东海大集团股份有限公司
099	中国农业科学院新乡新型职业农民培育基地	新乡试验基地领导小组办公室
100	中国水产科学院淡水渔业研究中心新型职业农民培育基地	中国水产科学院淡水渔业研究中心

资料来源：农业农村部网站。

第二节　新型职业农民培育工程的主要内容

为贯彻落实党的十八大、十八届三中全会、中央农村工作会议和中央1号文件精神，大力培育新型职业农民、加快构建新型农业经营体系、着力解决"谁来种地""如何种好地"问题，2014年，中央财政安排农民培训补助资金，支持开展新型职业农民培育工作。

一、总体思路

按照"科教兴农、人才强农、新型职业农民固农"的战略要求，启动实施新型职业农民培育工程，以做大做强新型农业经营主体为导向，整合资源，提高培训的针对性、规范性和有效性，加快建立新型职业农民培育制度，着力培养一支有文化、懂技术、会经营的新型职业农民队伍，为发展现代农业提供强有力的人才支撑。

二、基本原则

(一)坚持政府主导

新型职业农民培育是一项公益性、基础性、长期性的事业,要坚持政府主导、加强统筹协调、加大支持力度、改善培育条件、营造良好氛围。

(二)尊重农民意愿

要坚持农民的主体地位,充分听取农民意见,尊重农民意愿,通过提升培训质量和宣传引导,调动农民参训的积极性和主动性,变"要我学"为"我要学"。

(三)立足产业培育

立足农业主导产业、特色产业和优势产业发展实际,根据产业发展水平和培育对象特点,分类分产业分层次开展培育,强化培育的针对性。

(四)突出培育重点

以新型农业经营主体带头人为对象,以粮食和优势、特色产业为重点领域,以教育培训为重点环节,把职业农民培养成建设现代农业的主导力量。

三、主要任务

(一)探索建立培育制度

实行教育培训、认定管理和政策扶持的"三位一体"培育,强化生产经营型、专业技能型和社会服务型"三类协同"培训,对符合条件者颁发新型职业农民证书,并配套创设相关政策予以扶持。

(二)建立健全培育机制

充分发挥各级农业广播电视学校(农民科技教育培训中心)的作用,统筹利用好农业职业院校、农技推广服务机构、农业高校、科研院所等公益性教育培训资源,并要积极开发农民专业合作社、农业企业、农业园区等社会化教育培训资源。

(三)构建职业农民队伍

强化新型职业农民培育示范,以整省、整市和示范县(含现代农业示范区)为重点区域,兼顾其他地区,以新型农业经营主体带头人轮训计划和现代青年农场主培养计划为引领，加快培养有文化、懂技术、会经营的新型职业农民。

四、关键环节

（一）选准培育对象

新型职业农民是指以农业生产为职业、具有较高的专业技能、收入主要来自农业且达到一定水平的现代农业从业者，主要分为生产经营型、专业技能型和社会服务型三类。生产经营型主要包括专业大户、家庭农场主、农民合作社骨干等；专业技能型包括长期、稳定在农业企业、农民合作社、家庭农场等新型农业经营主体中从事劳动作业的农业劳动力；社会服务型包括长期从事农业产前、产中、产后服务的农机服务人员、统防统治植保员、村级动物防疫员、农村信息员、农村经纪人、土地仲裁调解员、测土配方施肥员等农业社会化服务人员。

以县为单位开展从业人员摸底调查，按照主导产业摸底调研，掌握培育对象的产业规模、从业年限、技能水平、培训需求、政策要求等信息，建立个人档案，纳入培育对象库。原则上培育对象年龄不超过 60 周岁。

（二）创新培育机制

培育工作由各级农业行政主管部门牵头具体实施，按照相关条件分区域、分产业、分类型对多方资源进行遴选，确定一批培训机构和实训基地（农民田间学校），并向社会公开。坚持分层分类推进，部省市县四级联动，部省级相关部门重点开展高中级人才培养和师资培训；市县级相关部门根据当地主导和优势产业发展需求，按产业类型组建培训班，统筹培育适应发展需求的各类型职业农民，防止以分派培训任务的方式招标培训机构。实行"一点两线、全程分段"培训，即以产业发展为立足点，以生产技能和经营管理水平提升为两条主线，分段集中培训、实训实习、参观考察和生产实践相结合，按照不少于一个产业周期全程的标准进行培育。加强农民科技教育培训中心等专门机构建设，积极调动各类资源，充分发挥农广校等公益性机构培育主体作用，通过政府购买服务、市场化运作等机制创新，鼓励农业企业、农民合作社等市场主体参与培育工作。

（三）完善信息化手段

实行线上线下融合培育，全面提升质量效果。完善信息化平台建设，加大培训和推广力度，推动"全国农业科教云平台"的落地应用，组织动员各级农业科教管理部门、科研教学单位、培训机构等管理人员上线服务，大力推介中国农技推广 APP 和云上智农 APP（在中国新型职业农民网下载）。上传内容资源，组织培训机构上传精品视频课程，组织农业科研教学单位上传新品种、新技术等各类成果资源。探索管理运营机制，建立科学、量化、动态考评制度，采取政府购买服务等方式开展在线学习、成果速递和跟踪服务。

（四）遴选优秀师资

按照统一建设、分级使用的原则，建立全国新型职业农民培育师资库。每县要根据需要遴选一批优秀师资纳入师资库，对入库师资要严格把关。各地要分级建立师资库使用管理制度，建立科学的资源配置和考核管理机制，原则上选派入库师资开展教学培训工作，并对入库师资实行考核评价和动态管理，及时清退不合格师资。鼓励优秀师资在全国范围内授课，发挥好入库师资在新型职业农民培育中的重要作用。要加强师资培训和培训规范以及教材建设，提高师资水平，推出一批精品课和精品教材。

（五）做好延伸服务

积极开展延伸服务，增强新型职业农民发展能力。对接扶持政策，引导土地流转、产业扶持、人才奖励激励、金融保险等扶持政策向新型职业农民倾斜，争取专项扶持政策。搭建交流平台，组织开展产销对接、跨省区交流合作、创业创新项目路演、技能竞赛等活动，引导成立协会、联合会、联盟等组织，鼓励新型职业农民抱团发展。推动农技推广、农业科研院校等专家面向新型职业农民开展跟踪服务，对接创业扶持项目，提升学历层次，扩大产业规模。

五、有关要求

（一）强化组织领导抓落实

要建立工作协调机制，形成上下联动、合力推进的工作格局。各级农业、财政部门要高度重视新型职业农民培育工作，切实加强组织领导，统筹并抓好机制创新、师资选派等工作，要进一步增强责任感、紧迫感，继续推动出台专门文件，落实扶持政策。各县要成立由县领导任组长，农业、财政等部门参加的领导小组，细化制定县级实施方案，明确目标任务、主要内容、进度安排、保障措施和监督考核等，完善运行机制，保证落实任务。

（二）规范资金使用

中央财政补助资金直接切块到省，具体补助标准由各地结合实际确定，对不同培育形式实行差别化补助，统筹用于新型职业农民培育。对青年农场主培育对象可结合实际适当提高补助标准，实行连续支持；有条件的地方可以探索"政府补贴、部门支持、机构让利、农民出资和先学后补"等补助模式。各省安排资金时要重点向示范县倾斜，并加强资金使用监管，细化支出范围，严禁以现金或实物形式直接分发给农民个人。各县要按照"谁使用、谁负责"的原则建立监管机制，对于挤占挪用、骗取套取补助资金等违法违规行为，对相关责任人依法依规严肃处理。

（三）强化项目监管

按照简政放权的原则，实行"五到省、一挂钩"的项目管理模式，也就是将项目资金切块到省、目标任务落实到省、审批权限下放到省、管理责任明确到省、绩效管理延伸到省，将绩效考核结果与资金安排挂钩。省级农业部门要会同财政部门按照管理方式改革要求，明确工作责任，落实管理措施，强化过程督导，严格资金监管，确保政策落实到位，农业部、财政部将重点开展专项检查和绩效考评。

（四）注重总结宣传

省级农业、财政部门要及时总结各地在新型职业农民培育方面的好做法好经验和存在的问题，各地要进一步加强典型经验总结，加大项目宣传力度，充分利用互联网、广播、电视、报刊等媒体，及时宣传报道各地的有效做法和先进典型，营造有利于新型职业农民培育的良好氛围。

第三节　新型职业农民培训工程的目标和重点举措

为贯彻落实党中央、国务院决策部署，加快培育新型职业农民，造就高素质农业生产经营者队伍，强化人才对现代农业发展和新农村建设的支撑作用，农业农村部编制了《"十三五"全国新型职业农民培育发展规划》，明确了"十三五"新型职业农民培育要达到的目标和重点举措。

一、发展目标

根据《"十三五"全国新型职业农民培育发展规划》，到 2020 年，新型职业农民队伍不断壮大，总量超过 2 000 万人，务农农民职业化程度明显提高；新型职业农民队伍总体文化素质、技能水平和经营能力显著改善；农业职业培训普遍开展，线上线下培训融合发展，基本实现新型农业经营主体带头人轮训一遍。新型职业农民培育工作覆盖所有的农业县（市、区），培育制度健全完善，培育机制灵活有效，培育能力适应需要，以公益性教育培训机构为主体、多种资源和市场主体有序参与的"一主多元"新型职业农民教育培训体系全面建立。

表 3-2 "十三五"新型职业农民培育发展主要指标

指 标	2015 年	2020 年	年均增长	指标属性
新型职业农民队伍数量	1 272 万	2 000 万	146 万	预期性
高中及以上文化程度占比	30%	≥35%	1 个百分点	预期性
现代青年农场主培养数量	1.3 万	≥6.3 万	≥1 万	约束性
农村实用人才带头人培训数量	6.7 万	16.7 万	≥2 万	约束性
农机大户和农机合作社带头人培训数量	示范性培训为主	≥5 万	1 万	约束性
新型农业经营主体带头人培训数量	示范性培训为主	新型农业经营主体带头人基本接受一次培训	≥60 万	预期性
线上教育培训开展情况	试点性开展	完善在线教育平台，开展线上培训的课程不少于总培训课程的 30%；开展线上跟踪服务	≥6%	预期性

二、重点举措

（一）新型职业农民培育工程

中央和地方财政支持实施新型职业农民培育工程，开展整省、整市和整县示范推进，逐步实现所有农业县（市、区）全覆盖。"十三五"期间，重点实施新型农业经营主体带头人轮训计划、现代青年农场主培养计划和农村实用人才带头人培训计划，加快建立一支规模宏大、结构合理、素质优良的新型职业农民队伍。

新型农业经营主体带头人轮训计划以专业大户、家庭农场经营者、农民合作社带头人、农业龙头企业负责人和农业社会化服务组织负责人等为对象，力争用5年时间将其轮训一遍，提高其综合素质和职业能力。加强对新型农业经营主体带头人的规范管理、政策扶持、跟踪服务，支持其发展多种形式的适度规模经营，发挥新型职业农民引领现代农业发展的主力军作用。

现代青年农场主培养计划以中等教育及以上学历，年龄在18～45周岁之间的返乡下乡创业农民工、中高等院校毕业生、退役士兵以及农村务农青年为对象，开展为期3年的培养，其中培育2年、后续跟踪服务1年。加强对现代青年农场主的培训指导、创业孵化、认定管理、政策扶持，吸引年轻人务农创业，提高其创业兴业能力。"十三五"期间，全国每年培养1万名以上的现代青年农场主。

农村实用人才带头人培训计划以贫困地区农村两委干部、产业发展带头人、大学生村官等为主要对象，以现代农业和新农村发展的先进典型村为依托，按照"村庄是教室、村官是教师、现场是教材"的培养模式，通过专家授课、现场教学、交流研讨，不断提高农村带头人增收致富本领和示范带动能力。

（二）新型职业农民学历提升工程

支持涉农职业院校开展新型职业农民学历教育，面向专业大户、家庭农场经营者、农民合作社负责人、农业企业经营管理人员、农村基层干部、返乡下乡涉农创业者、农村信息员和农业社会化服务人员等，采取农学结合、弹性学制、送教下乡等形式开展农民中高等职业教育，重点培养具有科学素养、创新精神、经营能力和示范带动作用的新型农业经营主体带头人与农业社会化服务人员，有效提高新型职业农民队伍综合素质和学历水平。建立学分银行，将培训内容按学时折算学分，搭建农民职业培训与中、高等职业教育衔接的"立交桥"，为新型职业农民实现多样化选择、多路径成才创造有利条件。鼓励高等农业院校大力实施卓越农林人才培养计划，创新教育培养模式，面向现代农业培养领军型职业农民。

（三）新型职业农民培育信息化建设工程

以提升新型职业农民培育信息化服务能力为目标，以改善教育培训和管理服务条件为重点，打造国家、省、县三级新型职业农民培育信息化平台，提供在线学习、管理考核、跟踪指导服务。国家信息化平台重点建设国家培育资源制作基地、信息交换中心、在线学习管理中心、移动互联信息服务系统等硬件、软件和云存储条件；省级信息化平台重点建设各省资源制作基地、资源传播中心和在线学习中心；县级信息化平台重点建设多媒体资源库、双向卫星远端站、现代化多媒体培训教室、农民田间学校信息服务站等。

第四章　生产经营型职业农民培训

生产经营型职业农民，是指以农业为职业、占有一定的资源、具有一定的专业技能、有一定的资金投入能力、收入主要来自农业的农业劳动力，主要是专业大户、家庭农场主、农民合作社带头人等。

为进一步加强农民培训工作规范化、标准化、制度化建设，切实提高农民培训的针对性、实效性和科学化水平，根据中央和农业农村部关于大力培育新型职业农民的部署要求、生产经营型职业农民的内涵特征，农业农村部现已发布了多种生产经营型职业农民培训规范，具体包括家庭农场经营管理、水稻生产、小麦生产、玉米生产、大豆生产、甘薯生产、马铃薯生产、花生生产、油菜生产、棉花生产、茶叶生产、香蕉生产、枣的生产、甘蔗生产、柑橘生产、核桃生产、梨的生产、荔枝生产、苹果生产、葡萄生产、西甜瓜生产、蛋鸡养殖、蛋鸭养殖、肉鸡养殖、肉牛生产、肉鸭养殖、肉羊生产、奶牛生产、绒毛用羊生产、生猪生产、淡水池塘养虾、淡水池塘养鱼、稻田养鱼、海带养殖、海水鱼类池塘养殖、露地蔬菜生产、设施蔬菜生产、食用菌生产、甜菜生产等类别的培训规范。

本部分主要从培训对象、培训目标、培训内容、培训要求等方面对水稻、小麦、棉花、花生、茶叶、设施蔬菜、蛋鸡养殖、淡水池塘养虾、海水鱼类池塘养殖等部分类别生产经营型职业农民培训规范进行阐述。其余类别的培训规范见新型职业农民培训网站（http：//www.nmpx.gov.cn/）。

第一节　家庭农场经营管理的培训规范

一、培训对象

重点面向家庭农场经营者，从事家庭农场管理和服务的工作人员，有志投身于现代农业兴办家庭农场的中高等学校特别是农业职业院校毕业生、农村实用人才、返乡农民工、退役军人和农村新生劳动力等。

二、培训目标

培训适应现代农业发展要求，具备现代农民综合素质，能够准确理解和把握各级政府促进家庭农场发展的相关精神与扶持措施，具有家庭农场经营管理、市场谈判、产品营销、品牌建设等方面能力的新型职业农民。

三、培训内容

	培训模块	内容模块
通用内容	1. 现代农业与新型农业经营体系	(1) 现代农业 (2) 新型职业农民 (3) 新型农业经营主体
	2. 农产品质量安全	(1) 农产品质量安全的重要意义 (2) 农产品质量安全的保障 (3) 农产品商标注册和质量保证
	3. 农业生态环境与美丽乡村建设	(1) 农业生态环境 (2) 农业生态平衡与保护 (3) 美丽乡村建设
家庭农场经营管理	1. 家庭农场基本问题	(1) 家庭农场基本特征 (2) 家庭农场注册登记
	2. 家庭农场规模生产	(1) 农业标准化生产 (2) 农业机械化生产 (3) 农业科技推广
	3. 家庭农场相关法律政策	(1) 有关农村土地政策法规 (2) 家庭农场扶持政策 (3) 家庭农场金融保险政策 (4) 农产品价格政策
	4. 家庭农场日常管理	(1) 生产记录 (2) 财务制度管理 (3) 投入产出核算

（续）

培训模块		内容模块
家庭农场 经营管理	5. 家庭农场销售管理	（1）市场品牌创建 （2）农产品地理标识和追溯体系建设 （3）农产品流通渠道和营销方式 （4）数字化管理系统
	6. 主要农产品市场概况	（1）主要农产品市场价格概况 （2）主要农产品市场供需概况

四、培训要求

（一）通用知识

1. 现代农业与新型农业经营体系

（1）现代农业。了解传统农业的发展历程和成就；了解现代农业的内涵特征、建设的意义和必要性；了解中国发展现代农业的特点和举措。

（2）新型职业农民。知道新型职业农民的定义、特征、地位和作用；知道新型职业农民的内涵特征和能力素质要求。

（3）新型农业经营主体。知道新型生产经营主体产生的背景；知道新型农业经营体系的构成；了解什么是家庭农场和专业大户；了解经营管理家庭农场和专业大户的基本知识；了解农民合作社的性质、概念、特征和作用；了解国家支持扶持合作社的主要政策和项目；了解如何设立与管理合作社；了解农业社会化服务的发展和作用；知道农业社会化服务的构成并学会利用便捷的服务。

2. 农产品质量安全与市场营销

（1）农产品质量安全的重要意义。了解《中华人民共和国农产品质量安全法》等相关法律法规，知道保障农产品质量安全是生产者的法定义务，知道保障农产品质量安全是效益之源，知道农产品质量安全关系农业生产经营者的信誉。

（2）农产品质量安全的保障。了解农业标准化的概念和构成要素，知道在农产品生产过程中树立农业标准化生产的理念；学会执行农业生产全程标准化技术要点，如农业生产过程中的产地环境、投入品等各环节的安全保障。

（3）农产品商标注册和质量认证。了解商标的基本含义；知道农业品牌对提升农产品附加值的重要意义；学会如何申请商标注册；知道农产品地理标志也是一种特殊的商标；掌握已注册的商标被侵权时的处理办法。了解开展农产品质量认证的积极作用；了解"三品一标"的含义、特点、用途，申请条件、流程、材料提交，以及标识使用的相关规定等。掌握生产中规避农产品质量安全风险与自救的知识与措施。

（4）农产品流通渠道和营销方式。了解农产品商品化生产特点、消费特点和营销特点；熟悉我国现阶段农产品流通的主渠道（如农产品产地市场、农产品批发市场、农超对接、农校对接、社区直销等）及其特点；了解农产品市场信息的重要性；掌握获得农产品市场信息的渠道；学会12316等农业综合信息服务平台的使用。学习大宗农产品的市场营销方法；了解农民合作社、农产品行业协会和农产品经纪人等农产品市场营销组织在农产品市场营销中的作用并学会如何利用这些组织；了解网络营销、家庭农庄等新型农产品营销模式。

3. 农业生态环境与美丽乡村建设

（1）农业生态环境。了解农业生态环境的构成，知道农业生态环境对现代农业发展和人类健康的重要性；知道现阶段农业生态环境存在的主要问题及人类生产活动对农业生态环境的影响；知道提升农业资源利用率的重要性，掌握合理利用农业资源、发展循环农业、走农业可持续发展道路的技术方法。

（2）农业生态平衡与保护。了解农业生态平衡的概念和意义，知道过量使用农业生产投入品（如化肥、农药、地膜等）和农业生产方式（如焚烧秸秆等）对农业生态平衡的破坏；学会建立和保护农业生产与农业生态平衡之间的良性循环关系，掌握促进农业生态平衡的关键生产技术。

（3）美丽乡村建设。知道美丽乡村建设对提高人民生活水平、发展现代农业的重要作用；了解现阶段美丽乡村建设面临的主要问题；学习不同区域、不同特色美丽乡村建设的成功案例和相关技术模式，掌握从产地土壤环境保护、原产地保护、清洁生产等路径推进美丽乡村建设。

（二）家庭农场经营管理

1. 家庭农场基本问题

（1）家庭农场基本特征。了解家庭农场产生的背景和条件；了解国内外对家庭农场的定义；了解家庭农场在专业化、集约化、雇佣劳动力、收入、经营规模等五个方面的特征；了解家庭农场与职业农民的关系。

（2）家庭农场注册登记。了解地方家庭农场的认定标准；学会如何注册家庭农场。

2. 家庭农场规模生产

（1）农业标准化生产。了解农业标准化生产的概念、现状与发展趋势；了解农业标准化生产的作用和意义；掌握实现农业生产标准化的措施和办法。

（2）农业机械化生产。了解农业机械化生产的概念、现状与发展趋势；了解农业机械化生产的作用和意义；掌握提高农业生产机械化程度的措施和办法。

（3）农业科技推广。了解农业科技推广的主要任务与特点；了解农技推广的主要需求与特点；掌握开展农业科技推广的措施和办法。

3. 家庭农场相关法律政策

（1）有关农村土地政策法规。重点了解当前我国农场土地政策的主要内容和特征、存在的主要问题及未来改革方向。了解《农村土地承包法》的立法背景和意义；重点了解《农村土地承包法》中关于土地承包经营权流转和保护方面的内容；理论联系实际，通过典型案例了解《农村土地承包法》的现实运用。了解农村土地流转的意义、原则、底线和主要类型；熟知《农村土地承包经营权流转管理办法》的有关内容；熟知《中共中央办公厅、国务院办公厅关于引导农村土地经营权有序流转发展农业适度规模经营的意见》的有关内容；熟知土地流转合同的相关内容，包括流转合同中应包括的权利和义务、无效条款等；了解土地承包经营权纠纷处理有关规定。

（2）家庭农场扶持政策。了解《关于促进家庭农场发展的指导意见》等重要政策内容；了解发展家庭农场都有哪些扶持政策，尤其要熟知当地政府制定的扶持政策；学会如何申报扶持项目，并学会如何开展项目，以及如何管理项目资金。

（3）家庭农场金融保险政策。了解国家和地方在家庭农场金融保险方面的政策内容；了解家庭农场农业信贷、农业担保、农业保险等内容，并了解其作用和种类；了解农业担保的主要运作环节，申请农业担保所需提供的材料；学会如何办理农业保险；学会如何进行农业保险理赔。

（4）农产品价格政策。了解我国农产品价格支持政策的内容；了解主要农产品价格的政策导向；了解我国农产品市场调控政策和大宗农产品价格管理政策等方面内容。

4. 家庭农场日常管理

（1）生产记录。了解家庭农场生产记录的基本概念和作用；了解农产品生产记录至少必须包括以下内容：使用农业投入品的名称、来源、用法、用量和使用、停用的日期；动物疫病、植物病虫草害的发生和防治情况；收获、屠宰或捕捞的日期等；通过实例掌握使用家庭农场生产记录的方法和技巧。

（2）财务制度管理。了解家庭农场财务制度管理的基础工作；了解家庭农场资本金和负债管理、流动资产管理、长期资产管理、收入管理、成本费用管理、利润及利润分配管理等相关内容。

（3）投入产出核算。了解粮食等主要农产品生产投入与产量、效益的关系；掌握主要农产品生产成本核算的基本方法；学会生产成本合理投入，实现成本投入的效益最大化。

5. 家庭农场销售管理

（1）市场品牌创建。了解市场品牌创建的意义与基本程序；了解各地主要产区农产品的著名品牌，并学习其创建经验；学会农产品市场品牌创建的主要途径和方法；学会利用市场品牌提升生产效益，保护合法权益的基本要点。

（2）农产品地理标识和追溯体系建设。掌握农产品地理标识基础概念、相关术语；学会如何申请农产品地理标识产品；了解我国农产品地理标志登记保护的相关制度以及登记保护体系；了解农产品质量安全追溯体系建设制度和相关管理办法。

（3）农产品流通渠道和营销方式。了解农产品商品化生产特点和营销特点；熟悉我国现阶段农产品流通的主渠道（如农产品产地市场、农产品批发市场、农超对接、农校对接、社区直销等）及其特点；学习大宗农产品的市场营销方法；了解农民合作社、农产品行业协会和农产品经纪人等农产品市场营销组织在农产品市场营销中的作用，并学习如何利用这些组织；了解网络营销、家庭农庄等新型农产品营销模式。

（4）数字化管理系统。了解数字化概念以及数字化给家庭农场生产带来的效果；了解数字化对家庭农场在销售、运送、供给链、客户服务、结算、购买、招聘、培训、财务、研发、制造、营销等领域的作用；了解基于价值链的数字化管理体系；学会如何实施数字化管理系统，包括基本步骤和注意事项等。

6. 主要农产品市场概况

（1）主要农产品市场价格概况。了解主要农产品市场价格信息的重要性；掌握近几年主要农产品市场价格的变动规律和原因，并学会简单预测主要农产品市场价格；掌握主要农产品市场价格信息获取渠道和方法。

（2）主要农产品市场供需概况。了解主要农产品市场供需信息的重要性；掌握近几年主要农产品市场供需的变动规律和原因，并学会简单预测主要农产品市场供需情况；掌握主要农产品市场供需信息获取渠道和方法；学习 12316 农业综合信息服务平台的使用。

第二节　水稻生产的培训规范

一、培训对象

重点面向从事现代水稻产业生产经营的专业大户、家庭农场主和农民合作社骨干，以及拟扩大水稻产业生产经营规模的承包农户，有志在现代水稻产业务农创业的返乡农民工、退役军人和农村新生劳动力等。

二、培训目标

培训适应现代农业发展要求，具备现代农民综合素质，具有现代水稻产业高产、优质、高效、安全生产经营技能，能够从事现代水稻产业专业化、标准化、规模化和集约化生产经营的新型职业农民。

三、培训内容

培训模块		内容模块
通用内容	1. 现代农业与新型农业经营体系	(1) 现代农业与新型职业农民
		(2) 家庭农场
		(3) 农民合作社
		(4) 农业社会化服务
	2. 农产品质量安全与市场营销	(1) 保障农产品质量安全的重要意义
		(2) 全程标准化
		(3) 农产品商标注册和质量认证
		(4) 农产品流通渠道和营销方式
	3. 农业生态环境与美丽乡村建设	(1) 农业生态环境的多功能性与保护
		(2) 农业资源再利用
		(3) 美丽乡村发展目标与路径
现代水稻产业生产经营	1. 生产计划与耕播技术	(1) 产业发展与产业政策
		(2) 种植制度与栽培方式
		(3) 肥料运筹与科学施肥
		(4) 品种选择与播前处理
		(5) 需水特性与节水灌溉
	2. 苗期生产管理	(1) 生育特点及水肥管理
		(2) 秧田培肥与材料准备
		(3) 育秧方式与适期播种
		(4) 病虫草害识别与防治
		(5) 培育壮秧与合理移栽
	3. 分蘖拔节期生产管理	(1) 生育特点及水肥管理
		(2) 病虫草害识别与防治
		(3) 稻田诊断与减灾栽培
	4. 抽穗扬花期生产管理	(1) 生育特点及水肥管理
		(2) 病虫草害识别与防治
		(3) 稻田诊断与减灾栽培
	5. 灌浆结实期生产管理	(1) 生育特点及水肥管理
		(2) 病虫草害识别与防治
		(3) 稻田诊断与减灾栽培

（续）

培训模块		内容模块
现代水稻产业生产经营	6. 收获贮藏与秸秆还田	（1）适期收获与收获技术
		（2）田间测产与稻谷贮藏
		（3）秸秆处理与还田技术
	7. 农机运用与维护	（1）机具类型与作业要求
		（2）农机具的使用与维护
	8. 成本核算与产品销售	（1）市场经营与生产决策
		（2）营销策略与权益维护
		（3）成本核算与贷款方法

四、现代水稻生产经营的培训要求

（一）生产计划与耕播技术

1. 产业发展与产业政策

了解水稻生产的国民经济意义。水稻为 60% 以上人口的主粮、营养价值高、用途广泛；了解国内水稻生产、区域布局、市场流通、供需消费等基本情况。了解国家土地、价格、生产补贴、农业保险等政策；熟悉国家及各级政府对种粮大户、水稻生产、市场流通及土地流转、土地承包等方面的相关政策。

2. 种植制度与栽培方式

了解我国水稻生产的主要种植模式及适宜种植区域（一季稻、麦茬稻、双季稻、再生稻、油稻稻等）；学会选择适宜本区域生态条件的栽培模式；了解我国水稻生产过程中的手插、机插、抛秧、直播等主要栽培方式；学会熟练操作本地区主推模式的主要流程和技术要点；了解耕整地的主要原则及如何耕整不同类型田块：冬闲田、绿肥田、小春田等；了解耕整地的主要方法和特点：翻耕、旋耕、稻田整平以及免耕、少耕等技术要点；掌握本区域水田耕层土壤的主要特点及技术要求。

3. 肥料运筹与科学施肥

掌握鉴别常用化肥种类的技术和方法，如尿素、碳酸氢钠、磷酸二铵、氯化钾、复合肥、缓（控）释肥等；学会计算不同种类肥料有效含量；掌握判断主要营养元素缺失的主要症状：缺氮、缺磷、缺钾、缺硅等。了解水稻对主要矿质营养元素的吸收量、吸收水平、吸收比例等；掌握水稻需肥特点和需肥量；了解水稻不同生育期对营养元素（N、P、K）以及微量元素等的吸收规律。了解稻田土壤的供肥特性；学习并掌握土壤肥力测定和测土配方施肥基本知识；熟悉测土配方施肥的基本步骤：采集土样、土壤化验、确定配方、按方购肥、科学用肥等。能够根据单产水平对养分的需要、土壤养分的供给量等，计算全生育期施肥量；能够根据各生育期的需肥特点，结合产量构成因素的形成时期等，合理掌握施肥的最适时期。掌握根据土壤肥力状况、种植制度、生产水平和品种特性进行配方施肥；掌握本地区主要栽培方式的水稻肥料运筹模式及施肥技术要点：基肥、蘖肥、穗肥以及各个时期追肥的时间、用量、配比和施肥方式等。

4. 品种选择与播前处理

了解适合本地区种植模式的主要水稻品种类型，不同熟期代表性品种的品种特性、适宜区域；学会选择适合本区域和生态条件和种植模式的水稻品种；了解不同类型水稻种子的质量标准：纯度、净度、发芽率、水分含量；掌握简单的种子整齐度鉴别、净度鉴别、水分鉴别、发芽力鉴别、陈种子鉴别等方法。熟悉最基本的水稻种子播前处理技术和方法；熟练掌握每一个环节的技术要点，包括晒种，选种，浸种消毒，催芽，种子包衣等流程。

5. 需水特性与节水灌溉

了解水稻基本需水情况：生理需水和生态需水；掌握水稻不同生育期稻田水分的适宜范围：秧苗移栽、返青期、分蘖期、拔节孕穗期、抽穗开花期、灌浆结实期。了解稻田需水量的主要构成：叶面蒸腾量、棵间蒸发量与稻田渗漏量；了解叶面蒸腾量、棵间蒸发量与稻田渗漏量在水稻不同生育时期的基本特征。掌握本地区稻田节水灌溉主要技术措施：建立健全并完善稻田灌溉渠系；耕作过程中进行旱犁、旱整，回水后尽快水耕、水耙；实行湿润或浅水灌溉；根据水稻各生育期的生理生态需水实施计划供水；选用耐旱性强的品种；采用高成穗率的施肥技术和其他配套技术。

（二）苗期生产管理

1. 生育特点及水肥管理

了解水稻秧苗期生长发育的特点和管理目标；了解秧苗期水肥管理的重

要意义；掌握如何通过调水、调肥，促进水稻秧苗返青的主要技术措施，并能够独立进行田间作业。

2. 秧田培肥与材料准备

学会如何根据大田面积、栽插方式、育秧方式确定秧田面积；掌握针对不同类型秧田整地做床、苗床施肥的技术要点；熟悉秧田土壤培肥的肥料种类选择、配方比例以及施肥技术要点。掌握根据实际需要备足育秧软、硬盘以及无纺布、塑料薄膜的数量；学会适合本地区种植模式的育秧基质使用的技术要点和注意事项。

3. 育秧方式与适期播种

了解水稻生产中几种主要的育秧方式及关键技术。水层育秧、薄膜育秧、湿润育秧、无纺布育秧、温室大棚育秧、两段育秧等；能够熟练操作本区域的主要育秧方式。学习如何确定水稻合理播种期和适宜播种量的基本原则；学会如何根据品种特性、育秧方式、气温高低和栽插方式等确定最佳播期和适宜播种量；掌握根据气候条件、种植制度、品种特性和栽插方式等确定本地区水稻播种适期的范围：最早、最佳及最晚播种时间。了解秧苗的几种类型及特点（小苗、中苗、大苗）；了解秧田管理的三个主要时期、特征及注意事项：芽期、幼苗期、成苗期；了解不同育秧方式的秧田管理时期；掌握不同育秧方式秧田期管理的技术要点。

4. 病虫草害识别与防治

学会识别水稻秧苗期常见病害，如水稻立枯病、青枯病、恶苗病、烂秧等；常见水稻秧苗期虫害，如白背飞虱、稻蓟马、稻秆蝇、一代螟虫等；常见草害：稗草、三棱草等；掌握水稻苗期病虫草害的主要防治技术：药剂防治、生物防治和物理防治；能够根据药剂要求确定合适的施药量，并独立配置适合浓度的药液。了解水稻秧苗期主要病虫草害的田间预测预报和调查评估技术，学会如何利用统防统治；掌握水稻的病虫草害防控与补救栽培技术。

5. 培育壮秧与合理移栽

了解壮秧对于水稻大田生长的重要意义。学会观察田间秧苗长势；熟悉壮秧的主要指标：叶片形态、根系特征、秧苗整齐度、移栽后发根力等；熟悉不同移栽方式对于秧龄及长势的具体要求。了解水稻育秧的基本环节及技术要点：确定播期、整地做床、育秧基质、种子处理、适宜播量、药剂灭草、薄膜覆盖等；熟练掌握并应用不同育秧方式如何培育壮秧的主要技术环节和技术要点。了解影响水稻播种质量及壮秧培育的主要因素：干旱、低温、播种方法不科学、种子吸水量不足、种子发芽温度不适宜、除草剂使用不当等；学会如何解决导致水稻育秧出苗不全、不齐的现象。了解水稻生产上栽插秧苗的几种主要方法：手工拔秧插秧、人工铲秧栽插、机插秧、抛秧（机抛、手抛）等；掌握适宜本地区水稻生产条件的移栽方法及其技术要点。

（三）分蘖拔节期生产管理

1. 生育特点及水肥管理

了解水稻分蘖拔节期生长发育的特点和管理目标；了解分蘖拔节期水肥管理的重要意义；学会查苗补缺、调水灌溉、中耕除草、晒田控蘖、看苗追肥等；掌握如何通过调水、调肥，促进水稻分蘖早生快发、提高分蘖成穗率的主要技术措施，并能够独立进行田间作业。

2. 病虫草害识别与防治

学会识别水稻分蘖拔节期常见病害，如稻瘟病、纹枯病、白叶枯病等；常见虫害，如稻纵卷叶螟、二化螟、三化螟、稻飞虱等；常见草害：稗草等；掌握水稻分蘖拔节期病虫草害的主要防治技术：药剂防治、生物防治和物理防治；能够根据药剂要求确定合适的施药量，并独立配置适合浓度的药液。了解水稻分蘖拔节期主要病虫草害的田间预测预报和调查评估技术，学会如何利用统防统治；掌握水稻的病虫草害防控与补救栽培技术要点。

3. 稻田诊断与减灾栽培

知道本区域主要自然灾害对水稻分蘖拔节期生长发育的影响，了解抗逆生产关键技术：干旱、洪涝、高温、台风等。掌握如何根据水稻生长的外部形态来进行水肥促控措施；根据各品种幼穗分化和拔节之间的关系来确定晒田终止期；学习水稻高产栽培管理和减灾栽培的关键技术要点。

（四）抽穗扬花期生产管理

1. 生育特点及水肥管理

了解水稻抽穗扬花期生长发育的特点和管理目标；了解抽穗扬花期水肥

管理的重要意义；了解水稻开花的基本规律和条件：温度、湿度等；知道抽穗扬花期水肥管理基本要求：巧施穗肥、合理灌溉等，并能够独立进行田间作业。

2. 病虫草害识别与防治

学会识别水稻抽穗扬花期常见病害，如纹枯病、稻瘟病、叶枯病、稻曲病等；常见虫害，如二化螟、三化螟、稻纵卷叶螟、稻飞虱等；掌握水稻抽穗扬花期病虫草害的主要防治技术：药剂防治、生物防治和物理防治；能够根据药剂要求确定合适的施药量，并独立配制适合浓度的药液。了解水稻抽穗扬花期主要病虫草害的田间预测预报和调查评估技术，学会如何利用统防统治；掌握水稻的病虫草害防控与补救栽培技术。

3. 稻田诊断与减灾栽培

知道本区域主要自然灾害对水稻抽穗扬花期生长发育的影响，了解抗逆生产关键技术：高温、干旱、暴雨、寒露风等。掌握如何根据水稻生长的外部形态来进行水肥促控措施；掌握水稻在抽穗扬花期遇高温、寒露风等灾害天气的高产栽培管理和减灾栽培技术措施。

（五）灌浆结实期生产管理

1. 生育特点及水肥管理

了解水稻灌浆结实期生长发育的主要特点；了解灌浆结实期水肥管理的重要意义；掌握灌浆结实期主要管理目标：养根保叶，防止早衰，防止倒伏，防止贪青晚熟；技术措施：保持水层、间歇灌溉、追施粒肥等，并能够独立进行田间作业。

2. 病虫草害识别与防治

学会识别水稻灌浆结实期常见病害，如纹枯病、稻曲病、稻瘟病等；常见虫害：稻纵卷叶螟、稻飞虱、灰飞虱等；掌握水稻灌浆结实期病虫草害的主要防治技术：药剂防治、生物防治和物理防治；能够根据药剂要求确定合适的施药量，并独立配制适合浓度的药液。了解水稻灌浆结实期主要病虫草害的田间预测预报和调查评估技术，学会如何利用统防统治；掌握水稻的病虫草害防控与补救栽培技术。

3. 稻田诊断与减灾栽培

知道本区域主要自然灾害对水稻灌浆结实期生长发育的影响，了解抗逆生产关键技术：高温、低温、台风、暴雨等。掌握如何根据水稻生长的外部形态来进行水肥促控措施；掌握水稻在灌浆结实期遇高温等灾害天气高产栽培管理和减灾栽培技术措施。

（六）收获贮藏与秸秆还田

1. 适期收获与收获技术

了解水稻籽粒灌浆结实的过程及适期收获的重要意义；掌握水稻适期收获的颖壳、穗轴、护颖等生理标准，学会通过判定水稻的成熟度来确定准确的收获时期。了解机械收获、人工收获对水稻生产的具体要求；掌握主要收获方法及技术要求：机械分段收获、机械直收、人工收割；掌握机械收获的主要作业质量要求：总损失率、破碎率、割茬高度等；掌握机械收获的技术规范要求和技术操作要点。

2. 田间测产与稻谷贮藏

了解水稻产量主要构成因素的形成及相互关系；掌握水稻田间测产的基本方法；学习并掌握水稻成熟期产量测定的几种简单方法：小面积试割法，挖方测产法，穗数、粒数、粒重测产法。了解稻谷贮藏的主要特点：颖壳对籽粒起保护作用、稻谷无后熟期、稻谷不耐高温等；了解在不同温度条件下不同品种贮藏的安全水分标准；掌握稻谷的几种保管方法：常规贮藏、低温密闭、低温贮藏、人工气调贮藏、"双低"贮藏（低温、低氧）等。

3. 秸秆处理与还田技术

掌握稻谷收获后的秸秆还田方式：收获后直接还田、机械化粉碎还田、高根留茬还田等；了解秸秆的综合利用方式：秸秆饲料、替代燃料等。

（七）农机运用与维护

1. 机具类型与作业要求

了解我国农业机械化发展的基本情况、现状及存在问题；学习并了解农业机械田间作业的相关质量标准；熟悉不同田间作业过程（耕整、种植、植保、收获和秸秆还田等）对农机具的具体要求。了解适合当地种植模式的农机具种类和特点（耕整地机具、播种育秧机具、植保机具、施肥机具、收获机具等），学会并熟悉如何根据自身承包土地面积和经营情况，合理配备农机具。

2. 农机具的使用与维护

掌握新型拖拉机、联合收割机等有关水稻生产机械的结构原理、操作规范、维护保养、故障诊断与排除以及零部件鉴定与修理等知识；重点掌握本区域常用农机具的基本操作技术和日常维护手段。

（八）成本核算与产品销售

1. 市场经营与生产决策

学会用现代科技提升水稻生产水平，用现代理念和管理方式经营水稻产业；学习并掌握水稻产业化生产经营的基本知识。

2. 营销策略与权益维护

了解产品市场营销的概念、方法和基本策略；掌握本地区稻谷市场消费、流通、贸易的基本情况。了解《农业法》《合同法》《劳动法》《土地承包法》《种子法》《农药管理条例》等用于自身权益维护的基本知识。

3. 成本核算与贷款方法

了解本地区土地流转费用、农资费用、劳动力价格等变动的基本规律；掌握稻谷市场价格获取的信息渠道；学会测算并记录水稻生产的成本收益情况；熟悉国家及当地农业贷款的基本知识，包括申请对象、申请条件、基本程序及注意事项等。

第三节　小麦生产的培训规范

一、培训对象

重点面向从事现代小麦产业生产经营的专业大户、家庭农场主和农民合作社骨干，以及拟扩大小麦产业生产经营规模的承包农户，有志在现代小麦产业务农创业的返乡农民工、退役军人和农村新生劳动力等。

二、培训目标

培训适应现代农业发展要求，具备现代农民综合素质，具有现代小麦产业高产、优质、高效、安全生产经营技能，能够从事现代小麦产业专业化、标准化、规模化和集约化生产经营的新型职业农民。

三、培训内容

培训模块		内容模块
通用内容	1. 现代农业与新型农业经营体系	(1) 现代农业与新型职业农民
		(2) 家庭农场
		(3) 农民合作社
		(4) 农业社会化服务
	2. 农产品质量安全与市场营销	(1) 保障农产品质量安全的重要意义
		(2) 全程标准化
		(3) 农产品商标注册和质量认证
		(4) 农产品流通渠道和营销方式
	3. 农业生态环境与美丽乡村建设	(1) 农业生态环境的多功能性与保护
		(2) 农业资源再利用
		(4) 美丽乡村发展目标与路径
现代小麦产业生产经营	1. 生产计划与整地播种	(1) 区域生态与种植模式
		(2) 品种选择与种子处理
		(3) 肥水运筹与基肥施用
		(4) 农田基本建设与整地播种
	2. 苗期生产管理	(1) 生育特点与田间管理
		(2) 病虫害识别与防治
		(3) 生长异常与减灾措施
		(4) 苗情调查与处理
	3. 中期生产管理	(1) 生育特点与肥水管理
		(2) 病虫害识别与防治
		(3) 自然灾害与减灾措施
	4. 后期生产管理	(1) 生育特点与肥水管理
		(2) 病虫害识别与防治
		(3) 自然灾害与减灾措施
	5. 收获贮藏与秸秆还田	(1) 熟期识别与田间测产
		(2) 机械收获与秸秆处理
		(3) 贮藏与减损措施
	6. 成本核算与产品销售	(1) 小麦产业政策与生产补贴
		(2) 市场信息与生产决策
		(3) 产品价格与销售

四、培训要求

(一) 生产计划与整地播种

(1) 区域生态与种植模式。了解本地区主要气候生态特点和基本种植制度,以及小麦栽培模式(一年一熟、两熟或两年三熟,降水量和分布,灌溉条件,平播或套种,茬口衔接等);学会选择适合本区域生态条件的小麦种植模式。掌握适合本地区小麦种植模式的主要流程和作业时间。

(2) 品种选择与种子处理。了解本地区主要小麦优良品种及其特征特性;掌握品种的加工品质(强筋、中筋、弱筋),成熟期(早熟、中熟和晚熟),发育特性(春性、半冬性、冬性),品种类型(大穗型、多穗型和中间型),对当地主要病虫害和常发气候灾害的抗耐性;学会选择适合本地区生态条件与种植模式的小麦品种。了解评价小麦种子质量标准的纯度、净度、发芽率、发芽势、水分等指标;能够利用红墨水染色法、浸种催芽法等鉴定种子活性和发芽率;熟练掌握选种、晒种、拌种、种子包衣等小麦种子播前处理的技术和方法。

(3) 肥水运筹与基肥施用。了解不同种类肥料(尿素、磷酸二铵、氯化钾、硫酸锌、复合肥、专用肥等)的有效含量,学会用有效含量计算化肥的施用量;掌握鉴别主要化肥种类的基本技术和方法。了解土壤肥力测定和配方施肥的基本知识;能够独立进行土壤样品的采集和基本处理;学会利用测土结果进行配方施肥。了解小麦主要营养元素氮、磷、钾的吸收特点、吸收量和肥料配比关系;掌握基肥、种肥以及各个时期追肥的时间、方法和用量。

(4) 农田基本建设与整地播种。了解本地区农田基本环境,以便选择适宜的耕作、播种方式,主要耕整机具类型和小麦生产要求;能够从整地时间、整地方式和整地质量标准等方面评价耕整作业质量。了解小麦适期播种的基本原则,把握本地区小麦播种适期范围;了解小麦种子萌发的条件需求:温度、水分、氧气等;学会分析影响小麦出苗的原因:干旱、低温、播种过深或过浅、种子质量差、种肥烧苗、籽粒腐烂、病虫为害等。了解小麦合理密植的原则和意义;能够计算不同种植模式下合理密度的株行距配置;学会计算播种量,能够合理购置播种所需种子量。了解小麦播种机械的类型、特点，能够利用粒距、重播指数、漏播指数、播种深度、作业速度、播种量、出苗率、出苗整齐度等指标评价机械播种质量；掌握种肥的施用技术：种肥种类、施用量以及种、肥隔离要求；了解提高小麦播种质量的主要技术环节：整地质量、播种深度、种肥严格隔离、适墒播种、播前造墒、播后镇压等。掌握当地主要耕作模式的关键技术环节：前作的后期水分管理、秸秆处置；旱地免耕栽培的播种、施肥、镇压等；稻茬田免耕或少耕的沟渠配套等；套种栽培的播种时间、播种方式、套种规格、播后管理等。学会识别常见小麦地下、地上害虫，如蛴螬、金针虫、蝼蛄等，掌握药剂拌种、种子包衣、土壤处理、药剂防治等防治技术；能够正确选择苗前除草剂，并独立进行田间作业，掌握施用时间、施用量、注意事项等。

（二）苗期生产管理

（1）生育特点与田间管理。了解小麦苗期生长发育的特点和管理目标；掌握小麦播后苗情促控原则与方法；了解小麦苗期中耕机具类型和作业要求，能够评价苗期中耕作业质量；了解苗期追肥对小麦生长发育的影响，并能够进行追肥作业；了解小麦冬季灌水的作用，掌握正确的灌水时机和灌水量。能够科学选择苗后除草剂，并独立进行田间作业，掌握施用时间、施用量、注意事项；了解不同化学除草剂的药害症状，知道应对措施。

（2）病虫害识别与防治。学会识别常见小麦苗期病虫害：锈病、白粉病、根腐病、病毒病、麦蜘蛛、蚜虫等，掌握小麦苗期病虫害防治技术：物理防治、生物防治和药剂防治等；能够根据药剂要求确定合适的施药量，并独立配置适合浓度的药液。了解小麦田间病虫害的预测预报技术，学会利用统防统治。

（3）生长异常与减灾措施。了解小麦苗期异常如黄叶苗、僵化苗、无分蘖苗、主要缺素症状等的形成原因和应对措施。了解本区域主要自然灾害对小麦苗期生长发育的影响，掌握抗逆生产关键技术：干旱、涝渍、低温等。

（4）苗情调查与处理。掌握小麦植株性状调查方法：基本苗、最高分蘖苗、生长习性、叶片大小、叶面积和叶面积指数等。

（三）中期生产管理

（1）生育特点与肥水管理。了解小麦中期生长发育特点和管理目标；明白拔节期、孕穗期、抽穗扬花期肥、水管理的意义，并能够进行田间作业。

（2）病虫害识别与防治。学会识别常见小麦生长中期病虫害，锈病、纹枯病、白粉病、叶枯病、根腐病、病毒病、赤霉病、蚜虫、麦蜘蛛、黏虫等；掌握中期病虫害的防治技术：防治方法、时间、药剂和次数。掌握病虫害调查标准及取样方法，能够独立进行病虫害的田间调查；了解小麦田间喷药机械的类型和作业要求。

（3）自然灾害与减灾措施。了解本区域主要自然灾害对小麦中期生长发育的影响，掌握抗逆生产关键技术：干旱、涝渍、高温、风灾、倒春寒等。了解化控防倒药剂及其施用的基本知识：主要化控药剂的类型、作用原理以及代表性药剂；能够独立进行化控田间作业：选择适合药剂、施用时间、施用量、注意事项等。

（四）后期生产管理

（1）生育特点与肥水管理。了解小麦灌浆成熟期生长发育的特点和管理目标；明白灌浆成熟期肥、水管理的意义，并能够进行田间作业。

（2）病虫害识别与防治。学会识别常见小麦病虫害，如锈病、白粉病、赤霉病、叶枯病、颖枯病、黑粉病、黑穗病、蚜虫、吸浆虫、黏虫等；掌握正确的防治技术。

（3）自然灾害与减灾措施。了解小麦灌浆成熟期异常如小穗小花不孕、缺粒、植株早衰、穗发芽等的形成原因，掌握应对措施；能够进行一喷三防的田间作业。知道本区域主要自然灾害对小麦灌浆成熟期生长发育的影响，了解抗逆生产关键技术：干旱、涝渍、风灾、干热风、阴雨等。

（五）收获贮藏与秸秆还田

（1）熟期识别与田间测产。了解小麦籽粒灌浆的过程，学会识别小麦籽粒乳熟期、蜡熟期和完熟期，知道小麦适期收获的意义；掌握小麦促早熟、防早衰的关键技术。掌握小麦田间测产的方法：每亩穗数、穗粒数、千粒重、籽粒含水量以及测产产量计算，能够对大田小麦进行测产。

（2）机械收获与秸秆处理。了解小麦收获机械的类型和特点：割晒机、脱粒机和联合收割机；掌握机械收获的主要作业质量要求：籽粒损失率、籽粒破碎率、籽粒含杂率、茎秆切碎长度、还田秸秆切碎合格率等。了解小麦秸秆处理方式：秸秆粉碎翻耕还田、秸秆粉碎覆盖还田以及秸秆堆积腐熟还田等；知道收获后麦田整地方式及其与下茬作物的衔接：少耕、免耕、翻耕、旋耕、深松。

（3）贮藏与减损措施。了解收获期灾害天气发生特点及应对方法：规模化生产条件下的熟期搭配，收获后的应急处置措施，与粮储、加工企业的销售衔接等。学会几种小麦科学贮藏的技术：仓储、罐储；识别常见贮粮害虫，掌握防治技术。了解田间鼠害发生特点，并掌握防治技术，能够进行田间灭鼠作业。

（六）成本核算与产品销售

（1）小麦产业政策与生产补贴。了解各级政府关于小麦生产的优惠政策。知道当地生产资金借贷的途径。了解《合同法》《劳动法》《土地承包法》《种子法》等用于自身权益维护的基本知识。

（2）市场信息与生产决策。了解小麦价格和主要农资价格变动基本规律和信息获取渠道。了解市场营销的基本策略；能够根据市场价格变动，做出产品出售和下年种植决策。了解当地或周边与小麦生产相关的企业，包括种子、农资、农机、加工等企业，寻求与企业合作解决订单种植、技术服务、贷款担保、产后销售等问题。

（3）产品价格与销售。掌握小麦生产成本核算的方法；了解每次投入与产量、效益的关系，学会合理投入，实现增产增收。了解本地区小麦生产的自然灾害及农业保险情况，学会利用农业保险服务生产。

第四节　棉花生产的培训规范

一、培训对象

重点面向从事现代棉花产业生产经营的专业大户、家庭农场主和农民合作社骨干，以及拟扩大棉花产业生产经营规模的承包农户，有志在现代棉花产业务农创业的返乡农民工、退役军人和农村新生劳动力等。

二、培训目标

培训适应现代农业发展要求，具备现代农民综合素质，具有现代棉花产业高产、优质、高效、安全生产经营技能，能够从事现代棉花产业专业化、标准化、规模化和集约化生产经营的新型职业农民。

三、培训内容

培训模块		内容模块
通用内容	1. 现代农业与新型农业经营体系	(1) 现代农业 (2) 新型职业农民 (3) 新型农业经营主体
	2. 农产品质量安全与市场营销	(1) 农产品质量安全的重要意义 (2) 农产品质量安全的保障 (3) 农产品商标注册和质量认证 (4) 农产品流通渠道和营销方式
	3. 农业生态环境与美丽乡村建设	(1) 农业生态环境 (2) 农业生态平衡与保护 (3) 美丽乡村建设
现代花生产业生产经营	1. 生产计划与耕播技术	(1) 种植制度与栽培方式 (2) 品种选择与种子处理 (3) 肥水运筹与基肥施用 (4) 农田建设与耕播技术
	2. 苗期生产管理	(1) 生育特点与田间管理 (2) 病虫害识别与防治 (3) 生长异常与减灾栽培 (4) 苗情调查与处理
	3. 开花期生产管理	(1) 生育特点与田间管理 (2) 病虫害识别与防治 (3) 自然灾害与减灾栽培
	4. 结荚期生产管理	(1) 生育特点与田间管理 (2) 病虫害识别与防治 (3) 自然灾害与减灾栽培 (4) 防止徒长与倒伏
	5. 成熟期生产管理	(1) 生育特点 (2) 田间管理
	6. 低损收获与安全贮藏	(1) 适期收获 (2) 安全贮藏
	7. 成本核算与产品销售	(1) 良种补贴与产业政策 (2) 市场信息与种植决策 (3) 成本分析与控制 (4) 产品价格与销售

四、现代花生生产体系的培训要求

(一) 生产计划与播种技术

(1) 区域生态与种植模式。了解本地区与棉花生产相关的（棉花生长季节）主要气候生态特点和棉花种植模式（如一年一作、一年两作或两年三作；育苗移栽或直播、间套种或轮作、地膜覆盖等）；学会选择适合本区域生态条件的种植模式。掌握本地区主推棉花种植模式的主要流程和作业时间。

(2) 品种选择与播前种子处理。了解本区域不同熟期的代表性品种及其主要特性；学会选择适合本地区生态条件与种植模式的棉花品种。了解评价棉花种子质量的纯度、净度、发芽率、水分等指标；能够利用红墨水染色法、浸种催芽法等对种子活力和发芽率进行鉴定；熟练掌握选种、脱绒、种子包衣、晒种等棉花种子播前处理的技术和方法。

(3) 肥料运筹与基肥施用。了解不同种类肥料（尿素、磷酸二铵、氯化钾、硼肥、复合肥、专用肥等）的有效含量，知道化肥的施用应以有效含量计算；掌握鉴别主要化肥种类的基本技术和方法，包括尿素、磷酸二铵、氯化钾、硼肥、复合肥（专用肥）等。了解土壤肥力测定和配方施肥的基本知识；能够独立进行土壤样品的采集和基本处理；学会运用测土配方施肥技术。知道棉花主要营养元素氮、磷、钾的吸收特点、吸收量和肥料配比关系；了解当地主要的棉花肥料运筹模式：基肥、种肥以及各个时期追肥的时间；掌握棉花基肥施用时间、方法和用量。

(4) 农田建设与育苗移栽、播种技术。了解农田、路、沟、林、渠等综合规划的意义和基本原则，能对农场水田林路进行综合治理与改造。了解本地区耕整地的主要机具类型和农艺要求；学会从整地时间、整地方式和整地质量标准等方面对耕整地作业质量进行评价。

知道棉花适期播种的确定原则，能够把握本地区棉花播种适期的范围；了解棉花种子萌发的条件需求：温度、水分等；学会分析影响棉花出苗的原因：干旱、阴雨、低温、种子质量差、播种过深或过浅、种肥烧苗、病虫害等。了解棉花育苗移栽技术，能够熟练掌握棉花育苗的营养钵（基质穴盘）的准备、苗床制备、播种时间、苗床管理、病虫害防治、通风炼苗、移栽苗龄以及移栽后的水肥管理等关键措施。知道棉花合理密植的原则和意义；能够计算出不同种植模式下合理密度的株行距配置；学会计算播种量，能够合理购置播种所需种子量。

了解棉花播种机械的类型、特点，能够对机械播种质量（如粒距、重播指数、漏播指数、播种深度、作业速度、播种量、出苗率、出苗整齐度等指标）进行评价；掌握种肥的施用技术：种肥种类、施用量以及种、肥隔离要求；知道提高棉花播种质量的主要技术环节：播种深度、种肥严格隔离、保证墒情、播后镇压。

掌握当地主要耕作模式的关键技术环节，如地膜覆盖播种的整地、覆膜、播种、破膜、间苗等；育苗移栽技术的育苗时间、育苗方式、营养钵（基质穴盘）的准备、苗床制备、苗床管理、移栽技术、栽后管理等。学会识别常见棉花地下、地表害虫，如地老虎、蛴螬、金针虫、蝼蛄等，掌握防治技术：种子包衣、土壤处理、虫害防治等；能够科学选择播种杀菌剂、苗前除草剂，并独立进行田间作业，掌握施用时间、施用量、注意事项。

（二）苗床与苗期生产管理

（1）生育特点与对环境的要求。了解棉花播种出苗期、苗期生长发育特点及对环境条件的要求；掌握棉花间、定苗作业要点，并能够操作；了解棉花苗期中耕机具类型和作业要求，能够对苗期中耕作业质量进行评价。

（2）营养诊断与水肥管理。学会棉花营养诊断，了解苗期肥水管理对棉花生长发育的影响，并能够进行追肥、灌溉作业。能够科学选择苗后除草剂，并独立进行田间作业，掌握施用时间、施用量、注意事项；了解不同化学除草剂的药害症状，知道应对措施。

（3）田间植株性状调查与苗情诊断。掌握棉花苗期植株性状调查方法（株高、真叶数、叶面积指数、种植密度等），学会如何对苗期棉花苗情进行诊断。

（4）病虫害发生与防治。了解棉花田间病虫害的预测预报技术；学会识别常见棉花苗期虫害（如蓟马、蜗牛、棉蚜、叶螨、盲蝽蟓等）、病害（如立枯病、炭疽病、红腐病、猝倒病、疫病、枯黄萎病等）；掌握棉花苗期病虫害防治技术（物理防治、生物防治和药剂防治等），并能够根据药剂要求确定合适的施药量，并独立配制适合浓度的药液。

（5）生长异常与减灾栽培。了解棉花苗期异常如僵化苗、主要缺素症状等的形成原因和应对措施。知道本区域主要自然灾害对棉花苗期生长发育的影响，了解抗逆生产关键技术：干旱、涝渍、低温、冰雹等。了解化学调控剂及其施用的基本知识：主要化控药剂的类型、作用原理以及代表性药剂；能够独立进行化控田间作业：选择适合药剂、施用时间、施用量、注意事项等。

（三）蕾期生产管理

（1）生育特点与对环境的要求。了解棉花蕾期生长发育特点及对环境条件的要求；根据田间管理目标，了解棉花蕾期生长发育对水、肥的需求。

（2）营养诊断与水肥管理。学会棉花营养诊断，了解棉花蕾期肥水管理对棉花生长发育的影响，并能够进行追肥、灌溉作业。

（3）田间植株性状调查与苗情诊断。掌握蕾期棉花植株性状调查方法（株高、真叶数、果枝始节、果枝数、果节数、叶面积指数、蕾数等），学会对蕾期棉花苗情进行诊断。

（4）病虫害发生与防治。了解棉花蕾期田间病虫害的预测预报技术；学会识别常见棉花蕾期虫害（如棉铃虫、盲蝽蟓、棉蚜、棉叶螨、玉米螟、烟粉虱、蓟马等）、病害（如枯萎病、黄萎病、茎枯病等），掌握蕾期病虫害的防治技术。知道病虫害调查标准及取样方法，能够独立进行病虫害的田间调查；了解棉花蕾期喷药机械的类型和作业要求。

（5）自然灾害与减灾栽培。了解棉花蕾期主要缺素症状等的形成原因和应对措施。知道本区域主要自然灾害对棉花蕾期生长发育的影响，了解抗逆（干旱、涝渍、高温、风灾倒伏、冰雹等）生产关键技术。

（四）花铃期生产管理

（1）生育特点与对环境的要求。了解棉花花铃期生长发育特点及对环境条件的要求；根据田间管理目标，了解棉花花铃期生长发育对田间水、肥的需求。

（2）营养诊断与水肥管理。根据棉花花铃期生长发育特点，了解蕾期肥水管理对棉花生长发育的影响，学会棉花缺肥缺水的田间诊断方法，并能够进行追肥、灌溉作业；熟练掌握棉花打顶与化学调控的原则，并能够进行整枝、打边心、中耕、施肥等田间作业。

（3）田间植株性状调查与苗情诊断。掌握棉花花铃期植株性状调查方法（株高、果枝始节、果枝数、果节数、蕾数、成铃数、幼铃数、花数、脱落数、叶面积指数等），学会如何对花铃期棉田苗情进行诊断。

（4）病虫害发生与防治。了解棉花花铃期田间病虫害的预测预报技术；能够识别常见棉花花铃期虫害（如棉铃虫、蚜虫、叶螨、盲蝽蟓、造桥虫、红铃虫、金刚钻、烟粉虱、甜菜夜蛾、斜纹夜蛾等）、病害（如枯萎病、黄萎病、红叶茎枯病、炭疽病、红腐病、曲霉病、黑果病等）；掌握正确的防治技术。

（5）自然灾害与减灾栽培。了解棉花花铃期异常如营养与生殖生长失调、蕾铃大量不正常脱落、花粉活力降低、倒伏、植株皱缩、叶片失绿、早衰、畸形铃、烂铃等的形成原因，掌握应对措施。知道本区域主要自然灾害对棉花花铃期生长发育的影响，了解抗逆（干旱、涝渍、风灾倒伏、高温热害、阴雨寡照、霜冻等）生产关键技术。

（五）吐絮期生产管理

（1）生育特点与对环境的要求。了解棉花吐絮期生长发育特点及对环境条件的要求；根据田间管理目标，了解吐絮期棉花对光照、温度、湿度等环境条件的要求。掌握棉花田间测产的方法：收获密度、铃数、铃重、衣分以及产量计算，能够对大田棉花进行测产。

（2）营养诊断与水肥管理。根据棉花吐絮期生长发育特点，掌握棉花促早熟、防早衰的关键技术，根据棉株长势选择叶面肥、施用时间、施用量、注意事项等。

（3）田间植株性状调查与苗情诊断。掌握棉花吐絮期植株性状调查方法［果枝数、果节数、铃数（成铃＋幼铃）、脱落数等］，学会如何对吐絮期棉田苗情进行诊断。

（4）病虫害发生与防治。了解棉花田间病虫害的预测预报技术；学会识别常见棉花吐絮期虫害（如棉铃虫、烟粉虱、红铃虫、叶蝉、甜菜夜蛾、斜纹夜蛾等）、病害（如枯萎病、黄萎病、炭疽病、红粉病、软腐病、曲霉病、黑果病等）；掌握正确的防治技术。

（5）脱叶催熟与收获。熟练掌握棉花脱叶催熟标准、选择适合药剂、施用时间、施用量、注意事项等。了解棉花的霜前花、僵瓣花、棉花"三丝"防治措施，按品级分手、分晒、分藏、分售的标准与注意事项。了解棉花收获机械的类型和特点；掌握机械收获的主要作业质量要求：脱叶率、吐絮率、含杂率、采净率等。

第五节　花生生产的培训规范

一、培训对象

重点面向从事现代花生产业生产经营的专业大户、家庭农场主和农民合作社骨干，以及拟扩大花生产业生产经营规模的承包农户，有志在现代花生产业务农创业的返乡农民工、退役军人和农村新生劳动力等。

二、培训目标

培训适应现代农业发展要求，具备现代农民综合素质，具有现代花生产业高产、优质、高效、安全生产经营技能，能够从事现代花生产业专业化、标准化、规模化和集约化生产经营的新型职业农民。

三、培训内容

	培训模块	内容模块
通用内容	1. 现代农业与新型农业经营体系	（1）现代农业 （2）新型职业农民 （3）新型农业经营主体
	2. 农产品质量安全与市场营销	（1）农产品质量安全的重要意义 （2）农产品质量安全的保障 （3）农产品商标注册和质量认证 （4）农产品流通渠道和营销方式
	3. 农业生态环境与美丽乡村建设	（1）农业生态环境 （2）农业生态平衡与保护 （3）美丽乡村建设

（续）

培训模块		内容模块
现代花生产业生产经营	1. 生产计划与耕播技术	（1）种植制度与栽培方式 （2）品种选择与种子处理 （3）肥水运筹与基肥施用 （4）农田建设与耕播技术
	2. 苗期生产管理	（1）生育特点与田间管理 （2）病虫害识别与防治 （3）生长异常与减灾栽培 （4）苗情调查与处理
	3. 开花期生产管理	（1）生育特点与田间管理 （2）病虫害识别与防治 （3）自然灾害与减灾栽培
	4. 结荚期生产管理	（1）生育特点与田间管理 （2）病虫害识别与防治 （3）自然灾害与减灾栽培 （4）防止徒长与倒伏
	5. 成熟期生产管理	（1）生育特点 （2）田间管理
	6. 低损收获与安全贮藏	（1）适期收获 （2）安全贮藏
	7. 成本核算与产品销售	（1）良种补贴与产业政策 （2）市场信息与种植决策 （3）成本分析与控制 （4）产品价格与销售

四、培训要求

（一）生产计划与耕播技术

（1）种植制度与栽培方式。知道什么是轮作、连作（重茬）、间作和套作；花生生产上为什么要强调轮作，了解花生连作减产的原因；了解花生与其他作物间作和套作的原理，并能对不同间作和套作方式进行科学的评价；

掌握如何根据当地生态条件和种植制度进行合理轮作及选择适宜的间、套作作物。了解花生垄种、平种、畦种、大垄双行、高台种植、地膜覆盖种植等主要栽培方式以及地膜覆盖对花生生长发育的作用和增产效果；掌握主要栽培方式的技术要点。

（2）品种选择与种子处理。了解当前主推花生品种的特性，掌握如何依据当地土壤、生态和生产条件、农资投入能力和栽培技术水平等选用适宜的品种。针对花生种子大小差异较大这一实际问题，掌握进行种子分级的方法，在实践中做到分级播种。了解当地土壤、生态条件、病虫害发生情况，有针对性地进行适当的种子处理，掌握种子处理（浸种、拌种、包衣）技术。学会从当地实际出发，了解生产中存在的主要问题，采用适当的种子处理方法。

（3）肥料运筹与基肥施用。了解花生需肥规律和需肥特点、根瘤菌的固氮作用、在生产中不便追肥的现状；知道在花生生产上为什么要强调基肥、有机肥和钙肥的施用；知道花生是喜钙作物，了解钙对花生生长和荚果发育的作用，缺钙对花生生长发育的影响；掌握基肥、有机肥、化肥、钙肥的施用方法。

了解不同种类肥料（尿素、磷酸二铵、硫酸铵、复合肥、专用肥等）的有效养分含量，知道化肥的施用应以有效含量计算；掌握鉴别主要化肥种类的基本技术和方法，包括尿素、磷酸二铵、硫酸铵、复合肥（专用肥）等；了解土壤肥力测定和配方施肥的基本知识；能够独立进行土壤样品的采集和基本处理，学会利用测土施肥。

（4）农田建设与耕播技术。了解农田、路、沟、林、渠等综合规划的意义和基本原则，能对田、水、林、路等进行综合治理与改造。了解本地区耕、整地的主要机具类型与农艺要求；学会从整地时间、整地方式和整地质量标准等方面对耕、整地作业质量进行评价。了解花生种子萌发所需的温度、水分、氧气等条件；了解确定花生适宜播期的基本原则和需要考虑的主要因素，掌握在不同种植方式条件下，如何确定花生适宜播期；掌握不同花生品种特性、不同种植方式、不同土壤和生态条件下确定适宜种植密度的原则，学会通过试验确定适宜种植密度的方法。掌握不同土壤质地适合播种出苗的适宜含水量及其简易判定方法。掌握花生不同种植方式适宜的行、穴

（株）距配置，适宜的播种深度和覆土厚度。了解花生不同类型播种机械的性能和有关参数，充分认识机械播种对提高劳动生产率和实现标准化种植的作用，学会花生播种机行穴（株）距、播种深度和覆土厚度等技术标准的调试，掌握机械化播种技术。学会分析影响花生正常出苗的原因：干旱、低温、缺氧、播种过深或过浅、种子质量差、种肥烧苗、病虫危害等。

（二）苗期生产管理

（1）生育特点与田间管理。了解花生苗期生长发育的特点和管理目标；了解常规种植条件下花生幼苗子叶节不出土的原因，子叶节不出土对花芽分化的影响，子叶节出土对壮苗的意义，掌握引升子叶节出土的方法；了解当地花生田主要杂草的种类、生长特性、发生规律、对花生生长发育的影响程度等，了解常用除草剂的性质和作用特点，学会依据当地杂草种类和发生规律，合理选用除草剂，减少或避免除草剂残留对后茬作物的影响。

（2）病虫害识别与防治。了解当地危害花生幼苗的病虫害种类、生活习性、发生规律等；学会识别花生苗期常见病害症状，如茎腐病、根腐病等，常见害虫，如蚜虫、地老虎、金针虫、蓟马等；掌握花生苗期病虫害防治技术：农业防治、物理防治、生物防治和药剂防治等；能够根据药剂特性确定适宜的施药量，独立配制适宜浓度的药液。

（3）生长异常与减灾栽培。了解花生苗期异常生长如子叶节未出土幼苗细高瘦弱、矮化苗、黄化苗、叶片干枯、缺苗断垄等的形成原因，掌握解决上述问题的技术措施。了解当地主要自然灾害对花生苗期生长发育的影响，掌握抵御干旱、涝渍、低温、冰雹等逆境的关键生产技术。

（4）苗情调查与处理。掌握花生苗情调查的方法和内容（出苗率、缺穴率等）；了解缺苗断垄对花生产量的影响程度，知道需要补苗（种）的标准，掌握补苗技术。

（三）开花期生产管理

（1）生育特点与田间管理。了解花生开花期生长发育特点和田间管理目标；明白开花下针期是水分临界期，保证水分供应的意义；掌握判断缺水的植株形态标准，并能够进行田间作业。

（2）病虫害识别与防治。了解当地危害开花期花生的病虫害种类、生活习性、发生规律等；学会识别常见花生病害症状，如茎腐病、根腐病、根结线虫病等；常见花生害虫，如蚜虫、蓟马、棉铃虫、菜青虫等；掌握花生病虫害防治技术：农业防治、物理防治、生物防治和药剂防治等；能够根据药剂特性确定适宜的施药量，独立配制适宜浓度的药液。

（3）自然灾害与减灾栽培。了解当地主要自然灾害对花生开花期生长发育的影响，掌握抵御干旱、涝渍、冰雹等逆境的关键生产技术。

（四）结荚期生产管理

（1）生育特点与田间管理。了解花生结荚期生长发育特点和田间管理目标；知道结荚期是植株生长最快的时期，容易发生徒长和倒伏；明白结荚期是荚果膨大的关键时期，也是水分临界期，保证水分供应的意义；掌握判断缺水的植株形态标准，并能够进行田间作业。

（2）病虫害识别与防治。了解当地危害结荚期花生的病虫害种类、生活习性、发生规律等；学会识别常见花生病害症状，如叶斑病、网斑病、青枯病、果腐病、疮痂病、白绢病等；常见花生害虫，如棉铃虫、菜青虫、蛴螬等；掌握花生病虫害防治技术：农业防治、物理防治、生物防治和药剂防治等；能够根据药剂特性确定适宜的施药量，独立配制适宜浓度的药液。

（3）自然灾害与减灾栽培。了解当地主要自然灾害对花生结荚期生长发育的影响，掌握抵御涝渍、干旱、冰雹等逆境的关键生产技术。

（4）防止徒长与倒伏。了解花生徒长与倒伏对产量和收获作业的不利影响；知道化学控制技术对防止花生徒长和倒伏的作用；了解在花生上应用的植物生长调节剂的性质和作用原理；掌握在花生上常用植物生长调节剂的施用技术。

（五）成熟期生产管理

（1）生育特点。了解花生成熟期生长发育特点和田间管理目标；知道成熟期植株早衰是导致荚果饱满度降低的重要原因；掌握判断早衰的植株形态标准，并能够进行田间作业。

（2）田间管理。了解花生叶片的吸收功能，根外追肥对防止花生早衰、促进荚果饱满和提高产量的作用；了解适合作根外追肥的营养物质的特性；

掌握花生根外追肥应用技术。

（六）低损收获与安全贮藏

（1）适期收获。了解花生荚果形成规律，荚果发育程度与地上部生长的关系；掌握利用生育期和地上部长相判断适宜收获时间的方法，确保适期收获，降低产量损失。

（2）安全贮藏。掌握花生荚果和籽仁安全贮藏的含水量标准。

（七）成本核算与产品销售

（1）良种补贴与优惠政策。了解各级政府关于油料生产的优惠政策。知道当地生产资金借贷的途径。了解《合同法》《劳动法》《土地承包法》《种子法》等用于自身权益维护的基本知识。

（2）市场信息与种植决策。了解主要农资及农产品价格变动基本规律和信息获取渠道。了解市场营销的基本策略，能够根据市场价格变动，做出下年种植决策。

（3）成本分析与控制。掌握花生生产成本核算的方法；了解每次投入与产量、效益的关系，学会合理投入，实现增产增收。了解本地区花生生产的自然灾害及农业保险情况，学会应用农业保险。

（4）产品价格与销售：了解国内外市场花生价格变动基本规律和信息获取渠道；能够根据市场价格变动，做出产品销售决策。

第六节　茶叶生产的培训规范

一、培训对象

重点面向从事现代茶叶产业生产经营的专业大户、家庭农场主和农民合作社骨干，以及拟扩大茶叶产业生产经营规模的承包农户，有志在现代茶叶产业务农创业的返乡农民工、退役军人和农村新生劳动力等。

二、培训目标

培训适应现代农业发展要求，具备现代农民综合素质，具有现代茶叶产业高产、优质、高效、安全生产经营技能，能够从事现代茶叶产业专业化、标准化、规模化和集约化生产经营的新型职业农民。

三、培训内容

培训模块		内容模块
通用内容	1. 现代农业与新型农业经营体系	(1) 现代农业与新型职业农民
		(2) 家庭农场
		(3) 农民合作社
		(4) 农业社会化服务
	2. 农产品质量安全与市场营销	(1) 保障农产品质量安全的重要意义
		(2) 全程标准化
		(3) 农产品商标注册和质量认证
		(4) 农产品流通渠道和营销方式
	3. 农业生态环境与美丽乡村建设	(1) 农业生态环境的多功能性与保护
		(2) 农业资源再利用
		(3) 美丽乡村发展目标与路径
现代茶叶产业生产经营	1. 茶园开垦和种植	(1) 园地开垦
		(2) 茶树品种选择
		(3) 茶树扦插育苗
		(4) 茶树种植
	2. 茶园生产管理	(1) 茶树修剪与树冠培养
		(2) 茶园耕作与科学施肥
		(3) 病虫害识别与防治
		(4) 茶树抗冻和抗旱栽培管理
		(5) 低产茶园改造
		(6) 茶园农机运用与维护
	3. 茶叶采收	(1) 采摘标准与适制茶类
		(2) 手工采摘
		(3) 机械采摘
		(4) 鲜叶验收与贮运
	4. 茶叶加工	(1) 茶叶的分类
		(2) 茶叶加工厂基本要求与设备
		(3) 绿茶加工
		(4) 红茶加工
		(5) 乌龙茶加工
		(6) 其他茶加工

（续）

培训模块	内容模块
5. 茶叶包装与贮藏	（1）茶叶包装 （2）茶叶常温贮藏 （3）茶叶冷库贮藏
6. 成本核算与产品销售	（1）茶叶产业政策与生产补贴 （2）市场信息与生产决策 （3）成本分析与控制 （4）产品价格与销售

现代茶叶产业生产经营

四、现代茶叶产业生产经营的培训要求

（一）茶园开垦和种植

（1）园地开垦。了解茶树生长对土壤、气候等环境条件的要求以及本地区与茶叶生产相关的主要气候生态特点；学会选择适合种植茶树的园地。了解茶园道路和水利系统规划建设的基本原则。掌握新/改植茶园土壤质量要求，掌握园地开垦方式和作业要点。

（2）茶树品种选择。了解茶树品种的主要类型。学会选择适合不同区域和茶类的茶树品种及品种搭配。掌握适合本地区种植的代表性品种的特性、适制性和采摘期。

（3）茶树扦插育苗。了解茶树繁殖的主要方式，熟悉扦插生根的基本原理和扦插苗的生长特点。掌握母本园养穗技术和穗条标准，学会建立扦插苗圃、剪穗和扦插作业。掌握扦插后的各项管理作业：遮阴、薄膜覆盖和揭膜、灌溉、施肥、治虫除草等。熟悉茶苗规格标准。

（4）茶树种植。熟悉茶园常用种植规格和特点。掌握根据当地气候、土壤等条件选择适宜的移栽时期，学会扦插幼苗移栽、定植作业。掌握定植茶园当年和翌年的防冻、防旱、除草、铺草覆盖、施肥、补苗等管理作业。熟悉适合当地幼龄茶园间作绿肥种类，掌握绿肥间作方法。

（二）茶园生产管理

（1）茶树修剪与树冠培养。了解优质高产茶树树冠的基本特点：骨干枝结构，高度，覆盖度，叶层厚度和叶面积。掌握幼龄茶树定型修剪作业，学

会根据品种分枝特性、种植规格、栽培区域、树龄，选择适当的定型修剪时期、部位、形状和修剪次数。掌握成龄采摘茶树轻修剪作业，学会根据茶树生长状况、品种特性、生态条件、生产情况等，选择轻修剪时期、程度、周期和形状。掌握成龄采摘和衰老茶树深、重修剪作业，学会根据茶树生长状况、品种特性、生态条件、生产情况等，选择深、重修剪的时期、程度、周期和恢复生长期的管理。

（2）茶园耕作与科学施肥。了解优质高产茶园土壤特性；掌握幼龄和成龄采摘茶园的耕作方式和时期，熟悉茶园水土保持的主要技术途径。学会茶园土壤样品的采集和处理方法，了解茶园土壤肥力测定和配方施肥的基本知识。掌握幼龄、成龄采摘茶树的需肥特点和需求量：主要营养元素氮、磷、钾；掌握幼龄、成龄等不同时期茶树施肥技术：底肥、基肥、追肥以及各个时期追肥的时间、用量、配比和施肥方式等。掌握鉴别主要化肥种类的技术和方法：氮肥（尿素、碳酸氢铵）、磷肥（过磷酸钙、钙镁磷肥、磷矿粉）、钾肥（氯化钾、硫酸钾）、复合（混）肥（专用肥）等；学会计算不同种类肥料有效含量：氮肥（尿素、碳酸氢铵）、磷肥（过磷酸钙、钙镁磷肥、磷矿粉）、钾肥（氯化钾、硫酸钾）、复合（混）肥（专用肥）等。掌握主要营养元素缺失的症状以及肥害：缺氮、缺磷、缺钾、缺镁等。

（3）病虫害识别与防治。学会识别常见茶树虫害：食叶性害虫如茶尺蠖、茶毛虫、茶刺蛾、茶黑毒蛾、茶小卷叶蛾、茶细蛾、茶丽纹象甲等；吸汁性害虫如假眼小绿叶蝉、黑刺粉虱、茶蚜、茶橙瘿螨、茶跗线螨、茶黄蓟马、长白蚧、角蜡蚧等；钻蛀性害虫如茶枝镰蛾、咖啡木蠹蛾、茶天牛等；地下害虫如铜绿丽金龟、黑翅土白蚁等。学会识别常见茶树病害：茶树叶部病害如茶饼病、茶白星病、茶芽枯病、茶云纹叶枯病、茶炭疽病、茶轮斑病、茶煤病等；茶树茎部病害如茶红锈藻病、茶树地衣病、茶树苔藓病、茶膏药病、差枝梢黑点病、茶茎溃疡病、茶胴枯病、茶木腐病等；茶树根部病害如茶苗白绢病、茶苗绵腐性根腐病、茶苗根癌病、茶苗根结线虫病等。掌握常见茶树病虫害的调查标准、防治指标和主要防治技术，包括农业措施、物理防治、生物防治和药剂防治等。了解我国茶叶农药残留现状、茶叶进口国的农药残留限量标准及适用于茶园的农药名单；能够根据不同病虫害选择合适的药剂，确定合适的施药剂量，并能独立配制适合浓度的药液。了解茶树病虫害的预测预报技术，学会统防统治。

（4）茶树抗冻和抗旱栽培管理。了解茶树冻害种类和发生的气象条件和时间，熟悉茶树品种、树龄、茶园地理条件与冻害发生的关系；掌握适宜当地气候条件的茶树冻害防护方法：选择适宜品种和建园地点，改善茶园生态条件，采用合理的耕作、施肥、采摘和修剪等农艺管理措施；掌握根据冻害症状和程度，采用合理的修剪、施肥、树冠培育等措施复壮受冻茶树。了解茶树旱害发生的主要症状和气象条件，掌握耕作、覆盖、灌溉等常用的抗旱栽培技术措施，掌握旱害症状和程度，采用合理的修剪、施肥、树冠培育等措施复壮受旱茶树。

（5）低产茶园改造。熟悉造成茶园低产的主要因素和表现：品种落后、树势衰老、群体结构不合理、土壤瘠薄、施肥管理水平低等；掌握更新树冠、复壮树势的主要修剪方法和剪后管理措施；了解茶园土壤酸化、瘠薄、湿害等主要障碍因子，学会改良上述障碍茶园土壤的方法；熟悉老茶园改种换植时土壤改良要求，掌握常用改良方法。

（6）茶园农机运用与维护。了解适合当地茶树种植模式的农机具的种类和特点，如耕作施肥机械：手扶式深、中、微耕机和施肥机；高、低地隙耕作机和施肥机；采茶机械：单、双人采茶机、手扶式采茶机、乘坐式采茶机；防霜机械：防霜风扇；修剪机械：单、双人（轻、重、台刈）修剪机、手扶式侧边修剪机、乘坐式修剪机；灌溉机械：滴灌、喷灌；植保机械：背负式喷、弥雾机，手推式和担架式喷雾机，背负式物理捕虫机，杀虫灯，高、低地隙植保机等。了解不同茶园作业过程对农业机具的要求，了解主要茶园农机具的基本使用技术和维护常识。

（三）茶叶采收

（1）采摘标准与适制茶类。了解茶树新梢生长发育的特点；明白鲜叶合理采摘的意义。掌握高档名茶、大宗茶、乌龙茶和边销茶等不同茶类的采摘标准。

（2）手工采摘。学会按茶类、季节、品种、茶树生长状况等采取采、留原则，确定采摘标准、采摘期和停采期。掌握手工标准采摘和留叶采摘等方法。

（3）机械采摘。掌握机采标准和适期的确定；学会利用常用单人和双人采茶机采摘作业；学会机采茶园的留养作业。

（4）鲜叶验收与贮运。学会不同茶类鲜叶的分级标准和验收方法；学会鲜叶贮运与保鲜的方法。

（四）茶叶加工

（1）茶叶的分类。掌握茶叶分类的基本知识；了解六大茶类的基本加工工艺。

（2）茶叶加工厂基本要求与设备。了解茶叶加工厂的规划和建设要求；掌握茶叶加工机械及生产线配置的基本知识；学会主要茶叶加工机械的操作方法和基本维修知识。

（3）绿茶加工。掌握绿茶加工的基本原理和主要工序；学会扁形茶、条形（毛峰）茶、卷曲形茶、针芽形茶等主要类型名优绿茶的加工技术；学会炒青绿茶、烘青绿茶等大宗绿茶的加工技术；学会主要绿茶加工机械及生产线的操作方法和基本维修知识。

（4）红茶加工。掌握红茶加工的基本原理和主要工序；学会工夫红茶、红碎茶的加工技术；学会主要红茶加工机械及生产线的操作方法和基本维修知识。

（5）乌龙茶加工。掌握乌龙茶加工的基本原理和主要工序；学会闽北乌龙茶（武夷岩茶）、闽南乌龙茶（铁观音）、广东乌龙茶（凤凰单枞）和台湾乌龙茶的加工技术；学会主要乌龙茶加工机械的操作方法和基本维修知识。

（6）其他茶加工。了解黑茶、白茶、黄茶、花茶加工的基本原理和主要工序；学会黑茶、白茶、黄茶、花茶加工的关键技术及相关专用机械或设施的使用。

（五）茶叶包装与贮藏

（1）茶叶包装。了解导致茶叶品质劣化的影响因素；知道茶叶对包装容器与包装材料的要求；学会对茶叶包装容器与包装材料的选择；学会常用茶叶包装的方法。

（2）茶叶常温贮藏。了解茶叶常温库房的基本要求；掌握不同茶叶的常温贮藏方法。

（3）茶叶冷库贮藏。了解茶叶冷库设计和建造的基本知识；掌握茶叶冷库的使用方法。

（六）成本核算与产品销售

（1）茶叶生产补贴与优惠政策。了解各级政府关于茶叶生产的优惠政策。知道当地生产资金借贷的途径。了解《合同法》《劳动法》《土地承包法》《种子法》等用于自身权益维护的基本知识。

（2）市场信息与生产决策。了解茶叶价格和主要农资价格变动基本规律和信息获取渠道。了解市场营销的基本策略；能够根据市场价格变动，做出产品出售和下年生产决策。

（3）成本分析与控制。掌握茶叶生产成本核算的方法；了解每次投入与产量、效益的关系，学会合理投入，实现增产增收。了解本地区茶叶生产的自然灾害及农业保险情况，学会利用农业保险。

（4）产品价格与销售。了解国内外茶叶产销现状与消费需求变化趋势；了解本地茶叶经营的市场风险，掌握风险防范措施；了解现有茶叶流通渠道及其特点，掌握基本的营销技巧。

第七节　设施蔬菜生产的培训规范

一、培训对象

重点面向从事现代设施蔬菜产业生产经营的专业大户、家庭农场主和农民合作社骨干，以及拟扩大设施蔬菜产业生产经营规模的承包农户，有志在现代设施蔬菜产业务农创业的返乡农民工、退役军人和农村新生劳动力等。

二、培训目标

培训适应现代农业发展要求，具备现代农民综合素质，具有现代设施蔬菜产业高产、优质、高效、安全生产经营技能，能够从事现代设施蔬菜产业专业化、标准化、规模化和集约化生产经营的新型职业农民。

三、培训内容

培训模块		内容模块
通用内容	1. 现代农业与新型农业经营体系	(1) 现代农业与新型职业农民
		(2) 家庭农场
		(3) 农民合作社
		(4) 农业社会化服务
	2. 农产品质量安全与市场营销	(1) 保障农产品质量安全的重要意义
		(2) 全程标准化
		(3) 农产品商标注册和质量认证
		(4) 农产品流通渠道和营销方式
	3. 农业生态环境与美丽乡村建设	(1) 农业生态环境的多功能性与保护
		(2) 农业资源再利用
		(3) 美丽乡村发展目标与路径
现代设施蔬菜产业生产经营	1. 蔬菜生产设施设备	(1) 设施类型
		(2) 设施覆盖材料
		(3) 设施环境控制与作业机械设备
	2. 设施蔬菜栽培模式	(1) 土壤栽培
		(2) 无土栽培
		(3) 有机基质栽培
	3. 设施蔬菜茬口安排	(1) 东北地区设施蔬菜茬口安排
		(2) 西北地区设施蔬菜茬口安排
		(3) 华北黄淮区设施蔬菜茬口安排
		(4) 长江流域设施蔬菜茬口安排
		(5) 华南地区设施蔬菜茬口安排
		(6) 西南云贵高原地区设施蔬菜茬口安排
	4. 设施蔬菜生产准备	(1) 设施设备检修
		(2) 设施与土壤消毒
		(3) 周边环境清理
		(4) 土壤耕作与基肥施用
	5. 蔬菜育苗模式与技术	(1) 育苗模式
		(2) 育苗技术

（续）

培训模块	内容模块
6. 设施环境特点与调控技术	（1）设施温度特点及调控 （2）设施光环境特点及调控 （3）设施空气湿度特点及调控 （4）设施 CO_2 与有害气体 （5）设施土壤环境调控 （6）综合环境调控
7. 设施蔬菜栽培技术	（1）果菜类蔬菜 （2）叶菜类蔬菜
8. 设施蔬菜病虫害防治技术	（1）病虫害的田间调查与预测预报 （2）主要蔬菜害虫的识别与防治技术 （3）主要蔬菜病害的识别与防治技术 （4）优化施药技术 （5）病虫害的综合防治技术
9. 设施蔬菜产业政策法规与 经营管理	（1）设施蔬菜产业相关政策法规 （2）设施蔬菜生产成本核算方法 （3）设施蔬菜产品市场营销策略

（左侧跨行：现代设施蔬菜产业生产经营）

四、产业生产经营的培训要求

（一）蔬菜生产设施设备

（1）了解蔬菜生产设施的主要类型、性能与作用。温床、小拱棚、遮阳网室、防雨棚、防虫网室、塑料薄膜大棚、日光温室、现代化温室等。

（2）了解蔬菜生产设施主要覆盖材料的性能和用途。玻璃、薄膜、硬质板、保温被、草苫及其他覆盖材料。

（3）掌握蔬菜生产设施环境控制与作业机械设备的作用与使用技术。卷帘机、滴灌系统、水肥一体化、小型室内手扶旋耕机、柴油喷雾器、收获滑轨等。

（二）设施蔬菜栽培模式

（1）掌握设施蔬菜土壤栽培的概念与作用，了解设施蔬菜土壤栽培存在的主要问题。

（2）了解无土栽培的概念与作用，了解蔬菜无土栽培的应用前景。

（3）了解有机基质栽培的概念与作用，了解常见有机基质材料（农业废弃物）的配比，了解有机基质的理化性状与适宜栽培的蔬菜种类。

（三）设施蔬菜茬口安排

（1）了解不同地区常见的设施蔬菜茬口安排。东北或西北温带气候区：日光温室秋冬茬、日光温室早春茬、塑料大棚春夏秋一大茬。华北暖温带气候区：日光温室秋冬茬、日光温室早春茬、日光温室越冬一大茬、塑料大棚春提前栽培、塑料大棚秋延后栽培。长江流域亚热带气候区：大棚春提前栽培、大棚秋延后栽培、大棚多层覆盖越冬栽培、遮阳网（防雨棚、防虫网）越夏栽培。华南和海南亚热带气候区：塑料大棚冬春一大茬果菜、夏秋 4～5 茬叶菜栽培、夏秋速生绿叶菜遮阳网小平棚覆盖栽培。西南云贵高原气候区：塑料大棚冬叶菜、塑料大棚春夏果菜、秋叶菜遮阳网＋小拱棚覆盖栽培。

（2）结合蔬菜产品价格行情变化规律，掌握当地不同设施类型的蔬菜茬口安排。

（四）设施蔬菜生产准备

（1）掌握生产前设施与设备检修内容和技术。

（2）掌握设施与土壤消毒的方法：物理消毒、化学消毒。

（3）了解设施周边环境清理的意义与方法。

（4）掌握设施蔬菜基肥种类、施肥原则、施用量和施用技术。

（5）掌握设施蔬菜土壤耕作技术：耕整地、起垄或做畦。

（五）蔬菜育苗模式与技术

（1）了解蔬菜育苗模式。公司集约化育苗和农户分散育苗的概念、作用与优缺点。

（2）掌握农户分散育苗技术。适合本地区种植模式的蔬菜种类和品种；蔬菜种子质量标准（种子纯度、净度、发芽率等）；简单的种子活性鉴别方法；播种量计算方法；蔬菜种子播前处理技术（选种、浸种、催芽等）；嫁接育苗技术（砧木选择、嫁接技术、嫁接苗维护），苗床管理技术（温度、光照、水分、施肥、幼苗锻炼等）。

（六）设施环境特点与调控技术

（1）了解设施的温度环境特点；掌握设施蔬菜的温度需求规律、变温管理的原理与技术、设施保温（加温）和降温的常用方法。

（2）了解设施的光环境特点；了解影响设施光环境的主要因素；掌握设施光环境调控的常用方法。

（3）了解设施内空气湿度特点；了解设施空气湿度与设施作物生长发育的关系；掌握设施空气内湿度与病虫害发生之间的关系；掌握设施内空气湿度调控的常用方法。

（4）了解设施内空气流动特点；了解设施内的 CO_2 浓度变化规律；掌握设施蔬菜 CO_2 施肥技术；掌握设施内有害气体的发生原因与消除方法。

（5）掌握设施蔬菜根区土壤水分要求与调控方法；了解设施蔬菜生产根区土壤温度变化特点；了解设施蔬菜生产根区土壤酸碱度变化原因与调控方法；了解设施蔬菜生产根区土壤气体含量变化特点与调控方法；掌握设施蔬菜连作障碍的发生原因与治理方法；掌握设施果菜类和叶菜类蔬菜的需肥规律；掌握主要矿质元素缺乏症及肥害症状；掌握设施蔬菜施肥（基肥、追肥、叶面肥）技术。

（6）掌握设施蔬菜生产综合环境调控方法；了解自动化综合环境控制设备的工作原理和操作方法。

（七）设施蔬菜栽培技术

（1）掌握设施果菜类蔬菜（番茄、黄瓜、辣椒、茄子、西葫芦等）栽培管理措施。定植（时期、方法、密度等）、温光管理、水肥管理、植株调整（疏花疏果、保花保果、吊蔓、去老叶病叶、打顶等）、采收等。

（2）掌握设施叶菜类蔬菜（芹菜、菠菜、韭菜、甘蓝、莴苣等）栽培管理措施。直播蔬菜的播种及苗期管理（播种方法、间苗、除草等）、定植（时期、方法、密度等）、温光管理、水肥管理、采收等。

（八）设施蔬菜病虫害防治

（1）了解设施病虫害的田间调查与预测预报。

（2）掌握设施主要蔬菜害虫的识别与防治。

（3）掌握设施主要蔬菜病害的识别与防治。

（4）掌握设施病虫害优化施药技术，包括喷药时间与频率、药品选择、浓度配制等。

（5）掌握设施病虫害的综合防治技术，如化学防治、生物防治、农艺措施防治等。

（九）设施蔬菜产业政策法规与经营管理

（1）学习国家和当地关于设施蔬菜生产和农机补贴的相关政策。包括国土资源部《关于促进农业稳定发展农民持续增收推动城乡统筹发展的若干意见》（国土资发〔2009〕27号）、国土资源部和农业部《关于完善设施农用地管理有关问题的通知》（国土资发〔2010〕155号）、农业部和财政部《2013年农业机械购置补贴实施指导意见》等文件。

（2）了解《合同法》《劳动法》《土地承包法》《种子法》等用于自身权益维护的基本知识。

（3）了解本地区设施蔬菜生产常见的自然灾害及农业保险情况。

（4）了解设施蔬菜生产成本核算方法。

（5）了解生产资金借贷的情况。

（6）了解设施蔬菜价格和主要农资价格变动基本规律和信息获取渠道。

（7）了解市场营销的基本策略。

第八节　蛋鸡养殖的培训规范

一、培训对象

重点面向从事现代蛋鸡产业生产经营的专业大户、家庭农场主、农民合作社骨干，以及拟扩大蛋鸡生产经营规模的养殖户，有志从事现代蛋鸡产业务农创业的返乡农民工、退役军人和农村新生劳动力等。

二、培训目标

培训适应现代畜牧业发展要求，具备现代农牧民综合素质，具有现代蛋鸡高产、优质、高效、安全生产经营技能，能够从事现代蛋鸡产业专业化、标准化、规模化和集约化生产经营的新型职业农民。

三、培训内容

培训模块	内容模块	
通用内容	1. 现代农业与新型农业经营体系	(1) 现代农业与新型职业农民
		(2) 家庭农场
		(3) 农民合作社
		(4) 农业社会化服务
	2. 农产品质量安全与市场营销	(1) 保障农产品质量安全的重要意义
		(2) 全程标准化
		(3) 农产品商标注册和质量认证
		(4) 农产品流通渠道和营销方式
	3. 农业生态环境与美丽乡村建设	(1) 农业生态环境的多功能性与保护
		(2) 农业资源再利用
		(3) 美丽乡村发展目标与路径
现代蛋鸡产业生产经营	1. 生产计划制定	(1) 预算投资
		(2) 选择饲养的品种
		(3) 确定饲养技术体系
		(4) 制订工作流程
		(5) 沟通目标市场
	2. 育雏育成鸡饲养管理	(1) 选择合适的饲养方式
		(2) 育雏前准备工作
		(3) 制定饲养方案
		(4) 育雏育成鸡饲养
		(5) 育雏育成鸡管理
		(6) 转舍和转群
	3. 产蛋鸡饲养管理	(1) 选择饲养方式
		(2) 产蛋鸡舍准备
		(3) 产蛋鸡饲养
		(4) 产蛋鸡管理
		(5) 鸡舍环境管理
	4. 鸡的保健或生物安全措施	(1) 鸡与环境生物安全关系常识
		(2) 完善鸡舍生物安全设施
		(3) 鸡场防疫
		(4) 鸡群防疫

（续）

培训模块	内容模块
5. 蛋鸡营养与饲料配方	（1）了解鸡的饲料分类 （2）根据质量指标选购原料 （3）按鸡的营养需要配料 （4）掌握饲料的贮运方法 （5）饲料的使用
现代蛋鸡产业生产经营　6. 鸡场建设与设备维护	（1）科学选址 （2）合理规划 （3）规范建设 （4）设备使用 （5）设备维护与检修
7. 鸡场经营管理	（1）筹措资金 （2）健全财务管理 （3）经营技巧 （4）加强营销 （5）建立制度和档案

四、现代蛋鸡产业生产经营的培训要求

（一）生产计划制定

（1）预算投资。学会根据本场的养鸡规模、饲养期、设备情况、鸡苗成本、饲料成本、相关设施和原料成本、管理费用等项进行投资预算。

（2）选择饲养的品种。了解什么是蛋鸡品种、原种、杂交种；了解现代蛋鸡的基本配套方式，如四系配套、三系配套、单交或本品种自交；了解什么是祖代、父母代和商品代鸡，体型外貌各有什么特征。熟悉并熟练鉴别国外商用蛋鸡、国内培育品种（或配套系）、地方特色蛋鸡原种和配套系的外貌特征、生产性能和质量特点。如国外商用蛋鸡有海兰（褐、粉、白）、伊莎、汉德克等，国内培育的商用蛋鸡有京粉一号、京红一号、京粉二号、大午 939、上海新杨褐等。了解供种商信息。掌握所养蛋鸡的品种、数量和时间等评估确定办法，根据不同类型和品质鸡蛋的市场消费需求特点、本场生产能力、供种鸡场苗鸡质量信誉等实际情况，确定进多少雏鸡、进什么品种

（配套系）的鸡、进哪个场家的鸡、何时进鸡。要求所选品种易饲养、综合性能好、比较效益高。学会羽色鉴别、羽速鉴别等雌雄鉴别技术；熟练掌握健雏和弱雏的鉴别、挑选技术。掌握挑选合适的装鸡工具、运输车辆及雏鸡途中运输技术。

（3）确定饲养技术体系。了解地面平养、网床平养或笼养（阶梯式、叠层式）等技术体系的特点。

（4）制定工作流程。学会制定鸡群饲养管理、鸡舍管理、免疫用药等日程表。

（5）沟通目标市场。掌握根据产品特点，与零售店、超市、自营店、饭店、食品加工厂等目标市场的沟通技巧。

（二）育雏育成鸡饲养管理（0-8-20 周龄）

（1）选择合适的饲养方式。了解当地常用的饲养方式，如：平养（包括地面垫料平养、网床平养等）、笼养（层叠式笼养）等，选择饲养效果好、投资省、效益高的饲养方式。

（2）育雏前准备工作。熟练掌握育雏鸡舍的清理、清洗、系统消毒、空置、进雏前再消毒、升温、接雏等技术。熟练掌握饲养人员定岗、饲料、饲养记录、用具、平养时的垫料等的准备方法。了解笼具、网床、喂料设备、饮水设备、加温设备、灯具和光控设备、电路的检修技术，各种操作工具的熟练使用技术等。

（3）制定饲养方案。掌握饲养标准、对照体增重计算日喂料量技术。熟练掌握按料水设备类型确定料水线长度的计算技术。掌握适合鸡生长发育不同时期特点的自由采食、限制饲养等不同饲养方案的饲喂技术。

（4）育雏育成鸡饲养。了解并掌握进雏（出雏12～24小时左右）时开水、开食等饲养技术。掌握根据日龄和生长发育情况增加喂料、确定日喂料次数的喂料技术。

（5）育雏育成鸡管理。熟练掌握加温、降温、适时脱温和脱温后的鸡群管理等鸡舍空气温度的管理方法和技术；了解并掌握南方地区降湿、北方地区保湿的湿度管理方法和技术。学会掌握正确断喙、修喙技术。熟练掌握每周称重、隔周称重或按生长发育拐点区间称重的方法，通过计算体重平均值和整齐度，进行生长发育监测，并根据监测情况适度分群、调整饲养密度、加减喂料量。了解并掌握光照程序的制定方法，并通过营养和光照的管理实现体成熟和性成熟的同步。学会掌握鸡性成熟情况的观察技术，提高开产和未开产母鸡、高产和低产母鸡的鉴别能力，及时淘汰生长发育迟缓、低产母鸡。了解并学会通过观察鸡群的呼吸、饮水、采食量情况，羽毛和皮肤，精神状态，粪便颜色和形状等进行鸡的健康监测。

（6）转舍和转群。熟练掌握转舍和转群时鸡群的管理要点，提高转到同一幢鸡舍、同一条鸡笼鸡群的生长发育均匀度。

（三）产蛋鸡饲养管理（20－68－72 周龄）

（1）选择饲养方式。了解根据本场投资水平和管理能力，选择确定饲养方式，如：平养（包括地面垫料平养，高床平养等）、笼养（包括三层阶梯笼养，四、六、八层层叠式笼养）等。

（2）产蛋鸡舍准备。熟练掌握新产蛋鸡舍的准备方法。如做好饲养设备（料水线、光照设施、通风设施等）的调试，饲料、用具和记录材料的准备，充分消毒等。了解并掌握老产蛋鸡舍的准备方法。如认真清理、清洗、消毒、空舍、检修、消毒、准备饲料等。

（3）产蛋鸡饲养。学会产蛋鸡营养方案的制定。根据当批鸡群育成情况，参照饲养手册，确定营养标准和基本饲料配方，并根据不同季节、产蛋率变化情况调整营养水平和配料。掌握产蛋鸡喂料方案的制定。根据营养标准和鸡群实际状况确定日喂料量、喂料次数等，掌握人工喂料时的匀料方法。了解并掌握预产期饲养技术（18～20 周龄）。

（4）产蛋鸡管理。学会根据饲养方式确定饲养密度、根据料水线设备类型确定料水线长度。熟练掌握光照管理技术，按照鸡舍结构、灯光布局选用合适的灯具类型和流明；根据日照时间变化和鸡的日龄增加规律，制定科学光照程序。了解并掌握生长发育监测技术，通过增重情况分析体重对产蛋性能的影响，掌握调整生产措施的方法。了解不同集蛋方式（人工捡蛋和传送带集蛋）减少破蛋率的方法。学会鸡群动态观察、适时调群并群等日常管理技术。

（5）鸡舍环境管理。了解并掌握通风技术，根据鸡舍空间、鸡群密度和呼吸量确定通风量、风机数量、开关时间和频率（也称通风模式），确保鸡群呼吸到新鲜空气。掌握防暑降温技术，根据夏季高温特点设计安装湿帘等降温设备，通过风机负压通风或其他通风设备与湿帘的配套使用达到降温的目的。掌握通风保温技术，根据冬季通风和保温的要求采取小风量通风以达换气目的，在北方冬季应通过加温设备与通风设备的配合，达到换气与保温兼顾的要求。掌握鸡舍粪污处理技术，了解清粪设施使用方法，尽量缩短鸡粪的舍内滞留时间。了解并学会减少鸡群应激的方法，包括影响鸡群的强光直射、噪音、外来人员参观等。

（四）鸡的保健或生物安全措施

（1）鸡与环境生物安全关系常识。了解周边地理环境与鸡场空气环境的关系。包括地形、地势对鸡场空气流通、温湿度的影响。了解周边养殖环境与鸡场生物安全关系。鸡场周围畜禽饲养情况、疫情发生情况和对本场可能的生物安全威胁。

（2）完善鸡舍生物安全设施。了解并掌握鸡舍内环境生物安全保障技术，确保鸡舍封闭性好，通风风机、降温湿帘、保温设施等相关设备运转正常。掌握养殖生产环节生物安全保障技术，确保喂料、饮水饲料加工设施运行相对封闭，饲料贮藏、运输、布料设施相对封闭，安装饮水加药器、喷雾消毒装置，配备专用隔离室、消毒池、工作服及鞋帽等。

（3）鸡场防疫。了解防疫制度制定方法，如制订符合生物安全的鸡场隔离、消毒流程（工作人员、物品、车辆等）、工作流程、免疫程序和方法等。了解并掌握鸡舍外环境维护技术，如鸡场和鸡舍清洁和病原微生物净化方法、鸡群生物安全和福利水平改善技术。熟练掌握鸡场消毒技术，如针对不同消毒对象（如鸡场、鸡舍、鸡群、饮水、人员、物品、车辆等），采用不同消毒措施（浸泡、熏蒸、喷雾消毒等）和消毒方法（如药物、紫外线、火焰消毒等）。学会鸡舍内环境维护技术，如鸡舍、鸡笼、设备（光照、喂料、饮水等）的定期清扫、清洗或净化等。

（4）鸡群防疫。了解并掌握鸡群生产性能下降原因探查技术，如通过鸡群行为、精神状态、采食量、饮水量、粪便状况异常的观察，探查引起产蛋率下降、异常蛋等相关原因。熟练掌握和运用饮水、带鸡喷雾等鸡群消毒技术。熟练掌握和制定鸡群免疫程序，如包括鸡马立克氏病、鸡新城疫、鸡法氏囊炎、传染性支气管炎、传染性喉气管炎、禽流感等疾病疫苗接种的毒株类型、剂量、剂型、时间、方法，掌握依据抗体监测结果调整复免或三免时间的技术。学会各种免疫操作方法，如注射（皮下或肌肉）、饮水、喷雾、滴鼻、刺种。了解体内外寄生虫（如线虫、鸡螨等）的驱除技术。掌握安全投药技术，如饮水、拌料、肌肉注射、皮下注射等投药方法，把握投药量、用药期、停药期。熟练掌握传染病的现场诊制技术，严格按照各类传染病诊治规程诊治禽流感、鸡新城疫、鸡痘、鸡马立克氏病、鸡法氏囊炎、鸡传染性支气管炎、传染性喉气管炎、鸡白痢沙门氏菌病、鸡大肠杆病、鸡球虫病、鸡螨虫病等疫病。了解病死鸡的安全处理技术，如包装捡出、焚烧、深埋、高温蒸煮、药物处理等。了解并掌握疫苗和药物的管理和使用技术，如正确贮藏保存、废弃物处理、使用档案记录等。

（五）蛋鸡营养与饲料配方

（1）了解鸡的饲料分类。了解能量类饲料（如玉米、小麦等）、蛋白质类饲料（如膨化大豆、大豆粕、鱼粉、菜粕、水解羽毛蛋白粉等）、粗纤维类饲料（如糠麸类等）、矿物质类饲料（如骨粉、肉骨粉、磷酸氢钙等）、微量元素（钠、钾、铜、铁、镁、锌等）、维生素（维生素 A、维生素 B、维生素 C、维生素 D、维生素 E 等）及氨基酸添加剂类（蛋氨酸、赖氨基酸等）不同饲料及添加剂的分类、特点及功能。

（2）根据质量指标选购原料。学会鉴别饲料原料质量，如外观色泽、颗料大小、整齐度、饱满程度，有无霉变杂质等。了解并掌握饲料营养检测技术，如水分含量、蛋白质含量、代谢能水平或灰分等。

（3）按鸡的营养需要配料。了解鸡的营养需要或营养标准，包括代谢能、蛋白质、氨基酸、矿物质、维生素、微量元素等。掌握饲料配制技术，用能量蛋白比和平衡氨基酸方法计算不同季节、不同生产期、不同生长发育和产蛋状况的饲料配方，采用人工精算法（粗配、调整）、电脑软件法配方技术。

（4）掌握饲料的贮运方法。了解并掌握饲料原料和成品保存技术，如符合饲料原料和成品贮存的温湿度、维生素类等添加剂饲料避光、杜绝鼠害等要求。熟练掌握饲料原料和成品运输技术，如运输方式（袋装、散装）、环境隔离，减少污染等。

（5）饲料的使用。了解并掌握饲料的使用安全技术，如少量多批次配料、缩短成料周转期，多次少量布料、减少饲料浪费，疏通清洁管道、避免剩料，确保使用的饲料质量安全。

（六）鸡场建设与设备维护

（1）科学选址。了解并学会满足生物安全要求场址的选择方法，鸡场所处的气候特点、地理位置、地势地貌、周边环境（如居民区、工业生产区、其他畜禽养殖场或交通干线）、生产经营配套工程（如通路、通水、通电、通信、通邮等）等应符合鸡场安全生产的基本条件。

（2）合理规划。学会满足生物安全要求鸡场的规划方法，确保功能区布置合理（充分考虑四季主风向、净污道分离、防疫隔离带等因素）、工作流程科学（办公、蛋品存放、饲料加工、营销场地与鸡场分开）。了解并掌握依据生产规模选择确定合适的养殖工艺，如每栋规模 5 000～10 000 只产蛋鸡时，可采用全进全出、独栋全阶段饲养；每栋超过 10 000 只产蛋鸡时，可采用每栋全进全出、育雏育成与产蛋期分段专业化饲养。

（3）规范建设。了解并掌握标准化鸡场建设要求和方法，如场内四通建设（道路、电路、水路、网络）、鸡舍土建（鸡舍、配套建筑）及设备安装调试（饲养、配套设备）。

（4）设备使用。了解并掌握各类设备的功能特点和运行方法，学会按技术流程操作、按技术参数使用，包括饲料加工机械、喂料设备（料桶人工喂料、料槽人工喂料、链板喂料、绞龙喂料、行车布料）、饮水设备、风机湿帘等通风降温设备、集蛋设备、光控设备、称重设备、蛋品质测定设备、消毒设备、清粪机、电器控制箱等。

（5）设备维护与检修。了解常用生产设备、设施的维护保养知识，学会通过听声音、感温度、看效果等方法及时发现设备运转故障，熟练掌握各类设备的维护与检修技术。掌握发挥各类设备性能和效率的技术要求，在日常维护中，要及时打扫鸡舍及设备（喂料、饮水和照明等）上的灰尘。

（七）鸡场经营管理

（1）筹措资金。了解生产资金的有效筹措途径，如自有、生产滚动、借贷、合股等，确保资金流。

（2）健全财务管理。了解并掌握财务管理方法，建立营销、物资和收支往来台账。

（3）经营技巧。精通经营成本核算，了解生产资料性价比，减少饲料等生产资料浪费，压缩成本支出。熟练掌握根据投入产出情况调整生产计划，学会盈亏临界点监测分析和全成本核算方法，随时掌握成本、收益率，适时调整或中止生产。

（4）加强营销。熟练掌握市场预测方法，根据蛋鸡种源行情，蛋鸡饲养量的多少，鸡蛋和淘汰鸡消费的季节性起落特点、价格的市场行情变化，相关畜禽产品产销行情，饲料市场价格行情，突发性事件等因素综合分析、预测鸡蛋市场行情；并密切关注鸡蛋加工和消费市场的新动态，及时调整对鸡蛋市场预测的准确性。学会根据生产规模等因素确定合适的营销策略和方法，如零售策略、中间商策略、超市策略。了解产品质量评估技术，学会通过比较与市场产品在鸡蛋品质、大小整齐度、清洁程度、新鲜度等质量方面的区别，正确评估本场产品的市场地位。了解并熟练掌握产品定价与销量估计办法，根据鸡蛋质量和客户对本场产品信誉度确定合适的价格，根据营销业绩调整日放货量，根据收集的客户信息反馈调整生产规模。

（5）建立制度和档案。了解并学会建立档案的方式方法，包括员工工作手册，出勤和休假制度，防疫和消毒制度，财务管理制度等，生产和营销记录，所有制度和记录均应建档归案。

第九节　淡水池塘养虾的培训规范

一、培训对象

重点面向从事现代水产养殖产业生产经营的专业大户、家庭农场主和农民合作社骨干，以及拟扩大池塘养殖生产经营规模的承包大户，有志在现代淡水池塘养虾产业创业的返乡农民工、退役军人和农村新生劳动力等。

二、培训目标

培训适应现代渔业发展要求，具备现代农民综合素质，具有现代淡水池塘养殖高产、优质、高效、安全生产经营技能，能够从事现代池塘养殖产业专业化、标准化、设施化、规模化和集约化生产经营的新型职业农民。

三、培训内容

培训模块		内容模块
通用内容	1. 现代农业与新型农业经营体系	(1) 现代农业
		(2) 新型职业农民
		(3) 新型农业经营主体
	2. 农产品质量安全与市场营销	(1) 农产品质量安全的重要意义
		(2) 农产品质量安全的保障
		(3) 农产品商标注册和质量认证
		(4) 农产品流通渠道和营销方式
	3. 农业生态环境与美丽乡村建设	(1) 农业生态环境
		(2) 农业生态平衡与保护
		(3) 美丽乡村建设
现代池塘养虾生产经营	1. 生产计划与养殖模式	(1) 区域生态与养殖模式
		(2) 品种确定与优质苗种选择
		(3) 养殖场设施建设与使用
	2. 苗种繁殖管理	(1) 亲本培育
		(2) 产卵孵化管理
	3. 虾苗培育	(1) 虾苗的生物学特性
		(2) 虾苗饵（饲）料与投喂
		(3) 虾苗培育与管理
		(4) 苗种捕捞和计数
		(5) 苗种运输
	4. 成虾养殖管理	(1) 养殖模式设计
		(2) 配合饲料与精准投喂
		(3) 池塘日常管理、水质调控与越冬
		(4) 成虾捕捞与运输
		(5) 自然灾害应对与养殖保险
	5. 生态养殖和病害防控	(1) 养殖病害发生原因与致病机理
		(2) 池塘养殖生态防病
		(3) 主要病害调查诊断和防控
	6. 养殖场经营管理与销售策略	(1) 水产养殖产业政策与政府补贴
		(2) 养殖场计划管理与规章制度
		(3) 财务管理与成本控制
		(4) 市场信息与养殖决策
		(5) 渔业经济合作组织建设与水产品销售

四、现代池塘养虾生产经营的培训要求

(一) 生产计划与养殖模式

(1) 区域生态与养殖模式。了解本地区与池塘养虾生产相关的主要气候生态特点和淡水虾养殖模式［如单（主）养、混养、轮养等］；学会选择适合本区域生态和气候条件的养殖模式。掌握本地区主推淡水虾养殖模式的主要流程和关键时间节点。

(2) 品种确定与优质苗种选择。了解我国淡水养殖的主要养殖品种及其主要生长特性与环境需求。了解本地区不同区域品种及其主要特性，学会选择适合本地区生态条件、养殖模式与市场需求的淡水虾养殖品种。学会青虾等养殖品种的优质种苗鉴别和选择方法。

(3) 养殖场设施建设与使用。了解池塘选址与建设的基本条件，包括水源、土质供水、供电、交通等；了解养殖场总体规划与养殖池布局原则与方式（包括山区、湖泊、河川、水库养殖场）。知道养殖池塘的结构（包括池塘形状、面积、深度、坡度、池埂、池底）与类型（亲虾池、育苗池、成虾养殖池等）；学会新型养殖池的设计（护坡池、池塘水循环池、人工湿地池、流水养殖池等）。能够计算进水渠道流量和独立设计进排水系统。知道养殖场配套设施的设计基本要求，包括办公、库房等建筑设施、生产建筑设施（维护设施、供电设备、生活用水等设施）和水处理设施（进排水处理设施和池塘水体净化设施）。掌握增氧、水泵、网具等常用的水产养殖装备的安装、使用和维护方法。

(二) 苗种繁殖管理

(1) 亲本培育。了解淡水虾繁殖的基本生物学特性；掌握亲本的来源与选择标准，以及准确辨别亲本雌雄；学会根据抱卵虾的产卵情况计算出其绝对和相对抱卵量。掌握亲本强化培育方法，包括亲本培育池的条件、清整消毒、亲本虾放养、饲养管理和疾病防治等。

(2) 产卵孵化管理。了解淡水虾交配、产卵和孵化的规律，学会辨别虾卵孵化的不同时期。掌握产卵、孵化各时期的水质控制和管理技术。了解淡水虾抱卵率、受精率、孵化率和育苗成活率的估算方法。

(三) 虾苗培育

(1) 虾苗的生物学特性。了解虾苗在不同生长阶段的术语；知道虾苗各生长发育阶段的生物学特性，包括食性、生活习性、生长特点、池塘中水层分布和对水质的要求；知道淡水虾溞状幼体、虾苗（变态苗、仔虾）、虾种的形态特征和质量鉴定等。

(2) 虾苗饵 (饲) 料与投喂。了解淡水虾类幼体和虾苗期对蛋白质、脂肪、糖类、维生素、矿物质等的营养需求；了解虾类幼体和虾苗发育期的饵 (饲) 料种类 [浮游植物、浮游动物、卤虫、蛋黄、微粒 (囊) 饲料等] 和特性。掌握虾类幼体和虾苗发育期的饵 (饲) 料 [浮游植物、浮游动物、卤虫、蛋黄、微粒 (囊) 饲料等] 培养、制作和投喂方法。

(3) 虾苗培育与管理。知道虾苗培育前的各项准备工作，包括育苗用水预处理、虾苗培育池（包括水泥池、土池）修整、清塘消毒、清除杂草、注水、肥水等以及常用生产工具的准备。掌握虾苗的培育方法，如罗氏沼虾温室工厂化水泥池卤虫加禽蛋育苗法，又如青虾豆浆饲养法、有机肥料和豆浆混合饲养法、无机肥料和豆浆混合饲养法、综合饲养法等；能够做好虾苗培育期间的水质控制、水位调节和日常管理等工作。

(4) 苗种捕捞和计数。掌握淡水虾（如青虾）苗种捕捞方法，包括"赶网"拉网法、冲排水法、抄网法、地笼网法等。掌握苗种准确的计数方法，包括重量法、杯（碗、桶）量法等。

(5) 苗种运输。知道苗种运输的准备工作和常用方法 [活水车网隔箱分层充气 (氧) 运输法、帆布篓或帆布桶运输法、水桶及塑料桶运输法、塑料袋充氧密封运输法、干法运输等]。能够熟练掌握各种运输方法的要领，包括合理的密度、水质控制、水温调节、运输各环节衔接、苗种下塘注意事项等。

(四) 成虾养殖管理

(1) 养殖模式设计。了解成虾养殖的主要方式和管理目标；懂得主 (单) 养模式的优劣，学会根据淡水虾的生物学特性因地制宜地确定养殖参数和生产目标。明白各种混养模式的优缺点和生物学基础；能够掌握混养模式设计的原则，并能够确定混养类型及生产模式。

(2) 配合饲料与精准投喂。了解我国水产养殖配合饲料的发展概况，了解淡水虾类生长发育对蛋白质、脂肪、糖类、维生素、矿物质、能量的营养需求，了解淡水虾类配合饲料常用的添加剂及其作用；了解虾类饲料原料的种类（动物性饲料、植物性饲料、矿物质饲料、维生素饲料和添加剂等）及其特性，知道饲料原料选择基本要素。掌握虾类配合饲料的设计原则和配方设计方法，了解在配合饲料储藏中可能的质量变化和影响因素，能够在生产实践中做好配合饲料的储藏和保管。了解饲料质量安全的重要性，了解影响配合饲料质量安全的主要因素，学会识别配合饲料质量的优劣，能够做到合理选择和购买优质的配合饲料。了解精准投喂管理的重要性和管理目标；能够根据各种淡水虾不同的营养需求和不同的生长阶段确定相应的饲料；学会制定全年投饵计划和各月饲料分配，知道不同季节对投饵技术的要求。了解淡水虾养殖的投饵方法和影响投饵的因素，能够根据不同的天气、水温、水质和虾的活动等情况灵活掌控投饵量、投喂频率；学会检查虾的吃食情况，做到精准投喂。

（3）池塘日常管理、水质调控与越冬。了解池塘管理的基本要求和重要性；知道池塘管理的主要内容，包括巡塘、疾病防治、水质调控、合理使用渔业机械、池塘管理记录和统计分析等；知道良好的池塘水质对养殖生产的重要性，能够在养殖生产中正确使用各种肥料（有机肥、无机肥、生物肥等）、水草、微生态制剂和增氧设施等措施合理调节水质；能够做好养殖日志，对养殖措施和日常情况进行记录，包括放养和捕捞、水质管理、投饵施肥、病害防治、养殖设施购置和维护等。了解淡水虾的脱壳生长规律，知道虾类在越冬期死亡的主要原因，掌握淡水虾越冬管理的主要技术要领。

（4）成虾捕捞与运输。了解淡水虾主要生长和行为特点，知道淡水虾成虾捕捞的主要方式。掌握淡水虾捕捞的常用网具及正确使用方法（地笼捕捞、虾罾捕捞、虾抄网捕捞、拉网捕捞、虾拖网捕捞等）。了解淡水虾活体运输的主要方法［活水车网隔箱分层充气（氧）运输法、塑料袋充氧密封运输法、干法运输等］、设备［水箱、网隔、充气（氧）设备、降温、保温和保湿措施等］和影响成活率的主要因素。知道运输计划制定、人员配备、运输器具等运输前准备工作，掌握商品活虾运输的主要技术要领。

（5）自然灾害应对与养殖保险。了解地震、台风、洪涝、冰冻雨雪、高温、干旱等自然灾害对水产养殖业的危害性，知道自然灾害的预防和应对技术措施。了解我国水产养殖保险实施的具体政策和具体流程，能够合理评估养殖池塘因遭受自然灾害和意外事故而造成的经济损失，学会利用保险获得经济补偿。

（五）生态养殖和病害防控

（1）养殖病害发生原因与致病机理。了解池塘生态系统及其养殖病害发生的内在因素（遗传品质、免疫、生理状态、年龄和营养条件）和外在因素（环境因素、病原微生物、人为因素），知道池塘病害发生的机理。

（2）池塘养殖生态防病。了解池塘养殖生态防病的意义和目标，了解池塘、工具、饵料、水体等消毒的重要性和方法，学会池塘消毒和苗种药浴操作，能够做好养殖过程中的应激管理、水质管理、科学施肥和投喂管理等。学会虾类疾病生态调控的常用技术措施（种草、微生态制剂使用、底质改良和增氧等）。

（3）主要病害调查诊断和防控。了解虾类疾病诊断的主要步骤（现场调查、水质检测、饲养管理调查和虾体症状检查诊断），学会常用的诊断方法（肉眼、镜检和实验室诊断）以及诊断部位（鳃、眼睛、体表、附肢、内脏等）。了解常见养殖淡水虾类病毒性、细菌性、寄生虫等疾病的主要症状和防治措施。

（六）养殖场经营管理与销售策略

（1）水产养殖产业政策与政府补贴。了解各级政府关于水产养殖生产的优惠政策；知道当地关于购买养殖机械的补贴政策；知道当地养殖生产资金借贷的途径；了解《渔业法》《劳动法》《土地承包法》《农民专业合作社法》等用于自身权益维护和管理经营的基本知识。

（2）养殖场计划管理与规章制度。了解养殖场计划管理的重要性和目标，学会制定全年生产计划，做好人员、财力、物资等的落实工作；能够制定养殖场生产管理规章制度，建立健全养殖池塘档案。

（3）财务管理与成本控制。了解财务管理的原则与任务，知道资金的统筹渠道，学会管理固定资产、流动资产和其他无形资产（如专利、商标、土地使用权、商业信誉等），能够制作简单的财务报表和经营评价报告。掌握池塘养殖水产品的构成项目与核算的方法；了解每次投入与产量、效益的关系，学会加强成本管理，降低水产品的成本，关注新技术、新方法和新模式等的引进与运用，实现增产增收。

（4）市场信息与养殖决策。了解养殖品种的市场价格和主要生产物资价格变动基本规律和信息获取渠道，确定目标市场，并能够根据市场需求确立经营方针和制定生产计划。了解市场营销的"4P策略"（产品策略、定价策略、销售渠道策略、促销策略）；能够根据市场价格变动和综合市场、技术、资金等方面的量、本、利分析，作出来年养殖品种和生产方案的正确决策。

（5）渔业经济合作组织建设与水产品销售。了解渔民合作社建设的必要性，知道其对规范养殖生产、统一饲料和鱼药供应、提供技术支持和建立品牌方面的重要作用，能够积极组建或参加合作社，以进一步降低生产成本、方便养殖水产品的高价销售并最终提高池塘养殖的经济效益。了解养殖水产品销售管理的意义、特点和任务，能够树立市场意识，正确地对养殖场的销售环境进行分析，编制销售计划，开展养殖产品的销售活动。

第十节　海水鱼类池塘养殖的培训规范

一、培训对象

重点面向从事现代海水鱼类池塘养殖生产经营的养殖企业、专业养殖大户、渔业合作社骨干和家庭养殖业户，以及拟扩大海水池塘养鱼生产经营规模的承包户，有志在现代海水鱼类池塘养殖产业创业的转产转业渔民、返乡农民工、退役军人和农村新生劳动力等。

二、培训目标

培训适应现代农业发展要求，具备现代渔业养殖业者综合素质，具有现代海水鱼类池塘养殖产业高产、优质、高效、安全生产经营技能，能够从事专业化、标准化、规模化和集约化生产经营的现代海水鱼类池塘养殖产业新型职业渔民。

三、培训内容

培训模块	培训模块	内容模块
通用内容	1. 现代农业与新型农业经营体系	(1) 现代农业 (2) 新型职业农民 (3) 新型农业经营主体
	2. 农产品质量安全与市场营销	(1) 农产品质量安全的重要意义 (2) 农产品质量安全的保障 (3) 农产品商标注册和质量认证 (4) 农产品流通渠道和营销方式
	3. 农业生态环境与美丽乡村建设	(1) 农业生态环境 (2) 农业生态平衡与保护 (3) 美丽乡村建设
海水鱼类池塘养殖生产经营	1. 生产计划与投资预算	(1) 区域生态与养殖种类选择 (2) 养殖模式与设施设备建设 (3) 生产物资筹备与资金预算筹措
	2. 人工繁育及种苗培育管理	(1) 亲鱼培育管理 (2) 人工催产与孵化管理 (3) 池塘肥水与浮游生物培养 (4) 仔稚幼鱼生长与饵料系列及投喂管理 (5) 水质监测与调控管理 (6) 日常管理与病害防控 (7) 苗种运输
	3. 成鱼养成期生产管理	(1) 成鱼养殖模式与池塘整备消毒 (2) 放养苗种的要求 (3) 池塘水质监测与调控管理 (4) 生长与饲料投喂管理 (5) 越冬与度夏的安全管理 (6) 池塘日常管理与自然灾害预防 (7) 池塘养殖技术操作规程
	4. 配合饲料与精准投喂	(1) 鱼类生长的营养需求与饲料选择 (2) 全价配合饲料配制与安全管理 (3) 配合饲料精准投喂与管理

（续）

培训模块	内容模块
5. 池塘养殖病害防控	（1）池塘养殖主要病害的种类与诊断 （2）病害发生的原因与致病机理 （3）池塘养殖生态环境调控与病害防控技术
海水鱼类池塘养殖生产经营　6. 出池收获与运输	（1）活鱼捕获方法与捕获网具 （2）产品质量与产量测定 （3）活鱼暂养管理与运输技术
7. 经营管理与销售策略	（1）养殖场生产计划管理与规章制度 （2）财务管理与成本控制 （3）市场信息与养殖生产决策 （4）产品质量与企业信誉 （5）渔业经济合作组织建设与产品销售

四、海水鱼类池塘养殖生产经营的培训要求

（一）生产计划与投资预算

（1）区域生态与养殖种类选择。了解本地区与池塘养殖生产相关的主要气候生态特点（如气温、季节风、雨雪等）和海洋环境条件（如海水水文、海况、潮汐等），学会选择适合本区域海况和气候条件的养殖种类及养殖模式。了解我国海水鱼类池塘养殖的主要品种及其生长特性与环境需求，能够选择适合本地区生态条件、养殖模式与市场需求的鱼类品种。

（2）养殖模式与设施设备建设。了解我国目前海水鱼类池塘养殖有哪些养殖模式，掌握不同养殖模式的特点和优缺点（如生态粗放型池塘、集约化池塘、岩礁池塘、工程化池塘养殖、鱼虾参混养等模式），强化由传统养殖方式向高效环保新型养殖方式转变的理念，掌握本地区主推池塘养殖模式的主要流程和关键点。了解池塘选址与建设的基本条件、养殖场总体规划与鱼池布局原则与方式；根据本地区海岸带状况和地貌特征，学会选择适合本区域条件的高效养殖模式。知道养殖池塘的结构（包括池塘形状、面积、深度、坡度、池埂、池底）与类型（亲鱼池、鱼苗池、成鱼池）；学会新型工程化池塘养殖模式的设计建设（池塘护坡、联体组合、进排水系统、回水处

理池水循环利用、人工湿地排水处理、设施设备）。能够计算进水渠道流量和独立设计进排水系统；知道养殖场配套设施设计的基本要求，包括办公、库房等建筑设施、生产建筑设施（维护设施、供电设备、生活设施、垃圾和污水处理设施）、产卵与孵化设施、越冬设施、水处理设施（进排水处理和池塘水体净化设施）。掌握增氧机、投饲机、水泵、水质监测设备等常用的水产机械设备的配备、安装、使用和维护方法。

（3）生产物资筹备与资金预算筹措。学会根据养殖场的规模和生产能力，制定年度生产目标和计划；根据计划产量和往年经验筹备生产物资（苗种、饲料、药物、工具等），掌握生产物资的安全性采购渠道和管理使用；学会根据生产计划进行资金预算和资金筹措，掌握本行业银行贷款的程序和优惠政策。

（二）人工繁育及种苗培育管理

（1）亲鱼培育管理。学习主要海水养殖鱼类的生态习性和繁殖特征，掌握各养殖对象鱼类的周年培育的环境条件（水温、盐度、光照等指标）和饲喂管理方法（饵料投喂、换水等）。了解与鱼类人工繁殖相关的常用指标；学习养殖海水鱼类繁殖的基本生物学特性，掌握促进性腺发育的强化培育条件，掌握亲鱼的来源与选留标准以及准确辨别亲鱼雌雄。

（2）人工催产与孵化管理。了解常用催产剂的种类和作用机理；掌握催产前的各项准备工作，包括催产池、网具和催产器具、成熟亲鱼的选择和鉴别方法、常用的催产剂（脑垂体、绒毛膜促性腺激素、促黄体素释放激素类似物、高效催产合剂、混合催产剂）和方法，准确选择催产时间，掌握正确的催产方法和效应时间；能够正确运用人工授精方法，对鱼卵质量和亲鱼产卵情况进行正确的判别。学习掌握促使亲鱼自然产卵的强化培育方法（温、光、营养综合调控技术），掌握自然产卵下的受精卵收集、沉浮卵分离等技术方法。学习现阶段常用的孵化设施结构和设计要求，学会浮性卵、沉性卵、黏性卵等不同类型卵子所要求的孵化设施和方法；掌握不同养殖鱼种胚胎发育所需的环境条件和孵化管理方法（温、光、密度、流水量等）。能够运用显微镜观察胚胎发育情况，掌握催产率、受精率、孵化率的计算方法。

（3）池塘肥水与浮游生物培养。了解海水鱼类池塘育苗的基本工艺流程。掌握池塘育苗前的各项准备工作，包括常用生产工具的准备、育苗池修整、清塘消毒、暴晒、清除杂草、灌注新水、防治敌害生物等。了解肥料的种类（有机肥和无机肥）和正确的施肥方法，学会池塘肥水培养浮游植物和浮游动物的技术方法，掌握池塘施肥（$N:P:Fe$）的比例和施肥量。掌握海水微藻和轮虫、桡足类等的接种方法，掌握初孵仔鱼的放养密度和放养量。

（4）仔稚幼鱼生长与饵料系列及投喂管理。了解目前适合池塘育苗的主要海水鱼种类及其早期苗种的摄食习性，掌握不同鱼种适宜的饵料系列（轮虫—桡足类—卤虫无节幼体—鱼虾肉糜—配合饲料）；学会鱼苗摄食率和饱食率的观察和计算，掌握饵料精准投喂方法；根据苗种的生长发育规律，学会饵料转换的技术要点（转换时期、诱导驯化、交叉投喂等）。

（5）水质监测与调控管理。了解不同种类的鱼苗对环境水质条件的适应范围和育苗的主要水质监测指标（温、盐、pH、溶解氧、氨氮、透明度等），学会普通水质监测仪器和智能化水质自动在线监测系统设备的使用，能够做好鱼苗培育期间的水位调节和换水调控水质等管理工作。

（6）日常管理与病害防控。了解主要养殖鱼类育苗期的主要疾病和发病原因，能够准确鉴别鱼苗病害的类别，学会用有益菌调控微生态环境防控疾病的方法；能够准确确定培育成商品苗的放养密度；能够做好鱼苗培育期间的水质调节和日常管理工作；熟练掌握鱼苗的生长测量、出塘规格、出塘捕获、苗种质量鉴别、鱼苗计数和成活率计算方法等。

（7）苗种运输。学会苗种出池运输的常用方法（水车运输、包装袋充氧打包运输），掌握运输前准备工作（提前做好饥饿、降温、密度等试验），学会充氧打包技术和运输途中管理方法，掌握鱼苗下塘时的驯化工作。

（三）成鱼养成期生产管理

（1）成鱼养殖模式与池塘整备消毒。了解成鱼养殖的主要方式和管理目标，掌握不同养殖模式的特点；学会新型工程化池塘养殖模式的设计建设，掌握集约化高效养殖模式（集约化单体池塘、岩礁池塘、工程化池塘）的关键技术（健康苗种、独立进排水系统、高效增氧、水质自动监测与调控、微生态调控与病害防控等）和操作流程。掌握池塘鱼种放养前的各项准备工作，包括生产工具的准备、养成池修整、清塘消毒、暴晒、清除杂草、灌注新水、防治敌害生物等。

（2）放养苗种的要求。了解不同鱼种的生物学特性，包括形态特征、食性、生活习性、生长特点、池塘中鱼的水层分布和对水质的要求；熟悉苗种的质量鉴定和计数方法，掌握养成期放养苗的规格和放养密度。

（3）池塘水质监测与调控管理。了解主要池塘养殖海水鱼类的生理生态学特性以及摄食和耗氧率变化规律，知道环境水质条件对生长的影响；掌握成鱼池塘养殖的主要水质监测指标（温、盐、pH、溶解氧、氨氮、硝酸盐、透明度等）及其控制范围；学会池塘养殖中使用的普通水质监测仪器和智能化水质自动在线监测系统的使用和维护方法，掌握好利用增氧机高效增氧和利用潮汐或水泵实时做好排换水等水质调控管理工作。

（4）生长与饲料投喂管理。了解养成期鱼类的生长和摄食规律，掌握不同鱼种适宜的饲料种类和投喂时间，学会养殖鱼体重测定方法，根据鱼的体重和摄食率确定饲料的投喂量；知道养殖鱼在不同生长阶段和不同季节对饲料营养的不同需求，调节饲料的投喂。了解投饲管理的重要性和目标，学会制定全年投饵计划和各月饲料分配；能够熟练根据"四看"原则确定鱼池每天实际的投饵量；了解常用投喂方法和影响投饵的因素，掌握"四定"投饵原则进行精准投喂。

（5）越冬与度夏的安全管理。了解鱼类对低温的耐受能力和低温极限，知道鱼类在越冬期死亡的主要原因，学会在北方地区建设塑料大棚保温越冬等技术。了解养殖鱼类对高温的耐受能力和高温引起鱼类发病死亡的主要原因，学会高温期控制投饵、调控水质和微生态环境防病度夏技术。

（6）池塘日常管理与自然灾害预防。了解池塘管理的基本要求和重要性，掌握池塘管理的主要内容，包括巡塘、疾病防治、注排水、合理使用渔业机械、管理记录和统计分析等；知道好的池塘水质标准的生物学意义，能够在养殖生产中正确使用增氧机等措施合理调节水质；能够养成做好养殖日志的习惯，对养鱼措施和池鱼情况进行记录，包括放养和捕捞、水质管理、投饵施肥、鱼病防治、养殖物资及设施购置和维护等。了解台风、洪灾、冰冻雨雪、高温、旱灾等自然灾害对水产养殖业的危害性，知道自然灾害的预防和应对技术措施。了解我国水产养殖保险实施的具体政策和流程，能够合理统计养殖池塘因遭受自然灾害和意外事故而造成经济损失并学会利用保险获得经济补偿。

（7）池塘养殖技术操作规程。了解现有海水鱼类池塘养殖的主要种类，学习掌握海水池塘养殖主要种类的养殖技术工艺和操作规范，包括鲈鱼、大黄鱼、石斑鱼类、鲷科鱼类、河鲀等鱼类的池塘养殖技术规程。

（四）配合饲料与精准投喂

（1）鱼类生长的营养需求与饲料选择。了解我国鱼类配合饲料的发展概况和使用配合饲料养鱼的重要性，学习鱼类生长发育对蛋白质、脂肪、糖类、维生素、矿物质、能量的营养需求。了解海水鱼类配合饲料原料的种类及其特性，知道饲料原料质量和选择的基本因素；了解常用的饲料添加剂种类及其作用，学会根据不同养殖阶段和鱼的需求选择适宜的添加剂；了解市场上销售的不同配合饲料的优缺点，学会根据不同鱼种选择正规生产厂家生产的专用全价配合饲料。

（2）饲料保存与安全管理。了解海水鱼类养殖不同阶段使用的饲料种类，掌握不同饲料的合理保存方法；了解在饲料储藏中可能的质量变化和影响因素，能够在生产实践中做好各种饲料的储藏和保管。了解饲料质量安全的重要性和管理目标，了解影响饲料质量安全的主要因素，学会识别饲料质量的优劣，能够做到合理选择和购买优质配合饲料。

（3）配合饲料精准投喂与管理。了解精准投喂的重要性和管理策略，能够对鱼苗、鱼种、成鱼等不同生长阶段确定合理的投喂时间、投喂频率和投饵量，并选定特定的投喂模式（饥饿和再投喂模式、延迟投喂模式、联合投喂模式）。掌握饲料投喂的"四定"和"四看"原则，学会养殖鱼摄食量的精准计算方法，能够做到无残饵的精准投喂，掌握不良天气对鱼类摄食的影响及调控投喂策略。

（五）池塘养殖病害防控

（1）病害发生的原因与致病机理。了解鱼类养殖病害发生的内在因素（遗传品质、生理状态、免疫、个体差异等）和外在因素（环境因素、病原生物、饵料营养、人为刺激等），知道池塘养鱼病害发生的机理和途径。

（2）池塘养殖主要病害的种类与诊断。了解鱼类池塘养殖的主要病害的类别（寄生虫病、细菌病、病毒病）及其发病的主要症状，学会通过鱼体观察和显微镜观察辨别病害的三大类别；学会鱼类疾病诊断的主要步骤（现场调查、水质检测、调查饲养管理和鱼体症状检查诊断），掌握常用的诊断方法（肉眼、镜检和实验室诊断）以及诊断部位（眼睛、鳃、体表、鳞片、内脏等）。了解主要寄生虫的种类，学会寄生虫的种类鉴别和杀除方法。掌握水产养殖禁用药物的种类，学会允许使用药物的使用方法、使用剂量等，掌握并严格执行药物使用时的休药期和间隔期。

（3）池塘养殖生态环境调控与病害防控技术。了解池塘养殖生态控病的意义和目标，了解池塘、工具、饵料、水体消毒的重要性和方法，能够做好养殖过程中的应激管理、水质管理、危机管理、科学投喂管理。了解池塘微生态环境与病害发生的关系，学会使用微生态制剂等有益菌调控池塘微生态平衡以防控病害的方法。

（六）出池收获与运输

（1）活鱼捕获方法与捕获网具。了解主要经济鱼类的行为特点及其利用鱼类的行为特点进行捕捞，知道成鱼捕捞常用的网具和方法（大扳罾网捕法、拉网捕捞法、抄网捕捞法、丝网捕捞法）。

（2）产品质量与产量测定。了解产品质量安全的重要性，知道养殖全程质量安全保障措施，知道出池前到有关部门对养殖产品进行质量检验；掌握池塘养殖鱼的计数和产量测定方法。

（3）活鱼暂养管理与运输技术。了解活鱼运输销售的注意事项，掌握活鱼运输前的起捕、暂养和驯化措施；了解活鱼运输的主要设备（增氧设备、循环水泵、活鱼箱、降温和保温措施等）和影响成活率的主要因素，了解运输计划、人员配备、运输器具、活鱼饥饿等运输前准备工作，掌握商品鱼运输的主要技术（如活鱼运输车、包装箱充氧打包、麻醉运输等）。

（七）养殖场经营管理与销售策略

（1）养殖场生产计划管理与规章制度。了解养殖场生产计划管理的重要性和目标，学会制定全年生产计划，做好人员、资金、物资的落实工作；能够制定养殖场生产管理各环节的规章制度，健全鱼池档案和物资进出档案。

（2）财务管理与成本控制。了解财务管理的原则与任务，知道资金的统筹渠道，学会管理固定资产、流动资产和其他无形资产（如专利、商标、土地使用权、商业信誉等），能够制作详细的财务报告和评价。掌握池塘养殖水产品的构成项目与核算的方法；了解每次投入与产量、效益的关系，学会加强成本管理，降低养殖的成本，关注技术和智力等无形资产的投入，实现增产增收。

（3）市场信息与养殖生产决策。了解养殖品种的市场价格和主要生产物资价格变动基本规律和信息获取渠道，确定目标市场，并能够根据市场需求确立经营方针。了解市场营销的"4P策略"（产品策略、定价策略、销售渠道策略、促销策略）；能够根据市场价格变动和综合市场、技术、资金等方面的量、本、利分析，做出养殖产品销售和来年养殖品种是否更换的决策。

（4）产品质量与企业信誉。了解保障产品质量安全是解决"卖难"的关键，是关系到生产经营者信誉和维护自身发展的大事，能够做到不合格产品不生产，不合格产品不出场，坚持诚信生产，自觉接受监督，做守信用企业。

（5）渔业经济合作组织建设与产品销售。了解养殖水产品销售管理的意义、特点和任务，能够树立市场意识，对养殖场的销售环境进行科学分析，编制销售计划，开展养殖产品的销售活动。了解渔民合作社建设的必要性，知道其对规范养殖生产、统一饲料和鱼药供应、提供技术支持和建立品牌方面的重要作用，能够积极组建或参加合作社，以进一步降低生产成本、方便养殖水产品的高价销售并最终提高池塘养殖的经济效益。

第五章　专业服务型职业农民培训

专业服务型职业农民是指在社会化服务组织中或个体直接从事农业产前、产中、产后服务，并以此为主要收入来源，具有相应服务能力的农业社会化服务人员，主要是农村信息员、农村经纪人、农机服务人员、统防统治植保员、村级动物防疫员等农业社会化服务人员。

为进一步加强农民培训工作规范化、标准化、制度化建设，切实提高农民培训的针对性、实效性和科学化水平，根据中央和农业农村部关于大力培育新型职业农民的部署要求、专业服务型职业农民的内涵特征，农业农村部现已发布了多种专业服务型职业农民培训规范。具体包括村级动物防疫员、村级奶站管理员、村级资产管理员、肥料配方员、农村经纪人、农村土地承包调节仲裁人员、农村信息员、农机营销员、农药经销员、农业机械维修人员、农作物病虫防治员、兽药经销员、水产养殖病害防治员、沼气生产工、沼气物管员。

本部分主要从培训对象、培训目标、培训内容、培训要求等方面对各类别专业服务型职业农民培训规范进行阐述。

第一节　村级动物防疫员的培训规范

一、培训对象

在乡村从事动物强制免疫、畜禽标识加挂、免疫档案建立和动物疫情报告工作的从业人员，以及有志从事乡村动物防疫工作的农业社会化服务人员。

二、培训目标

培训适应现代畜牧业发展要求，熟练掌握动物疫病防控知识和操作技能，特别是掌握涉及国家动物疫病防控的法律法规、动物强制免疫技术、畜禽标识加挂、免疫档案建立、疫情报告和职业保护等相关的知识和技能，能够适应乡村动物防疫要求的专业服务型职业农民。

三、培训内容

培训模块	内容模块
1. 基础知识	(1) 法律法规
	(2) 职业道德
	(3) 生物安全
	(4) 职业保护
	(5) 疫苗基础
2. 人畜共患病基础知识	(1) 定义和分类
	(2) 流行病学特征
	(3) 防治原则
3. 常见畜病免疫技术	(1) 常见畜病免疫程序
	(2) 常见家畜保定技术
	(3) 疫苗使用
	(4) 耳标佩戴
	(5) 免疫档案
4. 常见禽病免疫技术	(1) 常见禽病免疫程序
	(2) 常见禽病疫苗使用
	(3) 免疫档案
5. 动物疫情报告	(1) 常见疫病临床表现
	(2) 疫情报告

四、培训要求

1. 基础知识

（1）法律法规。了解《中华人民共和国动物防疫法》《兽药管理条例》《重大动物疫情应急条例》和《畜禽标识和养殖档案管理办法》相关知识。

（2）职业道德。了解村级防疫员的岗位职责和职业守则。

（3）生物安全。掌握常用消毒药物的使用方法；能够熟练使用常规消毒器械；能对畜禽饲养场所进行消毒；重点掌握消毒注射器械。

（4）职业保护。了解个人防护行为及装备；重点掌握免疫过程中的防护行为；重点掌握处理免疫接种后的废弃物。

（5）疫苗基础。了解疫苗的种类、特性和使用要求；会识别疫苗的有效期、失效期、批准文号；重点掌握贮藏和运输疫苗。

2. 人畜共患传染病防控基础知识

（1）定义和分类。了解人畜共患传染病基本概念、基本特征和流行的基本条件。

（2）流行病学特征。重点掌握我国法定的人畜共患传染病流行病学特征。

（3）防治原则。掌握人畜共患传染病防治原则。

3. 常见畜病免疫技术

（1）常见畜病免疫程序。重点掌握口蹄疫、高致病性猪蓝耳病、猪瘟、猪圆环病毒病、猪伪狂犬病、猪繁殖与呼吸综合征（经典猪蓝耳病）、猪乙型脑炎、猪丹毒等常见猪病的免疫程序及注意事项；重点掌握口蹄疫、布病等常见牛病的免疫程序及注意事项；重点掌握口蹄疫、布病、小反刍兽疫、炭疽、羊痘、棘球蚴病、羊魏氏梭菌病等常见羊病的免疫程序及注意事项。

（2）常见家畜保定技术。掌握提起保定法和倒卧保定法保定猪技术；能用徒手法、牛鼻钳法、栏柱内法、倒卧法保定牛；能用站立法、倒卧法、保定栏保定羊。

（3）疫苗使用。检查疫苗外观质量，认真查看是否在有效期内，疫苗瓶是否破损，超过有效期和疫苗瓶破损的疫苗不能使用；重点掌握按照疫苗说明书的免疫接种方法和剂量对猪进行免疫注射，并且要做到一猪一针头；判别和处理猪、牛、羊的免疫应激反应。

（4）耳标佩戴。了解猪、牛、羊耳标的样式、佩戴时间、佩戴工具、佩戴方法，能使用佩戴工具给猪佩戴耳标。

（5）免疫档案。会填写免疫档案。

4. 常见禽病免疫技术

（1）常见禽病免疫程序。重点掌握高致病性禽流感、鸡新城疫、鸡传染性支气管炎、鸡传染性法氏囊病、鸭瘟、低致病性（H9亚型）禽流感的免疫程序及注意事项。

（2）常见禽病疫苗使用。检查疫苗外观质量，认真查看是否在有效期内，疫苗瓶是否破损。超过有效期和疫苗瓶破损的疫苗不能使用。重点掌握按照疫苗说明书的免疫接种方法和剂量对禽进行免疫接种。判别和处理禽免疫接种的应激反应。

（3）免疫档案。会填写免疫档案。

5. 动物疫情报告

（1）常见疫病临床表现。了解口蹄疫、高致病性禽流感、高致病性猪蓝耳病、小反刍兽疫、狂犬病等疫病临床表现。

（2）疫情报告。了解疫情报告的形式、内容、程序和时限；掌握疫情巡查方法，发现动物染疫或疑似染疫时会报告疫情。

第二节　村级奶站管理员的培训规范

一、培训对象

重点面向规模化养牛场、农业社会化服务组织和农民合作社中从事奶站技术管理和质量管控工作的人员，以及有志从事奶站技术管理和质量管控工作的农业社会化服务人员。

二、培训目标

培训适应现代农业发展要求，熟练掌握村级奶站管理专业知识和操作技能，能够适应现代奶站生产和管理要求的社会服务型职业农民。

三、培训内容

培训模块	内容模块
1. 奶牛泌乳基础知识	（1）奶牛泌乳的基本概念 （2）奶牛乳房结构及健康 （3）奶牛乳腺发育及乳的生成 （4）牛奶的成分及主要性质

（续）

培训模块	内容模块
2. 奶牛泌乳技术管理	（1）奶牛泌乳周期管理 （2）DHI 测定及数据分析 （3）奶站防疫程序及规范 （4）乳房炎的防治措施
3. 挤奶过程管理	（1）挤奶厅设计及设施 （2）标准化的挤奶规程 （3）挤奶设备的管理 （4）储奶间的卫生要求
4. 生鲜乳质量控制	（1）生鲜乳收购站的建立 （2）生鲜乳的冷却及贮存 （3）生鲜乳质量标准及检测 （4）生鲜乳的运输管理
5. 奶站运行管理	（1）奶站类型及投资主体 （2）奶站运营及管理规范 （3）奶站实验室建立及应用 （4）奶站管理员的工作职能 （5）加强奶站管理的措施

四、培训要求

1. 奶牛泌乳基础知识

（1）奶牛泌乳的基本概念。了解泌乳、乳汁、奶牛的生长发育周期、泌乳阶段的划分、泌乳周期、泌乳规律、泌乳曲线、初乳等专业名词的具体含义。

（2）奶牛乳房结构及健康。了解乳房的形态结构；了解乳房的内部结构；掌握奶牛乳房健康的评判标准。

（3）奶牛乳腺发育及乳的生成。掌握奶牛乳腺发育规律；掌握影响奶牛乳腺组织生长发育的因素；掌握乳的生物学合成：乳糖的生成、乳脂的生成、乳蛋白的生成等；掌握乳的分泌及调节：启动泌乳和维持泌乳。

（4）牛奶的成分及主要性质。掌握牛奶的成分，包括脂肪、蛋白质、乳糖、矿物质、维生素、水、酶和其他物质；了解牛奶的物理性质，包括色泽、气味、热学性质、相对密度、酸度等；了解牛奶中的微生物种类。

2. 奶牛泌乳技术管理

（1）奶牛泌乳周期管理。掌握奶牛干奶期的关键生产技术和监控手段；掌握奶牛围产前期与后期的关键生产技术和监控手段；掌握奶牛泌乳初期、中期与后期的关键生产技术和监控手段。

（2）DHI测定及数据分析。了解DHI的基本概念和目的；掌握DHI测定指标，包括产奶量（M）、乳脂率（F%）、乳蛋白率（P%）、乳糖率（G%）、乳固体含量、体细胞数（SCC）等；掌握DHI测定方法和对象；了解DHI测定所需仪器设备，并掌握仪器设备的操作方法；熟练掌握DHI操作流程和关键控制点；了解DHI报告的构成框架，并能够阅读和分析DHI报告；了解DHI数据分析与应用：牛群平均泌乳天数、测定日产奶量、校正奶量、前次产奶量、F%、P%、F/P、泌乳持续力、体细胞数、高峰日产量和高峰日天数等指标。

（3）奶站防疫程序及规范。熟练掌握奶站的防疫措施和方法；熟练掌握奶站的防疫程序并严格执行；熟练掌握奶站防疫操作和防疫规范要求：免疫、消毒、监测、管理、人员、设施；掌握国家动物防疫相关的法律法规要求；掌握建立健全奶站防疫档案的方法。

（4）乳房炎的防治措施。了解引起奶牛乳房炎的病原生物，包括金黄色葡萄球菌、链球菌、大肠杆菌、霉形体等；掌握奶牛乳房炎分类及临床症状，如亚临床型乳房炎和临床型乳房炎；了解奶牛乳房炎的诊断，包括临床诊断和实验室诊断；了解奶牛乳房炎的治疗方法，如全身治疗、乳房灌注、干奶疗法、辅助疗法等；掌握奶牛乳房炎的预防措施，如勤观察、做好环境卫生、注意挤奶卫生、机械挤奶、定期检测、干奶期加强对隐形乳房炎的防治、产前准备和产后护理、接种乳房炎疫苗、微量元素预防奶牛乳房炎等。

3. 挤奶过程管理

（1）挤奶厅设计及设施。了解奶站挤奶区的构建设施；掌握奶站挤奶区环境控制方法；了解挤奶厅的设计形式，如平面畜舍式、串联式、转盘式、鱼骨式、并列式、机器人挤奶台等；了解挤奶厅的附属设施，包括待挤区、滞留栏、返回通道、牛奶制冷间、压缩机房、锅炉间、更衣室、卫生间和办公管理区等。

（2）标准化的挤奶规程。熟练掌握挤奶方式，如压榨法、滑下法手工挤奶和厅式、定位式、手推车式机器挤奶；掌握奶站挤奶设备组成，包括真空系统、奶杯组、脉动器、牛奶收集系统和设备清洗系统；熟练掌握挤奶工艺挤奶前的准备工作和挤奶程序，如挤头三把奶、预药浴、擦干、套挤奶杯组、调整好奶杯位置、挤奶、脱去挤奶杯组、挤后药浴；熟练掌握挤奶人员卫生要求：健康合格证、工作时必须穿戴工作服、挤奶围裙、工作帽、高筒靴和手套；掌握消毒剂的选择和使用方法：广谱杀菌作用、具有快速杀菌作用、性能要稳定、对奶牛无刺激损害、无残留；熟练掌握奶站泌乳牛挤奶的要求：健康、无疾病、非治疗期等；掌握建立健全奶站档案记录的方法；掌握鲜奶的采样和贮藏方法。

（3）挤奶设备的管理。掌握判断挤奶设备清洗用水和清洗剂质量的方法和标准；熟练掌握挤奶设备的清洗程序：预冲洗、循环清洗、后冲洗、消毒、排污、清除奶垢、人工清洗等；学会挤奶设备的定期维护和保养：挤奶器组成及其功能、挤奶设备的日常检查保养。

（4）储奶间的卫生要求。了解储奶间设施设备的卫生要求；掌握贮奶间的管理规程；掌握储奶罐清洗程序、消毒程序和温度控制方法。

4. 生鲜乳质量控制

（1）生鲜乳收购站的建立。了解符合生鲜乳收购站建设要求应具备的相关主体资格、选址、布局、环境、基础设施、机械设备、质量检测、人员要求、操作规范、管理制度、档案记录、卫生条件等。

（2）生鲜乳的冷却及贮存。了解生鲜乳冷却贮存容器的种类、冷却方法、冷却时间和贮存时间。

（3）生鲜乳质量标准及检测。掌握影响生鲜乳安全质量的主要因素；熟练掌握生鲜乳对安全质量的要求；了解生鲜乳安全质量的检测技术设备；熟练掌握生鲜乳安全质量检测指标，如新鲜、卫生和无有害物质；学会分析生鲜乳安全质量检测报告。

（4）生鲜乳的运输管理。了解生鲜乳运输资质条件、运输车的要求、运输操作规范等。

5. 奶站运行管理

（1）奶站类型及投资主体。了解我国奶站类型及其主要特点：乳品企业自建、养殖场（小区）建设、合作社建设等。

（2）奶站运营及管理规范。掌握合格奶站的要求及管理规范：运营方式、运营范围、运营时间、监管内容、管理制度等。

（3）奶站实验室建立及应用。掌握奶站实验室建立的条件和所需仪器设备；掌握奶站实验室取样方法和快速检测方法。

（4）奶站管理员的工作职能。熟练掌握奶站日常管理内容、检查监管内容、档案记录内容等。

（5）加强奶站管理的措施。掌握完善奶站管理措施、加强档案记录、严格控制生鲜乳质量安全、加强日常管理、牛奶生产关键环节监管等方法。

第三节　村级资产管理员的培训规范

一、培训对象

重点面向村（组）集体资产管理人员、财务管理人员、民主理财小组人员、农村集体"三资"（会计）委托代理机构负责人及其工作人员。

二、培训目标

培训适应现代农业发展要求，熟练掌握农村集体资产管理、财务会计核算、民主管理与审计监督、资产信息化管理、产权制度改革等方面的专业知识和技能，农村集体资产管理制度化、规范化、信息化要求的社会服务型职业农民。

三、培训内容

培训模块	内容模块
1. 农村集体资产管理	（1）农村集体资产管理基础知识 （2）农村集体资产清产核资基础知识 （3）农村集体资产管理政策 （4）地方法规政策

培训模块	内容模块
2. 农村集体财务会计核算	（1）农村集体财务会计核算基础知识 （2）农村集体财务会计核算主要内容 （3）农村集体财务会计报表及档案管理 （4）村级会计委托代理服务的程序和内容
3. 民主管理与审计监督	（1）民主管理政策 （2）农村集体经济审计 （3）地方法规政策
4. 农村集体资产信息化管理	（1）农村集体资产信息化管理平台基础知识 （2）模块操作实务 （3）会计电算化基础知识
5. 农村集体产权制度改革	（1）农村集体产权制度改革政策 （2）农村集体产权制度改革内容及程序 （3）农村集体经济组织成员资格界定

四、培训要求

1. 农村集体资产管理

（1）农村集体资产管理基础知识。掌握农村集体资产的概念和范围；了解农村集体资产分别按会计核算科目、与社会经济的活动关系、切实加强管理角度三种分类标准进行分类；了解全国农村集体资产的现状、不同区域的特点；了解农村集体资产管理的任务与内容。

（2）农村集体资产清产核资基础知识。了解清产核资的含义、任务、原则及操作程序等；了解清产核资的对象和范围；掌握清产核资的主要内容，包括清查资产、界定资产所有权、核实资金、登记产权等。

（3）农村集体资产管理政策。了解国家有关农村集体资产管理的政策，重点掌握财务收入、开支审批、财务预决算、资金管理岗位责任制、财务公开等资金管理制度；资产清查、资产台账、资产评估、资产承包（租赁、出让）、资产经营等资产管理制度；资源登记、招标投标、合同管理、集体建设用地收益管理等资源管理制度。

（4）地方法规政策。了解各省（区、市）、地（市）、县（市、区）制定出台的有关农村集体资产管理的地方性法规、政府规章和政策性文件的主要内容。

2. 农村集体财务会计核算

（1）农村集体财务会计核算基础知识。了解借贷记账法的理论基础、会计科目及会计凭证的概念及内容、原始凭证及记账凭证的填制与审核等。

（2）农村集体财务会计核算主要内容。了解农村集体货币资金、应收款项、农业资产、长期投资、固定资产、负债及所有者权益，收入、成本、费用和收益等的核算。

（3）农村集体财务会计报表及档案管理。了解农村集体财务会计报表的种类、格式、内容、编制方法，包括科目余额表和收支明细表等月份报表或季度报表、资产负债表和收益分配表等年度报表；初步掌握会计凭证、会计账簿和会计报表等会计核算资料的立卷归档。

（4）村级会计委托代理服务的程序和内容。了解会计委托代理服务的实施条件、基本原则；掌握会计委托代理制度的主要内容、工作流程和规范要求；了解代理机构会计人员、村（组）财务管理人员的岗位职责。

3. 民主管理与审计监督

（1）民主管理政策。了解国家在农村财务公开、民主理财、民主评议等方面的政策。

（2）农村集体经济审计。了解农村集体经济审计的概念、审计程序、审计工作底稿的编制；初步掌握农村集体资产审计、财务收支审计、农村干部经济责任审计等的主要内容；了解审计报告的主要内容。

（3）地方法规政策。了解各省（区、市）、地（市）、县（市、区）制定出台的有关民主管理与审计监督的地方性法规、政府规章和政策性文件的主要内容。

4. 农村集体资产信息化管理

（1）农村集体资产信息化管理平台基础知识。了解农村集体资产信息化管理平台的架构、主要内容、作用和特点。

（2）模块操作实务。了解资金、资产、资源管理模块，信息查询、财务公开、资产监管等模块的功能，初步掌握农村集体资产信息化平台的使用，能借助信息化平台进行日常工作与信息分析。

（3）会计电算化基础知识。了解会计电算化的基本概念、主要内容，初步掌握利用计算机进行账务处理、报表填制等操作技能。

5. 农村集体产权制度改革

（1）农村集体产权制度改革政策。了解中央对农村集体产权制度的要求，有关农村集体产权制度改革的政策、法律、法规、文件的要求。

（2）农村集体产权制度改革的内容和程序。了解农村集体经济组织产权制度改革的总体思路、目标要求和基本原则；了解农村集体产权制度改革的程序，包括：资产量化、成员界定、股权设置、股权管理、治理结构、主体地位获得、收益分配等。

（3）农村集体经济组织成员资格界定。了解农村集体经济组织成员资格界定的原则、标准、主要内容和程序；了解各省（区、市）、地（市）、县（市、区）制定出台的有关农村集体经济组织成员资格界定的地方性法规、政府规章和政策性文件的主要内容。

第四节 农村信息员的培训规范

一、培训对象

重点面向信息进村入户村级信息员、村组干部、大学生村官、农村经纪人、合作社带头人，以及有志从事农村信息工作的社会化服务人员。

二、培训目标

培训适应现代农业发展要求，熟练掌握村级信息服务专业知识和操作技能，能够适应现代村级信息服务站操作和管理要求的社会服务型职业农民。

三、培训内容

培训模块	内容模块
1. 农业信息服务基础知识	（1）农业信息化基础 （2）农业信息采集 （3）农业信息处理 （4）农业信息传播 （5）计算机基础知识

（续）

培训模块	内容模块
2. 农业信息服务基本技能	（1）村级信息员工作规范、业务流程 （2）村级信息服务站建设管理规范 （3）村级信息服务站工作系统应用
3. 农业信息服务支撑	（1）信息服务设施使用 （2）12316 系统使用 （3）农业信息服务应用 （4）涉农信息服务资源
4. 村级信息服务站市场经营技能	（1）村级信息服务站经营基本技能 （2）便民服务与市场化经营 （3）农村电子商务应用

四、培训要求

1. 农业信息服务基础知识

（1）农业信息化基础。了解农业信息化的发展历史、概念、内涵；了解国内外农业信息化发展现状和趋势；了解我国农业信息化发展现状和趋势。

（2）农业信息采集。了解农业信息采集的基本方法、技术和流程；了解农业统计基本知识；掌握村级信息员信息采集技术和方法。

（3）农业信息处理。了解农业信息处理的基本方法；学会常用信息处理软件的基本使用方法。

（4）农业信息传播。了解信息传播途径、形式及特点；了解农业信息传播的特点及发展现状；了解国内外农业信息传播的常用形式、手段和载体。

（5）计算机基础知识。掌握常用计算机基础知识。

2. 农业信息服务基本技能

（1）村级信息员工作规范、业务流程。掌握村级信息员工作职责和工作规范；掌握村级信息员开展农业生产经营、技术推广、政策法规、村务管理、权益保障及个人发展等信息服务，以及涉农信息采集和发布、信息技术和产品体验、生活服务、农产品营销、农资及生活用品代购、农村物流代办等便民服务的业务流程。

（2）村级信息服务站建设管理规范。了解村级信息服务站建设认定的

"六有"标准（有场所、有人员、有设备、有宽带、有网页、有可持续运营能力）；掌握村级信息服务站工作职责和服务内容、服务规范；了解村级信息服务站认定和管理考核办法。

（3）村级信息服务站工作系统应用。掌握村级信息服务站工作系统的使用方法；掌握信息采集、信息便民服务等软件系统的使用方法。

3. 农业信息服务支撑

（1）信息服务设施使用。掌握村级信息服务站设备设施的使用方法；掌握村级信息服务站常用设备设施一般故障的排除方法；掌握村级信息服务站设备设施日常管理和维护方法。

（2）12316 系统使用。掌握 12316 语音呼叫系统的使用方法、服务流程、服务规范，做到熟练使用，能够根据情况联络有关部门和专家，解决实际问题；掌握 12316 短彩信系统的使用方法，能够熟练收发 12316 短彩信，并根据实际情况实现短信的个性化发送；掌握 12316 视频服务系统使用方法，能够按照操作指南完成与专家视频连线。

（3）农业信息服务应用。学会常见 APP 的搜索、下载、安装方法；学会 IE、QQ、微信、电子邮件等常用网络应用的使用方法。

（4）涉农信息服务资源。了解政府部门、社会团体、企业的各种涉农信息服务资源的特点及开发服务现状；了解常用农业网站、基层农业部门机构设置及职责分工等信息。

4. 村级信息服务站市场经营技能

（1）村级信息服务站经营基本技能。了解网络银行、移动支付的方法和技术等。

（2）便民服务与市场化经营。学习便民服务与市场化经营基础知识、基本技能及优秀经验，如福建世纪之村、浙江嘉言民生等。

（3）农村电子商务应用。了解农村电子商务发展现状、模式及特点，学习典型应用案例，如淘宝地方馆、世纪商城电商平台、赶集网等。

第五节　农村经纪人的培训规范

一、培训对象

农村地区从事各种经纪活动的企业、组织与个人。主要包括农产品经纪人、农产品批发市场的经销商户、农民合作社专业经销人员、其他有志于农村经纪活动的农村青年及大专院校毕业生等。

二、培训目标

适应现代农业发展要求，熟练掌握经纪活动基本知识和技能，懂市场、善服务、勇担当、经纪行为规范的现代农村经纪人。

三、培训内容

培训模块	内容模块
1. 农村经纪人的基础知识	(1) 概念、分类及组织形式
	(2) 发展现状及趋势
	(3) 相关政策与法规
	(4) 综合素质要求
	(5) 资格认证、登记注册与监督管理
2. 经纪业务运作	(1) 经纪业务的运作流程
	(2) 调查研究技巧
	(3) 客户谈判与商务礼仪
	(4) 定价与促销
3. 农村经纪合同	(1) 经纪合同种类及法律特征
	(2) 农村经纪合同的订立程序
	(3) 常见农村经纪合同格式
	(4) 合同签订中的风险与防范
4. 财务会计	(1) 财务会计基础知识
	(2) 核算与结算
	(3) 财务审计常识
5. 农产品运销	(1) 农产品产销格局
	(2) 农产品流通渠道
	(3) 农产品物流配送
	(4) 农产品营销
6. 农产品电子商务	(1) 农产品电子商务发展状况
	(2) 农产品网络营销方式
	(3) 农产品电子商务网站建设

(续)

培训模块	内容模块
7. 农产品质量安全管理	（1）农产品质量安全意识与经纪人责任 （2）农产品质量检测检验知识 （3）农产品质量安全认证 （4）农产品质量安全溯源管理

四、培训要求

1. 农村经纪人的基础知识

（1）概念、分类及组织形式。了解农村经纪人的涵义、类型及农村经纪人的组织形式。

（2）发展现状及趋势。了解我国农村经纪人的发展现状及发展趋势，明确经纪人的未来，提高对农村经纪人的地位和作用的认识。

（3）相关政策与法规。学习了解农村经纪人发展的相关政策与法规，充分认识经纪活动的特殊性，坚守爱岗敬业、诚实守信，遵纪守法、办事公道，规范操作、保障安全，精通业务、讲究效益的职业道德规范；重点掌握经纪人在经纪活动中的权利与义务。

（4）综合素质要求。领会农村经纪人的综合素质要求，包括基本素质、基本知识、基本技能和社会责任等要求。

（5）资格认证、登记注册与监督管理。重点掌握经纪人的资格认证、登记注册与监督管理流程。

2. 经纪业务运作

（1）经纪业务的运作流程。重点掌握经纪活动的流程，包括接受委托，与委托方签订经纪人合同；根据委托方的具体要求以及合同规定，为委托方寻找买家，促成双方交易的成功，获取佣金等。

（2）调查研究技巧。重点学习调查研究的技巧，了解市场信息获取的途径及调查方法，包括实地市场调查、广播电视、报纸、互联网、会议、行业报告等渠道信息的获取；学会信息整理与分析，掌握简单的市场预测方法及正确运用市场信息促进产销衔接的知识技能。

（3）客户谈判与商务礼仪。重点掌握谈判技巧，包括谈判前的准备，如约见客户、时间地点的商定、氛围的营造等；谈判中的语言、倾听、沟通、讨价还价等技巧；谈判后的经验总结等。学习社交礼仪，掌握交际技巧。包括自我介绍、相互握手、赠送名片、赠送礼物、探访与接待、宴会与谈判座次安排的礼仪等。

（4）定价与促销。了解影响产品定价的主要因素，包括成本费用构成、竞争格局、供求关系、产品质量等；重点掌握常见的定价方法，包括随行就市法、成本加成定价法、目标利润定价法、差异定价法、声望定价法、尾数定价法等；重点学习开展促销活动的技巧，包括集市叫卖、上门推销、参加各种展览会、交易会、利用互联网营销、各种媒体的广告营销等。

3. 农村经纪合同

（1）经纪合同种类及法律特征。了解什么是合同，合同的主要条款有哪些。口头合同与书面合同的区别；重点了解委托合同、行纪合同的区别，明确两种合同对经纪人权利义务的不同规定。

（2）农村经纪合同的订立程序。重点掌握合同订立的相关知识，包括合同订立的程序、合同的效力、可变更和可撤销的合同、合同的履行、合同的变更转让和终止、违约责任等。

（3）常见农村经纪合同格式。结合经济合同示范文本的展示，重点了解常见农村经纪合同的格式。

（4）合同签订中的风险与防范。重点了解合同签订中的风险与防范措施。

4. 财务会计

（1）财务会计基础知识。重点掌握简单的会计科目、账户、记账方法、核算和结算等知识和方法。

（2）核算与结算。重点学会核算自己的经营成本、利润，提高自己的理财能力，同时为其他客户提供相应会计核算服务。

（3）财务审计常识。简单掌握财务审计的基本知识。

5. 农产品运销

（1）农产品产销格局。重点学习经济地理知识，了解主要农产品的产、销地分布概况、区域交通状况、物流方向等信息，把握我国主要农产品的产销格局；充分了解产销两端正在发生的变化，充分认识到新型产销对接模式、"互联网＋"对传统农产品流通模式的重构作用，把握我国农产品流通体系的变化趋势。

（2）农产品物流配送。重点掌握农产品流通加工知识，包括农产品流通加工的作用和主要方式等；认识农产品仓储和保管的作用，学习掌握农产品仓储和保管的知识、原则、常见方法和技术等；学习掌握农产品运输的相关知识，包括农产品的运输特点、运输方式、冷链物流方法等；了解农产品经纪人配送服务，包括农产品配送模式和农产品配送的一般流程等。

（3）农产品流通渠道。了解产地批发市场与销地批发市场的异同，认识经纪人在其中的不同作用；重点了解农超对接、农批对接、批超对接等不同渠道模式的特点及运行知识。

（4）农产品营销。重点掌握农产品营销品牌创建推广的知识技巧。

6. 农产品电子商务

（1）农产品电子商务发展状况。了解农产品电子商务的发展状况，分析农产品电子商务成功案例。

（2）农产品网络营销方式。重点学习掌握农产品网络营销的一般步骤和网络营销的模式选择等。

（3）农产品电子商务网站建设。领会创建农产品营销网站的相关知识，重点学习掌握线上线下相结合开展经纪业务的方法。

7. 农产品质量安全管理

（1）农产品质量安全意识与经纪人责任。重点认识农产品质量安全的重要性与经纪人的责任担当。

（2）农产品质量检测检验知识。重点掌握农产品质量安全法律制度、市场准入制度、农产品生产安全制度、农产品质量安全追溯制度、监管制度等，能够指导农户进行农产品安全生产。

（3）农产品质量安全认证。重点掌握绿色食品、无公害农产品、有机食品申报认定的条件与程序，掌握农产品地理标志认定程序，能进行绿色食品、无公害农产品、有机食品申报。

（4）农产品质量安全溯源管理。了解掌握农产品质量安全检测检验方法与操作流程；重点掌握农产品质量安全溯源管理的知识与技能。

第六节 农机营销员的培训规范

一、培训对象

重点面向县、乡镇农机经销公司、农机市场或农机服务组织中从事农业机械及其配件销售、租赁、采购、储存及售后服务等营销工作的人员，以及有志从事农机营销工作的社会化服务人员。

二、培训目标

培训适应现代农业发展要求，熟练掌握农业机械商品营销及运用专业知识和操作技能，能够适应现代农业机械化生产和营销管理要求的社会化服务型职业农民。

三、培训内容

培训模块	内容模块
1. 农机商品	(1) 售货服务基本规范 (2) 农机商品陈列 (3) 农机商品介绍 (4) 农机商品购置补贴政策 (5) 农机商品交付
2. 农机商品采购业务	(1) 农机商品市场调研 (2) 农机商品进货组织 (3) 农机商品质量鉴别
3. 农机商品库存管理	(1) 农机商品入库验收 (2) 农机商品储存保管 (3) 农机商品养护
4. 农机商品售后服务	(1) 农机商品操作使用培训 (2) 农机商品"三包"服务 (3) 农机商品客户跟踪与维修

四、培训要求

1. 农机商品销售业务

（1）售货服务基本规范。了解营销员职业道德、售货服务礼仪和消费者心理学等基本知识；熟练掌握和运用客户接待礼仪和用语，结合客户类型，熟练掌握促成售货服务的技巧。

（2）农机商品陈列。了解农机商品柜台陈列和场地陈列的形式及"整洁、美观、丰满、定位"等基本要求；掌握农机商品的外形特征和技术参数等信息，结合场地实际掌握农机商品合理布置与陈列的方法。

（3）农机商品介绍。了解常用农业机械整机及其配件的种类、用途和型号；了解农业机械常用燃料和润滑材料的性能和用途；熟练掌握和介绍所销售农机产品的种类、用途、商标、型号、性能参数和特征信息；掌握常用农机易损配件的通用互换性知识；熟练掌握长度、压力、功率等常用法定计量单位及换算。

（4）农机商品购置补贴政策。了解国家和区域农机购置补贴政策内容和要求；掌握所辖区域农机购置补贴政策操作程序和方法。

（5）农机商品交付。掌握计价、收款与货币鉴别等基本知识；熟练掌握售货业务凭证填写"真实完整、正确及时、规范清楚"等基本要求；掌握农机商品安装、调试、送货、收款、结算的行业特点，熟练填写商品收货单、商品销售单、销售发票、商品盘点表等各类业务凭证。

2. 农机商品采购业务

（1）农机商品市场调研。了解农机商品市场分析的原则和方法；掌握本地区农机商品市场调研重点和途径，定位农机商品市场采购业务。

（2）农机商品进货组织。了解农机商品的购进原则和要求，如"以销定进、勤进快销、以进促销、储存保销"等原则和按经营目录，选择进货单位，确保商品质量等购进要求；了解农机商品的货源选择方法和评判事项，如产品质量合格、售后服务及时和适销对路等内容；掌握农机商品进货计划的编制要领，掌握购销合同签订的要求和注意事项，如确定基本原则、关注主要条款等。

（3）农机商品质量鉴别。掌握农机商品质量鉴别的主要内容和方法，如商品标识、质量证明文件和实物鉴别等；掌握运用手、眼、耳等感官法鉴别农机商品的质量；掌握运用量检具或检测设备鉴别农机商品的质量。

3. 农机商品库存管理

（1）农机商品入库验收。熟练掌握农机商品入库验收的内容和重点，尤其是商品标识、三包凭证、随车工具、备件清单和说明书等；熟练掌握农机商品"进货检查验收制度和商品质量检查制度"，验收合格后入库方法，熟练办理相关验收手续。

（2）农机商品储存保管。了解农机商品储存方法和基本要求，如"分区分位、合理码垛"及"防湿潮、防锈蚀、防受压变形"等知识；了解农机库存商品"数量盘点、质量盘点、账货核对、账卡核对"的盘点主要内容和要求；掌握农机整机及其配件的储存保管要领；掌握农机商品"实地盘存制、永续盘存制"的库存盘点方法和要领。

（3）农机商品养护。了解拖拉机、联合收割机等主要农机具整机的养护要点和要求；了解农机配件中金属制品、橡胶制品和油料制品等的防护要点和要求；熟练掌握所营销的农机商品的养护方法和要领。

4. 农机商品售后服务

（1）农机商品操作使用培训。了解农机商品安全使用知识；掌握农机商品维护保养周期和保养要求；熟练掌握农机商品操作使用要领和安全注意事项，并能够示范培训；熟练掌握农机商品试运转、日常保养等要领和注意事项，并能够示范培训。

（2）农机商品"三包"服务。了解农机商品"三包"服务责任规定和政策要求；掌握农机"三包"零部件的代号和含义；了解农机商品"三包"期内常见故障类型，掌握故障诊断与排除要领和方法。

（3）农机商品客户跟踪与维修。了解农机商品客户技术指导和售后维修的意义和原则；掌握客户维修和质量异议的调解处理方法，建立客户信息档案，通过跟踪和维修实现增值服务，维持稳定的客户群。

第七节　农药经销员的培训规范

一、培训对象

重点面向农业社会化服务组织中从事农药营销和质量管控工作的人员，

以及有志从事农药营销和质量管控工作的农业社会化服务人员。

二、培训目标

培训适应现代农业发展要求，熟练掌握农药经销专业知识和操作技能，能适应现代农药采购、销售和管理要求的社会服务型职业农民。

三、培训内容

培训模块	内容模块
1. 农药进货	（1）当地农业生产病虫害情况 （2）农药品种选择 （3）农药产品选择 （4）农药质量基本知识 （5）农药贮存与保管
2. 农药摆放	（1）柜台摆放的农药原则 （2）柜台摆放农药的排序
3. 农药销售	（1）识别客户类型 （2）合理推荐产品 （3）介绍产品使用技术及注意事项 （4）做好售后服务
4. 纠纷处理	（1）收集纠纷信息 （2）调查纠纷产生原因 （3）采取补救措施降低损失 （4）收集保留证据 （5）依法维权
5. 运行与管理	（1）建立客户档案 （2）建立产品进销台账 （3）妥善处理废弃农药及包装物

四、培训要求

1. 农药进货

（1）当地农业生产病虫害情况。熟悉当地主要生产的农作物及其生产布局、基本耕作方式、病虫害发生情况、使用者主要使用的农药品种及防治方式、病虫害抗性发生情况；了解当地农民的农药应用水平。

（2）农药品种选择。熟悉主要农药品种的使用范围、方法和注意事项；根据当地病虫害发生及发展情况、用药习惯，掌握选取相应农药品种的方法。

（3）农药生产企业及产品选择。熟悉《中国农药信息网》等官方媒体，掌握查找合法农药产品的方法；根据所需要农药品种及其适用农作物、防治对象需求，掌握利用《农药登记公告》《中国农药信息网》等媒体查找符合条件的产品、生产企业的方法；了解全国农药生产企业基本情况，掌握选择农药生产企业及产品的基本方法。

（4）农药质量基本知识。熟悉农药质量基本知识，掌握什么是假农药、劣质农药；掌握验货的基本要求、手续；掌握如何简单识别假劣农药、如何查验农药产品质量。

（5）农药贮存与保管。掌握如何分类堆放农药；熟悉不同类型农药贮存条件与要求；掌握如何管理农药仓库；掌握高毒剧毒农药贮存与保管特殊规定。

2. 农药摆放

（1）柜台摆放农药的原则。熟悉一般农药、剧毒高毒农药柜台设立要求；掌握柜台农药的摆放原则。

（2）柜台摆放农药的排序。熟悉柜台中农药的排放次序，了解如何结合宣传画在柜台设立标识，吸引客户。

3. 农药销售

（1）识别客户类型。掌握客户分类，了解如何鉴别客户所属的类型。

（2）合理推荐产品。掌握如何判定病虫害，确定使用者的真正需求，熟悉推荐农药产品的基本原则；了解农药作用机理分类、农药抗性基本知识。了解如何合理轮换农药；掌握国家禁限用农药政策，掌握禁限用农药品种的具体禁限用范围，特别是在蔬菜、水果、茶叶、中草药材和卫生用药上等使用的农药品种；掌握所在地农药禁限用的特殊政策。

（3）介绍产品使用技术及注意事项。熟悉《农药标签和说明书管理规定》，了解如何掌握一种农药的基本特性，熟悉如何看懂农药产品标签内容。掌握如何结合标签、病虫害挂图等介绍产品使用技术和注意事项。掌握经营者向使用者销售农药时应承担的法律义务。了解经营者获取和履行法定义务的方法与技巧。

（4）做好售后服务：熟悉如何确定农药产品销售价格。熟悉如何出具农药销售凭证，记录使用者信息和购买农药产品情况。掌握如何跟踪了解客户使用农药产品情况，了解如何根据客户反馈信息提高农药应用水平技能。

4. 农药纠纷处理

（1）收集纠纷信息。了解纠纷主要种类、如何收集纠纷相关基本信息。

（2）调查纠纷产生原因。了解产生的主要原因；了解农药药害鉴定基本知识、鉴定程序与注意事项；了解纠纷发生后如何与农药生产企业、批发商、使用者沟通，如何向所在地农业部门报告。

（3）采取补救措施降低损失。了解补救措施分类及其主要特点；了解如何采取补救措施减少损失；了解如何测算、评估损失。

（4）收集保留证据。了解证据分类；了解何为合法证据；了解如何收集和保留证据，如取样、送样、委托检测。

（5）依法维权。了解纠纷处理主要方式方法；了解相关法律、法规规定；了解处理纠纷的基本技能。

5. 运营与管理

（1）建立客户档案。了解客户档案的基本内容、如何建立客户档案；了解如何利用客户档案做好农药经营。

（2）建立产品进销台账。掌握农药经营台账管理相关规定；掌握产品进销台账内容及如何建立；了解农药进销台账电子软件；了解农药可溯源管理基本知识。

（3）妥善处理废弃农药及包装物。了解农药废弃物及包装物危害基本知识；了解农药废弃物及包装物管理法律、法规规定；了解农药废弃物及包装物收理及分类方法；了解如何回收所销售的农药废弃包装物；了解如何避免产生过期农药；了解假劣农药、过期农药、农药废弃物及包装物处置方法。

第八节　兽药经销员的培训规范

一、培训对象

重点面向农业社会化服务组织中从事兽药营销和质量管控工作的人员，

以及有志从事兽药营销和质量管控工作的农业社会化服务人员。

二、培训目标

培训适应现代农业发展要求，熟练掌握兽药经销专业知识和操作技能，能适应现代兽药采购、销售和管理要求的社会服务型职业农民。

三、培训内容

培训模块	内容模块
1. 兽药基础知识	(1) 兽药法规知识 (2) 兽药的概念和分类
2. 兽药采购	(1) 兽药真伪识别 (2) 兽用生物制品、化学药品、中药制剂验收知识 (3) 中药材、中药饮片验收及养护知识
3. 兽药陈列与储存	(1) 陈列 (2) 储存
4. 兽药销售与运输	(1) 销售 (2) 运输
5. 质量管理	(1) 假劣兽药的判定 (2) 培训与记录

四、培训要求

1. 兽药基础知识

（1）兽药法规知识。了解《兽药管理条例》，按照《条例》要求办理相关手续后进行销售；熟悉《兽药经营质量管理规范》，能够按规范要求进行销售；熟悉《兽用处方药和非处方药管理办法》，能够区分处方药与非处方药，并按要求进行分类销售。

（2）兽药的概念和分类。了解兽药的定义和基本分类；掌握兽用生物制品的基本专业知识；掌握兽用化学药品基本专业知识；掌握兽用中药基本专业知识；掌握兽药标签和说明书中专业术语；掌握处方药与非处方药目录。

2. 兽药采购

（1）兽药真伪辨别。具备一定的兽药真伪识别能力，掌握兽药批准文号和生产批号编制规则，能够判定不符合编制规则的文号和批号；掌握不同种类兽药的内包装要求和特点，能够区分安瓿瓶、西林瓶、塑料瓶、玻璃瓶、聚氨酯袋、铝箔袋等包装材质；掌握兽药内、外包装基本要求，能够识别内、外包装破损是否影响产品质量；掌握固体、液体等不同形态兽药基本性状，能够根据性状特点入库分区存放。

（2）兽用生物制品、化学药品、中药制剂验收知识。掌握兽用生物制品、化学药品、中药制剂验收知识；了解供货单位资质材料要求，能够查看兽药生产许可证、兽药产品批准证明文件，对与进货单不符的拒绝采购；了解兽药标准和兽药产品说明书范本内容，能够对每批兽药的包装、标签、说明书、质量合格证等进行检查，不采购没有标识或者标识模糊不清的产品。

（3）中药材、中药饮片验收及养护知识。掌握中药材、中药饮片验收及养护知识；了解中药材的基本知识，能够正确核对产地、采收季节、药用部位等；了解中药材、饮片的养护知识，掌握防潮、防霉、防虫蛀技术，能对受潮、发霉、虫蛀等情况做出相应处理。

3. 兽药陈列与储存

（1）陈列。了解兽药的品种、类别、用途，掌握处方药、非处方药分区或分柜陈列方法。了解对温度、湿度和光照有特殊要求的兽药的陈列方法。了解易燃易爆等危险兽用药品的摆放和陈列要求。

（2）储存。了解一般兽用化学药品和兽用中药的储存知识；掌握有温度、湿度和光照等特殊要求的兽用化学药品和兽用中药的储存知识，在库储存的中药能够做到防潮、防霉、防虫蛀；了解国家关于毒、麻、精神药品保存规定。了解贵细中药材的保存要求；掌握兽用生物制品冷藏冷冻储存知识。了解易燃易爆等危险兽用药品的储存知识；掌握兽药分库储存原则与要求，能够分门别类按要求分区、分库存放；掌握兽药在库储存登记记录的方法，能够对出入库状态和设备和设施运行状态做好记录。

4. 兽药销售与运输

（1）销售。了解市场营销、商务礼仪知识，能够礼貌接待顾客。掌握兽药基本知识，能正确识读理解兽药标签、说明书内容。掌握兽医基本知识，能解释兽药的功能、主治，作用与用途，用法与用量的含义。掌握一般兽药销售原则，能够判定不能销售的情形，提出处理措施；掌握兽用处方药与非处方药销售原则，能够按照兽用处方药管理规定进行销售。掌握兽用中药材、中药饮片销售原则，能够按照兽用中药材管理规定进行销售；了解不良反应、质量事故、质量投诉和质量纠纷的概念，能够根据不同的情形做出相应处理决定。对于假、劣兽药和严重不良反应按要求及时向当地兽医行政管理部门报告。掌握填写销售记录的方法，能够按要求填写销售记录。

（2）运输。掌握兽用生物制品运输的冷链要求，能按要求配备相应的运输设备。掌握易燃易爆等危险兽药的运输要求，能按要求进行搬运。

5. 质量管理

（1）假劣兽药的判定。掌握兽药质量管理知识，能够根据标签、说明书的内容和兽药眼观性状、外包装等初步判断假劣兽药；熟悉兽药监督管理法律规章，能及时了解农业农村部兽药抽检结果，能够对照抽检结果检查在库兽药产品，对检查出的假劣兽药做适当处理；了解经营所在地兽药质量检验监察体系，对于有质量怀疑的兽药能够及时委托兽药检验机构进行检验，能根据报告结论决定是否进行销售。

（2）培训与记录。学习兽药质量管理知识，参加相关兽药质量监管的必要培训。掌握兽药质量追溯知识，能够对兽药采购、验收、入库、储存、销售和出库进行记录，记录符合要求；了解兽药质量管理档案要求，能够将各类记录、凭证等归档管理。

第九节　肥料配方员的培训规范

一、培训对象

重点面向规模化种植业从业人员、农业社会化服务组织和农民合作社中从事土壤改良与耕地地力评价、科学施肥、肥料应用及效果评价等工作的人员，以及有志从事土壤改良剂、肥料等相关农资产品经营、土壤改良与耕地地力评价以及科学施肥技术推广等相关社会化服务工作的人员。

二、培训目标

培训适应现代农业发展要求，熟练掌握耕地土壤改良、耕地地力评价、科学施肥、肥料应用及效果评价等专业知识和操作技能，能够适应现代农业对耕地土壤保护与改良、科学施肥、肥料应用及效果评价等方面要求的专业服务型职业农民。

三、培训内容

培训模块	内容模块
1. 土壤基础知识	（1）土壤形成与组成 （2）土壤基本性质 （3）土壤肥力知识
2. 肥料基础知识	（1）土壤养分与化肥 （2）有机肥 （3）新型肥料
3. 关键生产技术	（1）配方施肥 （2）地力评价 （3）中低产田改良 （4）水肥一体化 （5）土壤污染防治
4. 质量控制	（1）肥料质量检测 （2）肥料贮藏运输 （3）有机农产品施肥

四、培训要求

1. 土壤基础知识

（1）土壤形成与组成。了解土壤形成的自然环境条件、耕地土壤剖面层次、人类活动对土壤肥力的发展影响；重点是学会提高农业生产土壤条件的方法；了解组成土壤的物质形态、土壤矿物质、土壤微生物对土壤肥力的作用；知道土壤有机质矿化过程和腐殖化过程、土壤有机质与土壤肥力的关系；了解土壤胶体的概念和类型、土壤胶体与土壤肥力的关系。培训中需要实操训练的是：当地主要成土矿物、岩石和母质的识别，当地主要土壤类型调查方法，挖耕地耕层土壤剖面和判读耕层土壤剖面的方法，土壤样品的采集和处理。

（2）土壤基本性质。知道土壤的保肥性和供肥性能，重点是学会土壤保肥性和供肥性能的调节办法；知道土壤酸碱性的概念和分级、土壤酸碱性与作物生长的关系；重点是学会调节土壤酸碱性的方法；了解土壤密度、土壤容重和孔度的概念和在生产上的意义；了解土壤结构类型和特征、团粒结构形成的条件、土壤耕性的主要类型和特点；知道深翻、浅耕、深松耕、少耕和免耕法。培训中需要实操训练的是：测土壤酸碱度，测土壤容重（环刀法），判读耕层土壤质地。

（3）土壤肥力知识。知道主要的土壤肥力因素；了解土壤水分的类型和运动规律，知道土壤持水量的表示方法，知道田间持水量和萎蔫系数概念，重点是学会土壤墒情判断方法和保墒措施，知道农田灌溉要注意的问题；知道土壤通气性和土壤氧化还原状况，难点是掌握调节土壤通气状况的方法；了解影响土壤温度变化的因素，重点是学会调节土壤温度的措施；知道土壤养分的种类、数量和存在状态，知道土壤中含氮有机物的转化，氨化、硝化和反硝化作用及其与农业生产的关系，土壤中磷的固定和转化，土壤中钾的转化；重点是学会土壤各肥力因素的调节，难点是掌握高肥力土壤特征和土壤培肥主要措施。培训中需要实操训练的是：土壤含水量测定，田间持水量测定，土壤有机质测定，土壤中盐分的测定。

2. 肥料基础知识

（1）土壤养分与化肥。了解作物生育必需的营养元素，化学肥料的主要种类和特点；了解土壤氮的来源和去向，知道常用氮肥的种类、性质和施用特点；难点是掌握提高氮肥利用率的措施。了解作物体内磷的含量和分布，重点是学会判断作物缺磷和磷过多的症状，知道常用磷肥的种类、性质和施用方法；重点是学会提高磷肥利用率方法。了解作物体内钾的含量和分布特点；知道常用钾肥的种类、性质和施用方法；难点是掌握钾肥的合理施用方法。了解土壤中的中量元素（硅、硫、镁）和微量元素（锌、硼、钼、锰、铜）的作用，知道土壤中的中微量元素缺素症状主要特点；重点是学会常见的中微量元素肥料的施用方法。知道复混肥料的概念和特点、常见复混肥种类，重点是学会复混肥的施用方法。培训中需要实操训练的是：土壤含盐量测定，土壤中全量氮、碱解氮、速效磷和速效钾的测定；过磷酸钙中有效磷和游离酸的测定，碳酸氢铵中含氮量的测定。

（2）有机肥。知道有机肥料的概念和作用，了解有机肥的主要种类和特点；知道粪尿肥的成分和性质，重点是学会厩肥的堆积方法，知道人粪尿肥的成分、性质和贮存管理，重点是学会粪尿肥的施用方法；知道作物秸秆主要成分，重点是学会利用作物秸秆堆肥；知道沤肥的方法；了解沼气池肥的特点和施用技术；了解秸秆直接还田的作用，知道秸秆直接还田的方法和相关技术问题；了解绿肥的作用和主要种类，知道绿肥的合理利用技术；了解土杂肥成分和作用，知道垃圾、污水、污泥等作为肥料的作用和施用限制条件；了解市场上常见生物肥料的种类、作用、贮存条件和施用方法。培训中需要实操训练的是：有机肥料样品的采集、制备和水分、粗有机质含量和活性有机碳的测定，高温堆肥的堆制管理；当地主要绿肥品种的识别和形态观察记载。

（3）新型肥料。知道市场上常见的新型肥料（腐殖酸肥、氨基酸肥、缓控释肥、微生物肥料、商品化有机肥、功能性肥料等）种类和定义，了解各种常见新型肥料作用，知道各种常见新型肥料的施用方法和施用注意事项。培训中需要实操训练的是：缓释肥种肥同播技术、根瘤菌剂的使用方法。

3. 关键生产技术

（1）配方施肥。知道测土配方施肥技术的概念和操作主要步骤，重点是学会采集土样的方法，难点是掌握测定的土样理化性状指标的含义；知道肥料用量试验、肥料三要素试验、缺素试验和"3414"肥效试验的原理，重点是学会肥料用量试验、肥料三要素试验、缺素试验和"3414"肥料试验小区的布设方法和原则，难点是掌握肥料用量试验、肥料三要素试验、缺素试验和"3414"肥料试验得出的各项数据的实际意义，知道利用各项数据求得特定产量下的施用数量和比例。重点是学会作物营养诊断的基本原理和操作方法。难点是掌握根据配方肥配方计算所需单质氮磷钾肥的数量。培训中需要实操训练的是：肥料结构调查，作物高产或特种经济作物施肥技术调查，配方施肥技术调查，肥料用量试验、肥料三要素试验、缺素试验和"3414"肥效试验的设计，作物营养诊断方法，肥料配方的制定。

（2）地力评价。了解耕地地力评价的内容和重要性，知道耕地地力评价需要的主要指标含义和测定方法，难点是掌握当地耕地地力评价的方法和技术要点。培训中需要实操训练的是：高产土壤肥力特征调查，中低产田土壤改良利用调查，土壤障碍因素与作物缺素症状的调查，根据要求和给定指标评价给定地块的耕地地力等级。

（3）中低产田改良。知道秸秆腐熟还田技术的概念，重点是学会秸秆还田技术要点，重点是学会腐熟剂应用技术要点，知道秸秆腐熟还田技术适宜区域和注意事项。知道绿肥种植技术的概念，重点是学会适合本地区需要的绿肥作物特点、种植技术和收获还田技术。了解中低产田的概念，知道酸性土、碱性土的指标，难点是掌握当地主要中低产田类型和改良技术要求。培训中需要实操训练的是：秸秆腐熟剂的使用方法，秸秆机械化还田技术，绿肥种植技术，绿肥收获还田技术要点，中低产田改良技术。

（4）水肥一体化。了解微灌施肥系统的选择，重点是学会制定微灌施肥方案，难点是掌握灌溉制度的确定、施肥制度的确定和微灌系统专用肥料的选择，知道根据气候、作物长势等，制定相应的灌溉施肥方案，水肥一体化技术配套的田间管理技术。培训中需要实操训练的是：灌溉水中可溶性盐的测定，水肥一体化灌溉制度的确定、施肥制度的确定，微灌系统专用肥料的选择。

（5）土壤污染防治。了解常见土壤污染的评价方法和相关标准，知道有机肥和化肥产品标准对污染物的限制指标，知道常见土壤污染的主要类型（主要是重金属和有害有机物污染）和污染物的主要成分和来源，知道常见土壤污染对农作物和人体的危害，难点是掌握当地主要土壤污染类型的判断和防治技术要点。培训中需要实操训练的是：当地主要土壤污染类型的判断和防治技术要点。

4. 质量控制与管理

（1）肥料质量检测。了解氮、磷、钾等肥料及混配肥料质量标准，知道氮、磷、钾等肥料检测仪器使用知识，重点是学会氮、磷、钾等肥料及混配肥料化学分析的主要养分指标，难点是掌握根据化验结果和相关肥料标准判定氮、磷、钾等肥料及混配肥料的质量。培训中需要实操训练的是：氮、磷、钾等肥料及混配肥料化学分析主要养分指标。

（2）肥料贮藏运输。知道氮、磷、钾等肥料贮藏、运输知识，重点是学会氮、磷、钾等肥料的安全贮藏和安全运输的技术要点。培训中需要实操训练的是：常见肥料品种在贮藏、运输过程中易发生的问题和解决方法。

（3）有机农产品施肥。了解有机食品、绿色食品、无公害农产品的概念，知道有机食品、绿色食品、无公害农产品生产中相关的质量标准，重点是学会有机食品、绿色食品、无公害农产品生产中肥料的选择，难点是掌握有机食品、绿色食品、无公害农产品生产中的肥料的使用方法。培训中需要实操训练的是：区分能用于有机食品、绿色食品、无公害农产品等标准的肥料品种和相关指标。

第十节　沼气生产工的培训规范

一、培训对象

主要面向从事农村户用沼气池建设施工、设备设施安装、质量检验和启动调试等工作的人员，以及有志从事沼气生产的农业劳动力等。

二、培训目标

培训适应现代农业发展要求，熟练掌握农村户用沼气池发酵工艺、施工技能和启动调试等专业技能知识，能够适应各类户用沼气建设要求的专业服务型职业农民。

三、培训内容

培训模块	内容模块
1. 沼气发酵基础知识	（1）沼气发酵概念与特性 （2）沼气发酵基本条件 （3）沼气发酵工艺流程 （4）水压式户用沼气池结构及工作原理

（续）

培训模块	内容模块
2. 材料与建筑基础知识	（1）建筑材料种类及特性 （2）施工测量基础知识 （3）建筑工程常识
3. 沼气池体及工程的建设施工	（1）户用沼气池基础及现浇池体 （2）商品化沼气池组装及施工 （3）沼气池增温保温设施施工
4. 沼气用具及设备安装	（1）沼气净化、贮存及输配设施安装 （2）沼气燃烧器具种类特性及安装 （3）各种工艺管道、管件和阀门的安装
5. 沼气发酵系统启动调试	（1）沼气发酵系统试压试水 （2）选取接种物并驯化富集 （3）发酵原料预处理及投料 （4）封池及发酵产气 （5）放火试气与故障检查
6. 沼气池日常管理与安全	（1）沼气池日常管理 （2）沼气系统操作安全

四、培训要求

1. 沼气发酵基础知识

（1）沼气发酵概念与特性。了解沼气发酵的具体含义；了解沼气、沼渣、沼液的主要成分和特性。

（2）沼气发酵基本条件。了解沼气发酵过程三阶段（水解、产酸和产甲烷）的特点和作用；了解沼气发酵微生物对温度、pH、厌氧条件等环境因素的基本要求，认识沼气池密封性能对沼气发酵的重要意义；了解搅拌对沼气发酵过程的影响及常用的搅拌方法；了解沼气发酵时毒性物质的允许浓度。

（3）沼气发酵工艺流程。了解沼气发酵工艺的基本流程，其中包括：原料收集、原料预处理、进料、厌氧发酵、沼气净化与利用、出料后的沼肥处置与利用等；了解连续、半连续和序批式沼气发酵工艺的特点。

（4）水压式户用沼气池结构及工作原理。了解水压式沼气池的基本结构，并掌握其工作原理。

2. 材料与建筑基础知识

（1）建筑材料种类及特性。了解建筑材料砖、水泥、石子、砂子、钢筋、混凝土、砂浆、密封涂料、保温材料等的特性及型号；能根据施工需求，正确选择合格的建筑材料进行施工；重点掌握混凝土、砂浆的调配方法及施工技能；掌握密封涂料的调配方法。

（2）施工测量基础知识。掌握施工测量仪器和工具的使用方法；熟练掌握建筑物的平面定位、新建筑物标高的测定、打龙门板桩、放线的施工技能。

（3）建筑施工常识。了解砖墙、砖柱的构造，熟练掌握砌墙、砌柱、粉刷及防水层五层施工法的施工技能。

3. 沼气池体及工程的建设施工

（1）户用沼气池基础及现浇池体。熟练掌握砖混结构户用沼气池的施工技能，具体包括户用沼气池的选址、放线、挖坑、地基处理、现浇池底、砌筑池墙、池顶单砖漂拱等施工技能；掌握混凝土整体现浇建池法，包括现浇池底、组装模板、浇筑池墙和池底的施工技能。

（2）商品化沼气池组装及施工。掌握商品化沼气池组装与密封的施工技能，能在施工现场技术人员的指导下完成池体施工任务；掌握商品化沼气池安装质量检验的方法和技能。

（3）沼气池增温保温设施施工。能根据保温型太阳能温室、保温型日光温室以及保温型简易温棚的施工图纸，制定施工方案，掌握这些增温保温设施的地面、墙体、顶面的施工技能。

4. 沼气用具及设备安装

（1）沼气净化、贮存及输配设施安装。了解手动排水集水器和自动排水集水器的结构特征，掌握集水器的安装及定期排水技能。了解沼气脱硫器的内部结构，掌握脱硫器的安装方法；学会脱硫剂的再生及更换方法；掌握脱硫器日常使用注意事项。掌握沼气流量计的安装方法及日常注意事项。

（2）沼气燃烧器具种类特性及安装。了解沼气灶、沼气灯、沼气热水器等沼气燃烧器具的结构特征，掌握它们的安装要领以及日常使用注意事项。

（3）各种工艺管道、管件和阀门的安装。了解金属管（双面镀锌钢管、碳钢管等）、硬塑料管（PVC 管、PPR 管、PE 管）的性能和连接方法（承插式、螺纹、法兰和焊接连接）；熟练掌握各类管件的（弯头、法兰、三通管、四通管、异径管等）安装技能；掌握室内沼气管道的安装步骤和操作方法；掌握室外沼气管道的布设与施工方法；了解各种阀门的结构特征，熟练掌握阀门的安装技能。

5. 沼气发酵系统启动调试

（1）沼气发酵系统试压试水。熟练掌握沼气发酵装置密封性能检验的方法，其中包括直观检验法、水试压法、气试压法。

（2）选取接种物并驯化富集。了解接种污泥的来源，掌握不同来源接种污泥的驯化富集方法及合适的投加比例。

（3）发酵原料预处理及投料。熟练掌握畜禽粪便类原料及秸秆类原料的预处理方法；熟练掌握沼气系统启动时接种污泥、发酵原料和水的配料比例，以及粪草混合发酵时的粪草配比；掌握发酵料液 pH 的检测方法。

（4）封池及发酵产气。掌握沼气池封池操作要点；了解提高发酵温度和保持温度稳定对发酵产气的作用。

（5）放气试火与故障检查。熟练掌握放气试火的操作技能；掌握启动失败或产气效果差等故障的诊断方法并能予以相应处理。

6. 沼气池日常管理与操作安全

（1）沼气池日常管理。掌握沼气池日常进料间隔、进出料顺序、大换料时间的选择及大换料操作要点；掌握沼气池日常搅拌的操作要求和方法；掌握 pH 测试和调节的方法。

（2）沼气系统操作安全。认识沼气系统操作安全的重要性；掌握沼气开关和管路漏气的处理方法和注意事项；掌握沼气池维修时的安全操作程序；掌握沼气池维修人员因操作不当中毒时的正确施救方法。

第十一节 沼气物管员的培训规范

一、培训对象

主要面向从事户用沼气池运行操作、设备维护、技术指导及生产经营管理的人员，以及有志从事沼气维护管理的农业劳动力等。

二、培训目标

培训适应现代农业发展要求，熟练掌握农村户用沼气池发酵工艺、相关装置设备维修维护、系统运行管理操作和生产经营等技术知识和技能，能够适应现代农村户用沼气发酵系统运行管理操作要求的专业服务型职业农民。

三、培训内容

培训模块	内容模块
1. 沼气发酵基础知识	（1）沼气发酵概念与特性 （2）沼气发酵基本条件 （3）沼气发酵工艺流程
2. 沼气池运行维护	（1）原料预处理方法 （2）配料启动 （3）运行管理
3. 沼气输配系统维护	（1）沼气输配管路维护 （2）沼气脱硫器和脱水器维护
4. 沼气用具使用维护	（1）沼气灶具使用维护 （2）沼气饭煲使用维护 （3）沼气热水器使用维护 （4）沼气灯使用维护
5. 沼气发酵配套设备运行维护	（1）加热设施运行维护 （2）搅拌设备使用维护 （3）进出料设备使用维护
6. 沼液沼渣综合利用	（1）沼液综合利用技术 （2）沼渣综合利用技术
7. 沼气系统操作安全与故障排除	（1）沼气系统操作安全 （2）沼气系统故障诊断与排除

四、培训要求

1. 沼气发酵基础知识

（1）沼气发酵的概念与特性。了解沼气发酵的具体含义；了解沼气、沼渣、沼液的主要成分和特性。

（2）沼气发酵基本条件。了解沼气发酵过程三阶段（水解、产酸和产甲烷）的特点和作用。了解沼气发酵微生物对温度、pH、厌氧条件等环境因素的基本要求，认识沼气池密封性能对沼气发酵的重要意义。了解搅拌对沼气发酵过程的影响及常用的搅拌方法。了解沼气发酵时毒性物质的允许浓度。

（3）沼气发酵工艺流程及常见工艺类型。了解沼气发酵工艺的基本流程，其中包括：原料收集、原料预处理、进料、厌氧发酵、沼气净化与利用、出料后的沼肥处置与利用等。了解连续、半连续和序批式沼气发酵工艺的特点。

2. 沼气池运行维护方法

（1）原料预处理方法。掌握养殖粪污预处理方法，如格栅清杂、沉沙除渣、温度调节、堆沤等；掌握公厕粪污预处理方法，如格栅清杂、重力沉沙调节等；掌握蔬菜生产废弃物预处理方法，如除杂及粉碎、酸碱液浸泡、堆沤、添加菌剂等；掌握秸秆原料预处理方法，如粉碎、酸碱液浸泡、堆沤、添加菌剂等。

（2）配料启动。了解畜禽粪便、农作物秸秆、蔬菜生产废弃物等物料沼气发酵特性及产气潜力；了解沼气发酵原料适宜的碳氮比范围，并掌握根据碳氮比要求进行不同原料混配的方法；了解沼气池启动过程接种活性污泥、原料和水的配比要求，并熟练掌握接种活性污泥驯化方法；了解启动过程对发酵料液浓度的要求，并掌握浓度调配的基本方法；了解对沼气发酵存在抑制作用的物质及其控制措施。

（3）运行管理。了解根据季节变化对发酵料液浓度进行调节的要求；掌握进出物料顺序、进料间隔、搅拌频次，以保证沼气池产气稳定；了解沼气发酵最适宜的 pH 范围，掌握 pH 超出适宜范围时的调整方法；理解发酵温度对稳定和提高沼气池产气率的重要意义；掌握沼气池越冬期间常用的增温和保温方法。

3. 沼气输配系统维护方法

（1）沼气输配管路的维护方法。了解沼气输气管道使用的聚乙烯（PE）硬管、聚氯乙烯（PVC）硬管、铝塑复合管、聚氯乙烯软管的特性，掌握管材与阀门（闸阀、截止阀、球阀、止回阀、安全阀）连接的方法；掌握 GB 7636 - 87 和 GB 7637 - 87 对沼气输配管路的设计安装方法；掌握输气管路漏气的检测与维修方法。

（2）沼气脱硫器和脱水器的维护方法。了解沼气脱硫器的构造及工作原理；了解脱硫剂更换的时间要求；熟练掌握脱硫剂更换的操作步骤和脱硫剂再生的操作方法；了解沼气脱水器定期检查的要求，掌握脱水器排水的方法。

4. 沼气用具使用维护方法

（1）沼气灶具使用维护方法。掌握根据 GB/T 3606 - 2001 的相关要求选择质量合格沼气灶的方法；掌握灶前压力调节方法；掌握利用调风板调控沼气灶空气进量、适宜的铁锅圈和锅支架选取等方法。

（2）沼气饭煲使用维护方法。熟悉沼气饭煲的构造，并掌握其正确安装、使用、维护和检修的方法。

（3）沼气热水器运行维护技术。掌握沼气热水器的构造，并掌握其正确安装、使用、维护和检修的方法。

（4）沼气灯运行维护技术。掌握沼气灯的构造，并掌握其正确安装、使用、维护和检修的方法。

5. 沼气发酵配套设备运行维护方法

（1）保温设施运行维护方法。了解保温设施的构造及工作原理，掌握保温设施日常运行维护的方法；掌握搅拌设备使用维护方法；熟悉搅拌工作原理，掌握搅拌频次及运行维护方法。

（2）进出料设备使用维护方法。了解进料粉碎设备、出料潜污泵的构造，掌握这些设备运行维护的方法。

6. 沼液沼渣综合利用技术

（1）沼液综合技术。了解沼肥的主要特性及沼液深度处理等知识，掌握沼液无土栽培操作技能；掌握沼液农田施用操作方法；熟悉沼液养鱼相关知识，掌握沼液养鱼操作技能，具体包括：池塘养鱼、鳝鱼养殖、泥鳅养殖的方法。

（2）沼渣综合技术。了解沼气发酵残留物综合利用知识，掌握沼渣栽培蘑菇、平菇、灵芝的操作技能；掌握沼渣农田施用操作技术，并能控制好沼肥的使用量；掌握沼渣有机肥配肥技术，并能控制好沼渣有机肥的使用量。

7. 沼气系统操作安全与故障排除

（1）沼气系统操作安全。认识沼气系统操作安全的重要性；掌握沼气开关和管路漏气的处理方法和注意事项；掌握沼气池维修时的安全操作程序；掌握沼气池维修人员因操作不当中毒时的正确施救方法。

（2）沼气系统故障诊断与排除。结合影响沼气发酵的主要条件，学习掌握导致沼气池产气量下降或所产气体质量下降的主要原因；了解沼气发酵料液产生酸化的主要原因及避免酸化的方法；掌握沼气发酵酸化现象的表象判断方法及利用 pH 试纸或 pH 测定仪检测的方法；掌握发酵液酸化后常用的调节方法；了解沼气中甲烷含量变化对沼气燃烧性能的影响，掌握利用沼气分析仪测量沼气成分的方法；掌握提高沼气甲烷含量的常用方法；掌握沼气输配系统出现漏气、压力下降等故障的诊断方法，并了解维修注意事项。

第十二节 农业机械操作人员的培训规范

一、培训对象

重点面向农机合作社、农机作业服务公司、农机大户、家庭农场等组织中从事拖拉机、联合收割机、水稻插秧机、挖掘机以及设施农业机械装备等农业机械操作服务的人员，以及有志从事农业机械操作的农业劳动力等。

二、培训目标

培训适应现代农业发展要求，具有较高职业素质，熟练掌握农业机械操作与使用维护等专业知识和操作技能，能够适应现代农业机械化生产与作业服务管理要求的专业服务型职业农民。

三、培训内容

培训模块	内容模块
1. 职业道德与基础知识	（1）职业道德与职业守则
	（2）农业机械安全法规知识
	（3）农业机械基础知识
	（4）农业机械常用油料知识

（续）

培训模块	内容模块
2. 农业机械驾驶与运输转移操作	（1）农业机械性能参数 （2）驾驶操作相关机构功用 （3）农业机械启动前检查 （4）农业机械道路驾驶或运输、转移操作
3. 农业机械作业操作	（1）作业前准备 （2）试作业及作业质量检查 （3）农田或设施作业
4. 农业机械维护保养	（1）磨合试运转 （2）技术维护和保养 （3）入库停放和保管 （4）简单易损件更换
5. 农业机械故障诊断与排除	（1）故障排除基本原则和方法 （2）运转异常故障诊断与排除 （3）作业质量不达标故障诊断和排除
6. 农机化作业服务管理	（1）农业机械化新技术 （2）农业机械化节能减排技术 （3）农业机械选购配套和作业成本核算

四、培训要求

1. 职业道德与基础知识

（1）职业道德与职业守则。了解职业道德含义和要求；了解农业机械操作人员职业特征和素质要求；重点掌握农业机械操作人员职业守则内容和要求。

（2）农业机械安全法规知识。了解《农业机械化促进法》中有关农业机械使用推广和安全监理等内容；了解《道路交通安全法》及实施条例中有关车辆、驾驶人、道路通行规定及法律责任和有关交通事故处理等内容；重点掌握《农业机械安全监督管理条例》中有关使用操作和事故处理等规定；重点掌握农业机械牌证登记、驾驶证管理和跨区作业管理等规定；重点掌握《农业机械安全运行技术条件》标准的相关要求。

（3）农业机械基础知识。了解农业机械的基本分类和用途；重点掌握农业机械常用长度、力、功率、压强、面积等法定计量单位及换算知识；了解带传动、链传动、齿轮传动等机械传动的种类、特点和工作原理；重点掌握带传动、链传动的传动比计算和张紧度检查、调整。

（4）农业机械常用油料知识。重点掌握农业机械常用的燃油、润滑油、液压油的种类、牌号、性能；重点掌握选用农业机械常用燃油、润滑油、液压油等；重点掌握农业机械常用油料的净化措施。

2. 农业机械的驾驶与运输转移操作

（1）农业机械性能参数。了解拖拉机、联合收割机等不同类型农业机械的主要性能参数、功能和驾驶操作方面的差异。

（2）驾驶操作相关机构功用。重点掌握农业机械主要部件或系统的构造、功能和工作过程；包括发动机、底盘（传动系统、转向系统、制动系统和行走系统）、电器系统、液压系统和配套机具等部件或系统；重点掌握农业机械各操作手柄、踏板、仪表等的功能、位置和使用操作方法及安全驾驶操作的注意事项。

（3）农业机械启动前检查。重点掌握农业机械启动前绕机检查的主要内容、要求和方法；重点掌握农业机械启动前的油、水、电、气、安全距离等启动前检查的内容、要求和方法。

（4）农业机械道路驾驶或运输、转移操作。了解农业机械和配套农机具间的主要挂接方式和要求；重点掌握拖拉机和配套农机具或挂车间挂接操作要领；重点掌握履带式拖拉机、联合收割机、挖掘机等农业机械道路运输转移时上下平板车的驾驶操作要领和安全注意事项；重点掌握农业机械作业期间田间转移的驾驶操作要领和安全注意事项；掌握农业机械启动、起步、转弯、调头、停车等道路驾驶和场地驾驶操作技能；重点掌握农业机械道路驾驶事故等应急处理要求。

3. 农业机械作业操作

（1）作业前准备。做好田块、作物和农业机械的作业前准备；了解待作业田块位置、形状和农作物长势、成熟度等农艺条件对农业机械化作业的影响；重点掌握结合农艺要求和农机特点进行农业机械技术状态调整和田块、道路等作业准备的要求。

（2）试作业及作业质量检查。了解不同作业项目的作业质量标准要求和检查方法；了解不同农田作业项目的农业机械试作业方法；重点掌握根据环境条件、农艺要求和农业机械特点，进行农业机械作业前的调整方法。

（3）农田或设施作业。重点掌握农业机械耕整地作业，播种施肥或栽植作业，中耕、除草或植保等田间管理作业，以及联合收获作业等机械操作和作业中调整要领；重点掌握农业机械进行排灌、脱粒等固定作业或设施装备机械作业技能和安全注意事项；掌握农业机械作业量的计算方法，会填写作业工作日记。

4. 农业机械技术维护

（1）磨合试运转。重点掌握主要农业机械的磨合试运转目的、规范和试运转后的保养方法。

（2）技术维护和保养。了解农业机械技术保养的目的、内容、周期和方法；了解农业机械主机"三不漏、四净、一完好"，配套机具"五不、三灵活、一完好"等技术状态完好的标准；重点掌握主要农业机械清洁、润滑、添加、紧固、检查调整等技术保养项目的操作要领和技术要求。

（3）入库停放和保管。了解农业机械的清洁、分区等入库停放要求；了解农业机械润滑密封，松弛皮带、履带和液压机构，以及防火、防冻、防锈等安全防护与保管要求。

（4）简单易损件更换。重点掌握主要农业机械易损件（如传动皮带、链条、旋耕刀、割刀、拨禾齿等）的更换方法。

5. 农业机械故障诊断与排除

（1）故障与排除基本原则和方法。了解农业机械故障的主要表现形态与产生原因，故障分析的原则和常用的听、看、嗅、触摸及测量等检查方法。

（2）运转异常故障诊断与排除。重点掌握农业机械熄火、跑偏、冒黑烟、动力不足、皮带打滑、喇叭不响等常见机械运转异常故障的现象、原因和排除方法。

（3）作业质量不达标故障诊断和排除。重点掌握农业机械作业中常见的漏耕、漏播、深翻整地不平、漏插秧、伤秧、漂秧、栽插秧过深及收获作物堵塞、脱粒不净、清选含杂率高等作业质量不达标的现象、原因和排除方法。

6. 农机化作业服务管理

（1）农业机械化新技术。了解当地农业机械化的特点和综合水平；掌握重点推广的农业机械化新技术、新机具类型、特征和实施效果，以及作业推广应用的前景。

（2）农业机械化节能减排技术。了解农用柴油机喷油泵调校等农机维修节油技术；了解精量播种、节水灌溉、减少化肥施用和控施农药、秸秆综合处理等农业机械化节能减排技术。

（3）农业机械选购配套和作业成本核算。了解农业机械主机和配套农机具的动力与效率等配套比知识；掌握拖拉机与配套机组等选购和配套技巧，掌握农业机械化提高生产效率和降低作业成本的措施。

第十三节 农业机械维修人员的培训规范

一、培训对象

重点面向农机维修厂点、农机合作社、农机生产经销服务公司、农机大户、家庭农场等组织中从事农业机械维修服务的人员，以及有志于从事农业机械维修的农业劳动力等。

二、培训目标

培训适应现代农业发展要求，具有较高职业素质，熟练掌握农业机械维护保养与修理等专业知识和操作技能，能够适应现代农业机械化生产与维修服务管理要求的专业服务型职业农民。

三、培训内容

培训模块	内容模块
1. 职业道德与基础知识	（1）职业道德与职业守则 （2）法律法规及安全环保知识 （3）常用维修工具、设备和量检具使用方法 （4）农业机械常用材料 （5）农业机械产品种类 （6）机械加工基础 （7）电工基础 （8）焊工基础及粘补知识

（续）

培训模块	内容模块
2. 故障诊断与排除	（1）故障检查方法与诊断原则 （2）拖拉机常见故障诊断与排除 （3）耕整地机械常见故障诊断与排除 （4）种植施肥机械常见故障诊断与排除 （5）植保机械常见故障诊断与排除 （6）收获机械常见故障诊断与排除
3. 维护与修理	（1）机械试运转 （2）技术保养原则、周期、项目及技术要求 （3）拆装原则及注意事项 （4）发动机维护与修理 （5）底盘维护与修理 （6）液压系统维护与修理 （7）电气系统维护与修理
4. 零件鉴定与修复	（1）零件鉴定 （2）零件修复

四、培训要求

1. 职业道德与基础知识

（1）职业道德和职业守则。掌握职业道德的意义和内涵；掌握农机修理工职业守则内容；了解职业素质的主要内容要求。

（2）法律法规、安全环保知识。了解《农业机械化促进法》《产品质量法》《消费者权益保护法》等相关内容；重点掌握《农业机械维修管理规定》《农业机械安全运行技术条件》中的相关规定；掌握《农业机械产品修理、更换、退货责任规定》中"三包"责任、有效期、方式、责任免除等的相关规定；掌握安全环保知识和油料废料处理知识等。

（3）常用维修工具、设备和量具使用方法。掌握厚薄规、游标卡尺、外径百分尺、内径百分表、测电笔、万用表等量具使用方法；掌握各种扳手、起子、台虎钳、锤子、千斤顶等常用和专用维修工具及拆装设备的使用方法和安全注意事项。

（4）农业机械常用材料。了解常用金属和非金属材料的种类、性能和应用；了解轮胎的规格、分类、组成及应用；掌握常用轴承、油封、螺栓等标准件的类型、结构和代号；掌握常用的燃油、机油、齿轮油、润滑油的种类、牌号、性能及适用范围，能正确选用常用油料。

（5）农业机械产品种类。掌握农业机械的主要分类和各类别中主要农机产品名称；掌握拖拉机等常见农业机械的基本构造与功用。

（6）机械加工基础。了解公差与配合基础知识，能选用公差与配合；了解带传动、链传动、齿轮传动、蜗轮蜗杆传动的种类、特点和工作原理；了解液压传动特点、机构组成和工作原理；掌握带传动、链传动、齿轮传动的传动比计算；掌握液压传动在农业机械中的应用；掌握常用功率、力等法定计量单位名称和换算。

（7）电工基础。了解交、直流电路基础知识；了解电路的组成、基本元件的名称与代号；掌握农业机械电气系统的特点和组成。

（8）焊工基础及粘补知识。了解焊接修补的种类、特点和应用；了解粘补技术的特点和应用；了解金属材料热处理基本知识；掌握氧—乙炔气焊、电弧冷焊、二氧化碳气体保护焊、锡焊及塑焊等常用焊接技术规范和安全事项；掌握常用的粘补方法、技术规范。

2. 故障诊断与排除

（1）故障检查方法与诊断原则。掌握常见故障表现、原因；掌握故障分析原则、常用诊断与排除方法。

（2）拖拉机常见故障诊断与排除。掌握主要部件的结构和工作原理；掌握启动困难、功率不足、离合器分离不彻底等常见故障原因和排除方法。

（3）耕整地机械常见故障诊断与排除。了解深松机具的类型和构造；掌握铧式犁、旋耕机等的主要部件结构和工作原理；掌握耕作入土困难、漏耕等常见故障原因和排除方法。

（4）种植施肥机械常见故障诊断与排除。掌握水稻插秧机、播种施肥机等的主要部件结构和工作原理；掌握水稻插秧机出现漏插秧、漂秧等常见故障原因和排除方法；掌握播种机不排种、播种不均等常见故障原因和排除方法。

（5）植保机械常见故障诊断与排除。掌握植保机械的主要部件结构、工作过程及工作原理；掌握植保机械雾化不良、不喷雾等常见故障产生原因和排除方法。

（6）收获机械常见故障诊断与排除。掌握联合收割机的主要部件结构、工作过程及工作原理；掌握联合收割机损失率过大、滚筒堵塞、籽粒损伤率过高等常见故障产生原因和排除方法。

3. 维护与修理

（1）机械试运转。了解通用农业机械的试运转规程及技术要求；掌握拖拉机、联合收割机、水稻插秧机等主要农业机械试运转。

（2）技术保养原则、周期、项目及技术要求。了解机械技术保养的原则和分级；掌握主要农业机械的技术保养周期、项目与技术要求。

（3）拆装原则及注意事项。了解具有精加工面和精密偶合件等零部件的拆装原则和注意事项；掌握螺纹链接件、过盈配合件、油封、铆接件等机械零部件的拆装原则和注意事项。

（4）发动机维护与修理。掌握曲柄连杆机构、配气机构、燃油供给系、润滑系、冷却系的维护；掌握配合零件、活塞环、缸套活塞副、配气相位、喷油器、气门与气门座等的检查与修理，能正确拆装风扇带、水泵外围总成和部件，进行零件的清洗与分类。

（5）底盘维护与修理。掌握离合器、变速箱、后桥、制动系、转向系、行走系等的维护；掌握离合器、操纵装置、制动器、转向器、前桥的拆装要领和清洗方法；掌握更换制动器摩擦片、前轮轴承等的操作要领和注意事项。

（6）液压系统维护与修理。掌握液压系统维护内容、操作要点、作业技术要求和注意事项；掌握安全阀、液压操纵机构等的检查与调整；掌握拆装、更换齿轮泵、液压阀、分配器、油缸等总成和部件的操作要领及注意事项。

（7）电气系统维护与修理。掌握蓄电池、启动电机、硅整流发电机与调节器的维护要点；掌握发电机、调节器、启动电机、继电器等的拆装、更换操作要领和注意事项。

4. 零件鉴定与修复

（1）零件鉴定。掌握零件鉴定的概念、作用、主要鉴定方法；掌握使用通用量具对轴类、孔类等主要零件以及配合件的测量和技术鉴定，并得出正确结论；掌握使用感官法对磨损、变形、裂纹、烧蚀等缺陷零件的技术鉴定；掌握操作喷油泵试验台或喷油器试验器等专用设备鉴定，调试高压喷油泵或喷油器。

（2）零件修复。了解常见的失效形式、损伤特征和原因；掌握使用钳工修理工具对磨损零件进行气门研磨、连杆衬套铰削、离合器摩擦片铆合等作业；掌握使用电（气）焊设备或胶粘补技术对裂纹与破损零件的焊接与修补；掌握孔、轴、齿轮、螺纹、键槽等零件磨损或损坏的修复工艺与方法；掌握零件弯曲、变形的修复工艺与方法。

第十四节　农村土地承包调解仲裁人员的培训规范

一、培训对象

重点面向村（居）民委员会、农村社区组织、村民小组负责人及承担土地承包经营纠纷调解的人员，乡（镇、街道）人民调解委员会成员，乡（镇）人民政府及街道、社区负责农村土地承包管理的工作人员，农村土地承包仲裁委员会聘用的仲裁员和工作人员，以及有志从事土地承包调解仲裁的农业社会化服务人员。

二、培训目标

培训适应现代农业发展要求，熟练掌握土地承包经营纠纷调解、仲裁知识与技能，能够适应现代农村土地承包调解仲裁服务的社会服务型职业农民。

三、培训内容

培训模块	内容模块
1. 农村土地承包法律法规	（1）农村土地承包合同基本知识 （2）农村土地承包经营权基本知识 （3）农村土地承包经营纠纷解决渠道

（续）

培训模块	内容模块
2. 农村土地承包政策	（1）农村土地承包政策基本知识 （2）农村土地承包经营权流转政策 （3）农村土地征收补偿费分配政策
3. 农村土地承包纠纷调解	（1）调解员从业基本要求 （2）调解基础知识 （3）调解程序 （4）调查取证 （5）调解协议书效力和履行
4. 农村土地承包纠纷仲裁	（1）仲裁员从业基本要求 （2）仲裁基础知识 （3）仲裁程序 （4）调查取证 （5）调解书、裁决书效力和履行
5. 调解、仲裁文书制作	（1）申请撰写 （2）笔录撰写 （3）协议书、调解书、裁决书制作
6. 调解、仲裁档案管理	（1）档案管理基础知识 （2）档案管理基本技术

四、培训要求

1. 农村土地承包法律政策

（1）农村土地承包合同基本知识。了解农村土地承包合同的格式，条款内容，承包期限，承包双方当事人的权利与义务规定；了解普通民事合同与土地承包合同的异同；知道正确履行承包合同的相关规定，合同违约后责任方应当承担的责任；掌握解除或者终止承包合同所必须的条件，应当履行那些程序。

（2）农村土地承包经营权基本知识。了解农村土地承包经营权的定义、权利内容，农村土地承包经营权登记的目的，登记簿和证书的作用；了解土地承包经营权变更，以及应当履行的变更程序；了解农村土地承包经营权不得收回、调整的法律规定，掌握集体预留的机动地承包相关规定，农户放弃承包地应当履行的程序，土地承包经营权有关继承，如何保护妇女土地承包经营权等相关规定。

（3）农村土地承包经营纠纷解决渠道。了解农村土地纠纷的分类，农村土地所有权纠纷与使用权纠纷的处理渠道和解决办法；了解土地承包经营权纠纷的类型，发生纠纷问题后如何进行处理；了解民事纠纷与行政纠纷的异同；掌握农村土地经营纠纷的和解、调解、仲裁、诉讼、信访等定义要点、调处程序、做法措施、法律关系，以及相互之间的联系。

2. 农村土地承包政策

（1）农村土地承包政策基本知识。了解农村土地实行家庭承包经营的历史背景；党中央、国务院关于农村基本经营制度的历史沿革，以及农村基本经营制度的建立；第一轮土地承包、第二轮土地延包相关政策规定；了解农村土地的分类，农民集体所有制度安排，家庭承包经营的相关内容和规定，耕地、草地、林地，以及"四荒"资源承包经营的相关政策规定和内容。

（2）农村土地承包经营权流转政策。了解农村土地流转的内容，中央对农村土地流转政策规定的历史沿革，土地流转的相关程序，土地流转合同的签订程序；了解退耕还林政策，基本农田保护政策，了解党中央提出的"三个不得"政策；掌握农村土地承包经营权流转的前提条件，工商企业、城镇居民到农村流转农村土地的相关政策规定，流转期限的规定，土地流转合同制、备案制；其他方式承包土地的流转政策。

（3）农村土地征收补偿费分配政策。了解农村集体土地征用制度、农村集体土地征地补偿安置制度、集体土地被征收征用的行政审批程序、征地补偿安置方案审批程序；了解集体土地征地补偿费用的组成，补偿标准和区片综合地价的构成，征收征用集体土地纠纷产生的原因及其调处渠道；了解被征地农民的社会保障制度，社会保障中养老、医疗、就业、住房等相关内容；掌握集体土地征收征用的安置对象、征地补偿费的分配对象；归集体的征地补偿费用分配方案的原则要求、研究制定程序；特殊问题的处理；掌握集体土地家庭承包土地与其他方式承包土地被征收征用后，征地补偿费用分配政策的异同。

3. 农村土地承包纠纷调解

（1）调解员从业基本要求。了解农村土地承包纠纷调解从业人员的资格要求，在调解活动中应遵循的行为标准和基本道德，对调解人员的本身素质要求，调解人员对社会所负的道德责任与义务；掌握农村土地承包纠纷调解从业人员的任职资格标准，品德标准，以及在调解实务中，调解员应当注意的语言、交流方式、肢体动作。

（2）调解基础知识。了解人民调解委员会制度，人民法院审理案件中的调解做法；掌握调解的合理合法原则、平等自愿原则、尊重当事人权益原则；了解调解员工作纪律，不得徇私舞弊、不得打击报复、不得泄露当事人秘密、不得吃请受礼；掌握调解工作中，乡、村要建立调解组织，达到网络基本健全；对本地区土地承包经营纠纷要定期排查，绝大部分的纠纷应当得到调解和化解；做好纠纷问题的调查分析，明确调解的思路和方法，做好调解工作；要注意把握调解方式方法，防止激化矛盾。

（3）调解程序。掌握农村土地承包纠纷的调解程序，做好纠纷的受理工作，做好登记；进行调查取证工作。主持调解，达成协议的要制作调解书；没有达成协议的，要告知当事人进入其他程序解决纠纷。了解调解员在农村土地承包纠纷中应当具备的相关知识，当地的风土人情、社会公德、大众心理学；掌握调解书的撰写方法，调解技巧。

（4）调查取证。了解调查取证是做好调解工作、促进调解达成协议的必要措施；调查和取证围绕纠纷问题产生的背景和原因开展，分析和查找解决纠纷的关键点；调查要全面，取证要完整，书证、物证、人证（证言证词）都要记录在案，避免仓促、拖拉、粗心，克服主观、片面、急躁、随意的倾向。

（5）调解协议书效力和履行。掌握调解委员会对调解书的审核作用，何时产生法律效力；调解书产生法律效力后，调解员应当对重大纠纷定期进行回访，了解掌握当事人履行情况，防止和避免纠纷重复发生及矛盾激化。

4. 农村土地承包纠纷仲裁

（1）仲裁员从业基本要求。了解商事仲裁制度、人事仲裁制度、土地承包仲裁制度，以及相互之间的异同；掌握仲裁员的聘任制度，成为仲裁员应当具备的四个条件；掌握在仲裁活动中应遵循的行为标准和基本道德，对仲裁员本身素质要求。

（2）仲裁基础知识。掌握仲裁的公开、公平、公正原则，公开仲裁程序，平等对待双方当事人，程序公正保障实体公正；掌握便民高效原则，当事人可选择仲裁或者诉讼解决纠纷，在申请、答辩、开庭等环节，仲裁工作人员向当事人提供方便；遵守仲裁期限、审结期限的限定，先行裁定的设计，确保仲裁工作效率；掌握根据事实、符合法律原则，查清与案件有关的事实情况，分清是非曲直，证据证明的事实；根据法律确认承担纠纷的责任人、承担方式及赔偿数额；当法律没有具体规定时，当事人应尊重社会公德。

（3）仲裁程序。了解农村土地承包仲裁程序，掌握申请和受理、组成仲裁庭、开庭和裁决的工作内容和工作要点、时间期限；在申请和受理阶段，掌握纠纷当事人的确定，仲裁申请的受理条件与审查工作，答辩与反请求，财产保全的申请与执行；在仲裁庭组成阶段，掌握选定仲裁员，首席仲裁员，独任仲裁员，仲裁员回避制度，仲裁员徇私枉法行为；在开庭和裁决阶段，掌握开庭时间、地点的选择，开庭通知等准备工作；了解开庭公开审理程序要求，发表意见、陈述事实、提供证据、进行质证和辩论，庭审调查，仲裁员调解，合议庭审结果，做出裁决、制作裁决书等审理过程；仲裁员在庭审中，应当熟练掌控庭审过程，把握庭审技巧，灵活处理庭审过程中突发事件，控制当事人情绪，确保庭审过程顺利开展。

（4）调查取证。了解证据的作用，证据的取得，证据的保全，证据的鉴定，证据的采信；掌握土地承包经营权调查的主要方法，仲裁员现场调查技巧，调查笔录的制作；仲裁庭审调查的技巧；调查谈话方式方法。

（5）调解书、裁决书效力和履行。了解送达的定义，仲裁文书送达的程序，送达的方式，送达应当注意的要点；了解裁决书何时产生法律效力，调解书、裁决书的履行；了解收到调解仲裁书后当事人的权利。

5. 调解、仲裁文书制作

（1）申请撰写。了解申请书的格式、结构和主要内容，掌握调解书、仲裁申请书的撰写要点；掌握申请人口述、代申请人撰写申请书的能力。

（2）笔录撰写。了解调查笔录的格式、结构和记录的主要内容，掌握调查笔录的撰写要点；了解庭审笔录的格式、结构和主要内容，掌握庭审笔录的撰写要点。

（3）协议书、调解书、裁决书制作。了解协议书的定义、格式和主要内容，掌握协议书的法律效力，制作协议书的技巧和实务；了解调解书的定义、格式和主要内容；掌握调解书的法律效力，制作调解书的技巧和实务；了解裁决书的定义、格式和主要内容，掌握裁决书的法律效力，制作裁决书的技巧和实务。

6. 调解、仲裁档案管理

（1）档案管理基础知识。了解档案的定义，档案的重要性，档案管理制度；档案管理的统一领导、分级管理的原则，维护档案的完整与安全的原则，便于社会各方面利用的原则；掌握调解、仲裁档案管理工作的总体要求，工作要一一记录在案，确保完整有序，责任明确，有据可查。

（2）档案管理基本技术。了解档案管理技术的定义，掌握调解仲裁文件整理装订，文件档案编号规则，文件档案资料归档要求等档案保管制度；掌握调解仲裁档案的借阅手续，档案复制手续，档案查阅手续；了解档案室建设要求，防火、防水、防霉等技术要求。

第十五节　农作物病虫防治员的培训规范

一、培训对象

重点面向专业大户、家庭农场、农民合作社、农业企业等新型生产经营主体中稳定从事农作物病虫防治的农业工人或农业雇员，农作物病虫害专业化统防统治服务组织的病虫害专业防治员，以及有志从事农作物病虫防治的农业劳动力等。

二、培训目标

培训适应现代农业发展要求，熟练掌握农作物病虫防治的基本专业知识和操作技能，能够适应农作物病虫防治要求的专业服务型职业农民。

三、培训内容

培训模块	内容模块
1. 植保知识	(1) 植保政策方针和法规
	(2) 专业化统防统治知识
2. 病虫草鼠害	(1) 病虫草鼠害及天敌种类
	(2) 发生规律及危害特点
	(3) 监测及预警方法
3. 防控技术	(1) 农业防治
	(2) 物理防治
	(3) 生物防治
	(4) 化学防治
	(5) 与专业化统防统治融合
4. 施药器械	(1) 工作原理与使用技术
	(2) 农药配制与施用方式
	(3) 维修保养
5. 农药的科学使用	(1) 农药分类
	(2) 科学施药
	(3) 中毒机理和症状识别
	(4) 防护措施与急救方法

四、培训要求

1. 植保知识

（1）植保政策方针和法规。了解国家及农业农村部有关农作物病虫草鼠害防治的方针政策；了解《植物检疫条例》的基本知识；熟悉《中华人民共和国农药管理条例》《植物检疫条例实施细则（农业部分）》相关内容；重点掌握《国家禁用和限用农药名录》的主要内容。

（2）专业化统防统治组织。了解农业农村部及各级农业行政部门有关专业化统防统治服务组织规范管理的文件及有关要求。了解统防统治的概念、内涵、组织方式，合同签订、防效评估以及纠纷调解与仲裁等。了解病虫专业化防治员职业道德、守法要求、权益保护等。

2. 病虫草鼠害

（1）病虫草害及天敌种类。重点掌握识别本地区主要农作物病虫草害和天敌种类。

（2）发生规律及危害特点。了解本地区主要农作物病虫草害发生规律及对本地区农作物的危害特点；了解当地主要农作物病虫草害防控中存在的主要问题。

（3）监测及预警方法。了解本地区主要农作物病虫草鼠的监测方法；重点掌握独立调查病虫发生情况，能够准确实施防治措施；能准确掌握防治时机和防治指标，独立检查防治效果。

3. 防控技术

（1）农业防治。了解适应当地的农业防治技术。包括选用抗性或耐性品种，种苗处理（晒种\浸种\包衣\嫁接），平衡施肥以及田间管理等技术。

（2）物理防治。重点了解适应当地的理化诱控技术。包括灯光诱杀，性信息素使用，色板诱控以及食源诱控等技术。

（3）生物防治。重点了解适应当地的生物防治技术。采用对有益生物种群影响最小的防治技术来控制病虫，为有益生物建立繁衍走廊或避难所，以及人工繁殖和释放天敌等技术。

（4）化学防治。了解适应当地的化学防治技术。对症施药，有效低量无污染、交替轮换用药，以及严格按安全间隔期用药等技术。

（5）与专业化统防统治融合。了解农业农村部及各级农业行政部门有关绿色防控与专业化统防统治融合的基本原则、途径和实现方式。

4. 施药器械

（1）工作原理与使用技术。了解当地常用的植保机械工作原理；重点掌握当地常用施药器械的使用技术。

（2）农药配制与施用方式。重点掌握当地常用施药器械的农药配制方法；重点掌握当地常用施药器械的正确施药方法；重点掌握流量、喷幅、施药液量与作业速度的关系；重点掌握在防治过程中正确选用和更换适宜喷头。

（3）维修保养。重点掌握当地常用的植保机械维修保养技术。

5. 农药的科学使用

（1）农药分类。掌握农药的基本知识，了解农药的分类、毒理以及对农产品质量安全、人类健康和生态影响的基本知识。

（2）科学施药。重点了解常用农药的使用安全间隔期；重点掌握正确识别农药真伪的方法；重点掌握根据当地主要农作物病虫草害选择对路的农药品种；针对每种病虫草害掌握 2～3 种防治的农药品种；了解预防病虫草害抗药性的基本原理；掌握防止作物药害的基本方法；了解不同施药方法，重点掌握影响施药质量的因素及提高农药利用率的技术；了解农药及其包装物对环境、人类生活及农产品质量安全的影响。

（3）中毒机理和症状识别。重点了解农药中毒的机理和症状识别，农药中毒的急救治疗方法。

（4）防护措施与急救方法。重点掌握安全用药及防护知识，预防中毒、中暑及其急救方法。

第十六节　水产养殖病害防治员的培训规范

一、培训对象

重点面向规模化养殖场、农村社会化服务组织和专业合作组织中从事水产养殖病害防治工作的人员，以及有志从事水产养殖病害防治工作的社会化服务人员。

二、培训目标

培训适应渔业现代化发展要求，熟练掌握水产养殖生产经营过程中病害防治知识和专业技能，能够适应现代水产养殖生产和病害防治要求的社会服务型职业农民。

三、培训内容

培训模块	内容模块
1. 病害的预防	（1）水产养殖病害防治基础知识
	（2）塘口巡查
	（3）水质监测、消毒及调控技术
	（4）水产养殖对象的健康管理

（续）

培训模块	内容模块
2. 病害的诊断与防治	（1）外观、解剖及显微诊断 （2）寄生虫性疾病的诊断与防治 （3）细菌性疾病的诊断与防治 （4）病毒性疾病的诊断与防治
3. 渔药的使用	（1）渔药的定义、分类和使用原则 （2）渔药的使用方法及用量 （3）药物疗效的判定及使用存在问题
4. 无害化处理	（1）无害化处理 （2）疫情记录和报告
5. 养殖场档案管理	（1）总体要求 （2）养殖场档案管理

四、培训要求

1. 病害的预防

（1）水产养殖病害防治基础知识。了解疾病发生的原因，能从病原的侵害、非正常的环境因素、营养不良、动物本身先天的或遗传的缺陷以及机械损伤等因素综合判断病害发生的原因；了解水产养殖病害综合防治措施，掌握从水质调控、放养密度、优质饵料、生态环境、药物预防、人工免疫等方面进行防治的基础知识。

（2）塘口巡查。了解巡塘的内容和方法，学会观察养殖对象的吃食、活动及体色情况，养殖水域的水质监测和观察等；知道养殖对象健康与异常的区分知识，能够及时发现养殖对象的死亡及明显的异常，能对养殖对象进行检查。

（3）水质监测、消毒及调控技术。了解水样的采集、常见水质指标及测定方法，包括水色、透明度、pH、溶解氧、氨氮等；知道根据养殖对象、季节，选择消毒药物种类和制定方案并进行消毒；知道根据病害发生情况采取换水、增氧、消毒、使用水质改良剂等措施调节水质。

（4）水产养殖对象的健康管理。了解水产养殖健康管理的基础知识，知道从改善和优化养殖环境、增强养殖群体抗病力、控制和消灭病原体以及加强饲养管理保证优质饲料等方面强化管理。

2. 病害的诊断与防治

（1）外观、解剖及显微诊断。了解养殖对象体形、体色、体态的变化，体表黏液的多少，有无竖鳞、疖疮、囊肿、充血、出血、溃疡等症状，鳍条、鳞片等损伤情况，眼球有无突出、凹陷或浑浊充血等变化，肛门有无红肿、拖便等现象，有无胞囊及其他寄生虫寄生等外观情况。了解养殖对象解剖方法，能正确取出和分开各个器官；知道解剖观察顺序，通过肉眼判断鼻腔、血液、鳃、口腔、脂肪组织、胃肠、肝、脾、胆囊、心脏、鳔、肾、膀胱、性腺、脑、脊髓、肌肉等是否正常，有无寄生虫或胞囊及其他病理变化等；了解常规显微镜使用方法，能正确使用和维护显微镜；知道显微镜制片、压片的技术，能通过显微技术观察体表、鳃、肠道等部位中寄生虫感染状况，检查鱼类器官、组织病变情况。

（2）寄生虫性疾病的诊断与防治。了解养殖对象常见寄生虫的种类，知道判断病原体的数量，知道对寄生虫的形态结果进行活体观察；了解常见鞭毛虫、孢子虫、纤毛虫、单殖吸虫、复殖吸虫、绦虫、线虫、棘头虫以及桡足类、等足类等寄生虫的形态、寄生症状、流行情况以及防治方法等。

（3）细菌性疾病的诊断与防治。了解细菌培养的基本技术，知道从患病养殖对象、水体中如何取样进行细菌分离，知道进行细菌分离、培养以及进行病原菌鉴定的基本操作；了解常见细菌性疾病，如细菌性败血症、细菌性烂鳃、细菌性肠炎、赤皮病、竖鳞病、打印病、弧菌病、诺卡氏菌病、链球菌病等疾病的病原、症状和病理变化、流行情况、诊断方法以及防治方法等。

（4）病毒性疾病的诊断与防治。了解常见病毒性疾病，如鲤春病毒血症、草鱼出血病、传染性胰腺坏死病、疱疹病毒病、虹彩病毒病、白斑病毒病、杆状病毒病、河蟹颤抖病等疾病的病原、症状和病理变化、流行情况、诊断方法以及防治方法等；了解鱼类免疫的操作以及注意事项，知道如何使用连续注射器。

3. 渔药的使用

（1）渔药的定义、分类和使用原则。了解渔药的定义、产品标识和分类等基础知识，知道常用环境改良与消毒药物、抗微生物药物、驱虫杀虫药物、中草药、生物制剂的种类、剂型等；了解渔药的使用原则，知道影响药物作用的因素、渔药残留限量、常用渔药停药期以及禁用渔药等。

（2）渔药的使用方法及用量。了解防治水生动物疾病常用的用药方法，知道全池泼洒、药浴法、挂篓挂袋法、口服法、注射法以及涂抹法运用时的注意事项；了解渔药使用浓度的确定、用药的次数与间隔。

（3）渔药疗效的判定及使用中存在的问题。了解患病水生动物用药后的药物疗效判定、影响药效的常见因素以及药物不良反应等；了解渔药使用过程中的注意事项，知道对症用药、根据药物性能掌握使用方法、合理施放药量、注意药物配伍禁忌、注意药物中毒等，知道禁用药物清单。

4. 无害化处理

（1）无害化处理。了解水生动物疫病的基础知识，知道农业农村部规定的水生动物疫病种类；了解染疫水生动物的处理方法，知道焚毁、深埋、高压蒸煮、一般煮沸法等操作方法和适用对象。

（2）疫情记录和报告。了解疫情记录的重要性，维护记录的完整与安全，知道按照法规要求建立疫情登记、统计制度，定期向所在地的市或者县（区）水生动物疫病预防控制机构报告。

5. 养殖场档案管理

（1）总体要求。了解档案的定义、档案的重要性，档案管理制度。知道定期收集养殖档案，确保完整有序、责任明确、有据可查。

（2）养殖场档案管理。了解档案整理装订，文件档案编号规则，文件档案资料归档要求等档案保管制度；了解档案室建设要求，及防火、防水、防霉等技术要求。

第六章　专业技能型职业农民培训

专业技能型职业农民是指在农民合作社、家庭农场、专业大户、农业企业等新型生产经营主体中较为稳定地从事农业劳动作业，并以此为主要收入来源，具有一定专业技能的农业劳动力，主要是农业工人、农业雇员等。

为进一步加强农民培训工作规范化、标准化、制度化建设，切实提高农民培训的针对性、实效性和科学化水平，根据中央和农业农村部关于大力培育新型职业农民的部署要求、专业技能型职业农民的内涵特征，农业农村部现已发布了多种专业技能型职业农民培训规范，具体包括果树园艺工、花卉园艺工、菌类园艺工、粮食作物栽培工、粮油贮藏初加工人员、蔬菜园艺工、橡胶割胶工、橡胶栽培工、鸡的饲养员、家禽繁殖员、肉牛饲养员、生猪饲养员、海洋渔业普通船员、内陆渔业船员。

本章主要从培训对象、培训目标、培训内容、培训要求等方面对一些类别的专业技能型职业农民的培训规范进行阐述。

第一节　果树园艺工的培训规范

一、培训对象

重点面向在专业大户、家庭农场、农民合作社、农业企业等新型生产经营主体中稳定从事现代果树生产的农业工人或农业雇员，以及有志从事果树生产的农业劳动力等。

二、培训目标

培训适应现代果树产业发展要求，熟练掌握现代果树产业的专业知识和生产技能，能够适应现代果树产业专业化、标准化、规模化和集约化生产要求的专业技能型职业农民。

三、培训内容

培训模块	内容模块
1. 春季果园管理	（1）土肥水管理 （2）育苗与建园 （3）病虫害防治 （4）春季修剪 （5）花果管理
2. 夏季果园管理	（1）土肥水管理 （2）病虫害及灾害防治 （3）夏季修剪 （4）果实采收与采后处理
3. 秋季果园管理	（1）土水肥管理 （2）病虫害及灾害防治 （3）秋季修剪 （4）果实着色、采收与贮藏 （5）苗圃管理
4. 冬季果园管理	（1）冬季修剪 （2）果园清理

四、培训要求

1. 春季果园管理

（1）土肥水管理。了解土壤春季深翻、中耕除草的作用、时期和方法，掌握果园间作物和自然生草的栽培管理技术，掌握果园秸秆、地膜等覆盖技术的意义和应用；了解果树需肥特性、施肥原则和科学施肥的重要性，学会结合春季深翻扩穴，补施基肥，掌握有机肥制作技术要点，因地制宜制作优质腐熟的有机肥，学会果树常见元素缺素症状的识别和调整，掌握追肥技术，学会利用土壤追肥和叶面喷肥技术补肥追肥；了解土壤田间持水量、土壤含水量的测定方法；了解果树需水特性和科学灌溉的重要性，学会常用的灌溉技术；掌握水肥一体化技术在现代果园中的应用，实施节水高效栽培。

（2）育苗与建园。了解适合果树苗圃生产的地势及周围环境，学会果树实生种子质量检测标准与方法，掌握果树砧木的种子繁殖技术；了解果树苗木检疫的病虫害种类，掌握苗木出圃消毒技术、分级和贮藏技术；了解建立果园环境条件的选择与评价，掌握平地、山地和丘陵地果园规划设计要点；了解果品市场消费特点和当地生态条件选择适合本地区栽培的树种，合理配置授粉树；了解无病毒苗、矮化砧或矮化中间砧苗等苗木特性和等级标准，掌握苗木选择、起苗、假植、运输等技术；了解果园合理密植原则和意义，掌握苗木定植技术要点；了解嫁接等无性繁殖的原理，掌握果树高接换头等关键技术。

（3）病虫害防治。了解病虫害越冬特点，掌握果园病虫害综合防治原则和方法，掌握石硫合剂在果园病虫害防治中的应用；了解春季果树主要病虫害的症状、发生规律和环境条件，掌握最佳防治时期，结合农业措施、物理措施、化学措施和生物防治技术对症下药，提高农药防治效用。

（4）春季修剪。了解春季修剪的作用，掌握果树春季修剪的主要技术，如除刻芽、环剥、环割、抹芽、定梢、摘心、剪梢、扭梢、拿枝、拉枝等。

（5）花果管理。了解不同果树开花坐果习性，掌握花前复剪技术，疏除过密、过弱的结果枝，学会根据果树品种及果园土肥水条件，确定合理的果实负载量，掌握简单可行的疏果技术以调控果树大小年结果。掌握果园放蜂技术和人工授粉技术等，掌握果实套袋技术及其应用。

2. 夏季果园管理

（1）土肥水管理。掌握果园夏季清耕、间作、人工生草与自然生草的管理技术，适时除草、刈割覆盖等；了解不同元素在果树生长发育中的作用和不同品种需肥特性，掌握施肥种类、时期、方法；学会识别果树重要营养元素缺失或过量的症状，掌握营养元素失衡的矫正方法；掌握夏季果园灌水和排水技术。

（2）病虫害及灾害防治。了解夏季果树主要病虫害的症状、发生规律和环境条件，掌握最佳防治时期，结合农业措施、物理措施、化学措施和生物防治技术对症下药，提高农药防治效用；了解符合无公害生产、绿色食品生产规定的药剂种类，学会合理混合农药和科学喷施农药，掌握波尔多液配制及使用方法；了解果园的常见鸟种类和啄食果实规律，掌握切实可行的防鸟技术，如设置保护网、套保果袋、人工驱鸟、音响驱鸟等；了解果园高温热害和日灼、夏季冰雹的发生时期与危害，掌握预防灾害发生的基本措施；了解当地降雨规律，雨季之前提前做好防涝排水工作。

（3）夏季修剪。了解果树夏季修剪的作用，掌握不同果树夏季修剪的主要技术，如环剥、环割、摘心、剪梢、扭梢、拿枝、疏枝等。

（4）果实采收与采后处理。了解果实成熟度的概念和指标，如果实发育期、果皮色泽、果柄离层形成、可溶性固形物含量及果实淀粉测定指数等，掌握判定果实成熟的方法，掌握生产上影响果实采收时期的诸多因素以确定适合果实采收的时期；了解采后预冷处理的重要性，掌握适应本地果品预冷处理技术，如田间预冷、通风制冷、水洗预冷；了解果品采后商品化处理技术，分级与包装。掌握运输包装和销售包装的方法。

3. 秋季果园管理

（1）土肥水管理。掌握果园秋季深翻技术，如结合施基肥进行果园定植穴或定植沟改土；了解果园秋季生草特点，掌握草种选择、播种量、播种后管理技术；了解果园秋季施基肥作用，掌握果园秋施基肥的技术；掌握果园灌冻水技术。

（2）病虫害及灾害防治。了解秋季果树主要病虫害的症状、发生规律和环境条件，掌握最佳防治时期和方法；了解秋季树干涂白以防止果树冻害和消灭越冬病原生物及害虫的原理，掌握涂白剂的配制方法、涂白时间和涂白技术；了解果园秋季鸟害种类和啄食果实规律，掌握切实可行的防鸟技术；了解果园秋季大风和冰雹发生时期和危害，掌握防风、防雹及灾后补救措施，掌握预防秋旱、高温和日灼的基本措施；了解北方寒冷、干旱地区果树幼树越冬防寒的重要性，掌握生产上常用的防寒方法，掌握预防冬季枝干抽条的方法。

（3）秋季修剪。了解果树秋季修剪的意义，掌握秋季摘心、剪梢、疏枝、拉枝等修剪方法。

（4）果实着色、采收与贮藏。了解果实着色原理，学会利用追施钾肥、摘袋、摘叶、转果、铺反光膜等操作技术来提高果实品质的方法，掌握秋季果品采后的商品化处理技术，如果实打蜡、分级与包装等；了解果品采后的生理变化，掌握适合本地果品的贮藏技术；了解贮藏过程中真菌病害和生理病害产生的原因，掌握基本的防控方法。

（5）苗圃管理。了解果树秋季嫁接原理及影响成活的因素，掌握果树秋季嫁接技术；掌握果树砧木种子采集、购买、沙藏、秋季播种等育苗技术；掌握秋季苗木出圃、分级、运输、假植等技术。

4. 冬季果园管理

（1）冬季修剪。了解果树不同发育阶段，如幼树、成龄树和衰老树的整形修剪原则，掌握果树常见的丰产树形及整形修剪技术要点；了解不同修剪方法对果树生长的作用，掌握冬季修剪的具体方法。

（2）果园清理。了解果树粗皮、翘皮、树干裂缝、果园落叶、落果、落枝及杂草中潜伏大量越冬的病原生物和害虫，掌握果园冬季清园、刮树皮等病虫害防治技术，为下年果树生产做好充分准备。

第二节　花卉园艺工的培训规范

一、培训对象

重点面向专业大户、家庭农场、农民合作社、农业企业等新型生产经营主体中稳定从事现代花卉生产的农业工人或农业雇员，以及有志从事花卉生产的农业劳动力等。

二、培训目标

培训适应现代花卉产业发展要求，熟练掌握现代花卉产业的基本专业知识和生产技能，能够适应现代花卉产业专业化、标准化、规模化和集约化生产要求的专业技能型职业农民。

三、培训内容

培训模块	内容模块
1. 春季培训模块 （草花育苗与容器栽培）	（1）苗床制作 （2）种子处理 （3）播种 （4）苗床管理 （5）移栽上盆 （6）水肥管理 （7）摘心整枝 （8）病虫防治
2. 夏季培训模块 （种苗繁殖与切花栽培）	（1）扦插床制作 （2）插穗制备 （3）扦插 （4）扦插床管理 （5）设施准备 （6）栽植畦制作 （7）定植 （8）水肥管理 （9）修剪 （10）病虫害防治 （11）产品收获与预处理
3. 秋季培训模块 （苗木培育）	（1）花灌木的秋季修剪 （2）绿篱植物的秋季修剪 （3）乔木的秋季修剪 （4）藤本植物的秋季修剪 （5）苗圃秋季肥水管理 （6）苗圃秋季病虫害防治
4. 冬季培训模块 （苗木防寒与苗木出圃）	（1）苗木冬季修剪 （2）培土防寒 （3）涂白防寒 （4）冬季施肥 （5）苗木裸根挖掘 （6）苗木带土球挖掘 （7）苗木包扎 （8）苗木假植

四、培训要求

1. 春季培训模块（草花育苗与容器栽培）

（1）苗床制作。了解花卉育苗苗床的种类及其特点，了解育苗容器、育苗基质的种类及其特点，掌握育苗基质的配制方法。

（2）种子处理。了解常见花卉种子质量检测的主要内容与方法，了解影响种子发芽的环境因素，掌握常见花卉种子消毒、浸种、催芽的方法。

（3）播种。了解花卉种子育苗的播种方式及其特点，了解播种量计算的方法，掌握根据目标花期确定播种期的方法，掌握穴盘育苗人工播种的方法。

（4）苗床管理。了解苗床不同阶段的管理目标和管理措施，掌握苗床温、光、水、气的调节方法，掌握间苗、除草等苗床管理方法。

（5）移栽上盆。了解草花栽培容器的种类及其特性，了解草花容器栽培基质的种类及其特性，掌握容器栽培基质的配制技术，掌握起苗、容器泄水孔处理、装盆、排盆，以及第一次浇水等方法。

（6）水肥管理。了解草花容器栽培对水肥需求的特点，了解草花容器栽培的灌溉、施肥的常用方法，掌握浇灌、滴灌和潮汐式灌溉等方法，掌握基肥、追肥（包括根外追肥）的方法。

（7）草花修剪。了解草花摘心、整枝、去残花的方法及其作用，掌握促进分枝、去除侧蕾和调节花期的草花修剪方法。

（8）病虫害防治。了解草花栽培中常见病虫害的种类、发生规律及其危害症状，了解常见病虫害的发生条件及其控制方法，掌握常见病虫害的防治方法。

2. 夏季培训模块（扦插繁殖与切花栽培）

（1）扦插床制作。了解扦插床的形式及其特点，了解扦插成活的原理及其对扦插基质的要求，掌握扦插床基质的配制方法。

（2）插穗制备。了解插穗的种类及其特点，了解插穗质量对扦插成活的影响，掌握软枝插穗、半软枝插穗和叶片插穗的制作及其保鲜方法。

（3）扦插。了解扦插的方式及其特点，了解扦插深度、密度对扦插成活的影响，掌握软枝扦插、半软枝扦插和叶片扦插的方法。

（4）扦插床的管理。了解扦插床管理与插穗成活的关系，掌握扦插床（包括基质与扦插床小气候）水分、温度、光照和空气调节的方法。

（5）栽培设备准备。了解花卉生产（主要是切花生产）的设施种类及其特点，了解切花生产对栽培设施的要求，了解选择合适生产设施的原则与方法。掌握智能温室、联栋塑料大棚、单体塑料大棚，以及日光温室的环境调节方法，掌握灌溉、施肥、加温、降温、除湿、补光、遮阴、CO_2 施肥等设备的使用方法。

（6）栽培畦制作。了解切花栽培畦的形式及其特点，了解主要切花种类对栽培畦的要求，掌握主要切花栽培畦的制作方法。

（7）定植。了解定植深度、密度对切花栽培的影响，掌握主要切花的定植以及第一次浇水等方法，掌握防倒伏网的张挂方法。

（8）水肥管理。了解主要切花对水分和营养的需求特点，了解切花栽培灌溉、施肥的常用方法，掌握浇灌、滴灌等灌溉方法，掌握基肥、追肥（包括根外追肥）等施肥方法。

（9）切花修剪。了解摘心、摘蕾、整枝、去老叶等修剪措施对切花质量的影响，了解摘心、摘蕾、整枝、去老叶等修剪措施的作用及其特点，掌握主要切花摘心、摘蕾、整枝、去老叶等修剪方法。

（10）病虫害防治。了解切花栽培中常见病虫害的种类、发生规律及其危害症状，了解常见病虫害的发生条件及其控制方法，掌握常见病虫害的防治方法。

（11）切花收获与预处理。了解主要切花产品收获的标准与操作规程，了解主要切花产品收获后预处理对产品品质的影响，掌握主要切花产品收获与预处理的方法。

3. 秋季培训模块（秋季修剪与苗木培育）

（1）花灌木的秋季修剪。了解主要花灌木秋季生长规律以及秋季修剪对花灌木生长（特别对开花）的影响，了解花灌木秋季修剪的主要方法及其作用，掌握常见花灌木的秋季修剪方法。

（2）绿篱植物的秋季修剪。了解绿篱植物秋季生长规律以及秋季修剪对绿篱植物生长的影响，了解绿篱的主要形式及其秋季修剪的作用，掌握绿篱植物秋季修剪的方法。

（3）景观乔木的秋季修剪。了解景观乔木秋季生长规律以及秋季修剪对景观乔木生长的影响，了解景观乔木秋季修剪的主要方法及其作用，掌握景观乔木秋季修剪的方法。

（4）藤本植物的秋季修剪。了解藤本植物秋季生长规律以及秋季修剪对藤本植物生长的影响，了解藤本植物的主要造型以及秋季修剪的作用，掌握藤本植物秋季修剪的方法。

（5）苗圃秋季水肥管理。了解苗木秋季生长规律及其对水肥需求的特点，了解苗圃秋季水肥管理的原则，掌握苗圃秋季水肥管理的方法。

（6）苗圃秋季病虫害防治。了解苗圃秋季常见病虫害的种类、发生规律及其危害症状，了解常见病虫害的发生条件及其控制方法，掌握苗圃秋季常见病虫害的防治方法。

4. 冬季培训模块（苗木防寒与苗木出圃）

（1）苗木冬季修剪。了解常绿苗木与落叶苗木冬季生长规律以及修剪对苗木生长的影响，了解短截、疏剪等苗木冬季修剪的主要方法及其作用，掌握苗木冬季修剪方法。

（2）冬季防寒。了解培土防寒、涂白防寒的作用及其在不同植物种类上的应用，掌握培土防寒的方法，掌握涂白剂的制作和使用方法。

（3）冬季水肥管理。了解花卉植物冬季生长规律及其对水、肥的需求特点，了解冬季水、肥管理对花卉植物生长的影响，掌握冬季水、肥管理的方法。

（4）冬季病虫害防治。了解常见病虫害冬季活动规律及其危害症状，了解冬季综合防治的措施及其作用，掌握冬季综合防治的方法。

（5）苗木裸根挖掘。了解适宜冬季裸根挖掘的苗木种类，了解裸根挖掘的特点，了解裸根挖掘的技术要点，掌握苗木裸根挖掘的方法。

（6）苗木带土球挖掘。了解适宜冬季带土球挖掘的苗木种类，了解苗木带土球挖掘的特点，了解苗木带土球挖掘的技术要点，掌握苗木带土球挖掘的方法。

（7）苗木包扎。了解苗木包扎的形式与作用，了解苗木包扎材料的种类与特点，了解裸根苗木与带土球苗木包扎的技术要点，掌握苗木包扎方法。

（8）苗木假植。了解苗木假植的方式与作用，了解裸根苗木与带土球苗木假植的技术要点，掌握苗木假植的方法。

第三节　菌类园艺工的培训规范

一、培训对象

重点面向专业大户、家庭农场、农民合作社、农业企业等新型生产经营主体中稳定从事食用菌生产的农业工人或农业雇员，以及有志从事食用菌生产的农业劳动力等。

二、培训目标

培训适应现代农业发展要求，熟练掌握现代食用菌产业的基本专业知识和生产技能，能够适应现代食用菌产业专业化、标准化、规模化和集约化生产要求的专业技能型职业农民。

三、培训内容

培训模块	内容模块
1. 培养基制备	（1）原料加工处理
	（2）培养基/料配方
	（3）拌料、制料、装料
	（4）灭菌、冷却
2. 接种与发菌管理	（1）菌种质量鉴别
	（2）接种（播种）
	（3）发菌管理
3. 出菇管理	（1）催蕾管理
	（2）育菇管理
	（3）采收技术
	（4）采后管理
4. 病虫害识别与防控	（1）主要虫害识别及防控
	（2）主要病害、杂菌防控
	（3）药剂安全使用
	（4）菇场消毒

（续）

培训模块	内容模块
5. 采后处理	（1）产品整理 （2）产品保鲜贮运 （3）产品干制

四、培训要求

1. 培养基制备

（1）原料加工处理。知道当地主要食用菌栽培原料的粉碎、过筛、预湿等加工处理设备的类型和参数要求。了解设备的基本结构与性能，重点掌握根据食用菌对原料性状的要求，正确选择、安全使用和维护保养原料加工处理设备，重点掌握根据所栽培食用菌对原料性状的要求进行粉碎、过筛、预湿等加工处理。

（2）培养基/料配方。重点掌握根据所栽培的食用菌种类和原料资源情况选用合适的培养基配方。

（3）拌料、制料、装料。①拌料设备应用。知道以香菇、木耳、金针菇等为代表的木腐型食用菌栽培原料混合、搅拌设备的类型和参数要求，了解主要设备的基本结构与性能，重点掌握根据所栽培的食用菌种类、栽培规模和生产季节等因素科学合理选择、安全使用和维护保养拌料设备；知道以香菇、木耳、金针菇等为代表的不同种类木腐型食用菌栽培原料混合、搅拌的技术要求（均匀度、含水量、防酸败等），重点掌握正确选择使用拌料设备、按技术要求进行拌料。②发酵制料设施设备应用。知道以双孢蘑菇、草菇等为代表的草腐型食用菌栽培原料预湿、混合、堆制发酵（包括一次发酵、二次发酵）设施设备的类型和参数要求，了解主要设施设备的基本结构与性能，重点掌握根据所栽培的食用菌种类，以及原料特性、栽培模式、投资规模和生产季节等因素科学合理选择、安全使用和维护保养制料设施设备；知道以双孢蘑菇、草菇等为代表的不同种类草腐型食用菌栽培原料预湿、混合、堆制发酵（包括一次发酵、二次发酵）的技术要求，重点掌握正确选择使用堆制发酵设施设备、按技术要求进行培养基的发酵制备。③装料设备应用。A. 瓶/袋栽食用菌。知道以香菇、木耳、金针菇等为代表的瓶/袋栽食用菌的培养基装瓶/袋设备的类型和参数要求，了解主要设备的基本结构与性能，重点掌握根据所栽培的食用菌种类、栽培规模和生产季节等因素科学合理选择、安全使用和维护保养装料设备；知道不同种类瓶/袋栽食用菌的培养基装瓶/袋的技术要求，重点掌握正确选择使用装瓶/袋设备、按技术要求进行装瓶/袋。B. 床栽食用菌。知道以双孢蘑菇、草菇等为代表的床栽食用菌的装料、上床设备的类型和参数要求，了解主要设备的基本结构与性能，会根据所栽培的食用菌种类，以及栽培模式、投资规模等因素科学合理选择、安全使用和维护保养床栽食用菌的装料、上床设备；知道不同种类床栽食用菌培养基的装床、铺料技术要求，重点掌握按技术要求进行装料、铺料。

（4）灭菌、冷却。重点掌握当地主要食用菌栽培料瓶/袋的灭菌与灭菌后冷却设施设备的类型和参数要求，了解主要设施设备的基本结构与性能；重点掌握根据所栽培食用菌种类、栽培模式、投资规模等因素科学合理选择、安全使用和维护保养灭菌、冷却设施设备。知道不同种类瓶/袋栽食用菌的培养基、不同灭菌方式（高压灭菌、常压灭菌）的灭菌技术要求，重点掌握正确选择使用灭菌设备，按技术要求进行灭菌；知道料瓶/袋灭菌后出锅、冷却的技术要求，会正确选择使用冷却设施设备，按技术要求进行灭菌后料瓶/袋的出锅、冷却。

2. 接种与发菌管理

（1）菌种质量鉴别。重点掌握通过感观检测容器规格与完整度、培养基量、封口物、菌丝生长特征、色泽与均一度、菌丝分泌物、培养基含水量、杂菌、虫害、子实体原基、气味等鉴别菌种的质量。

（2）接种（播种）技术。知道当地主要食用菌栽培接种/播种设施设备的类型和参数要求，了解主要设施设备的基本结构与性能，重点掌握根据所栽培食用菌种类、栽培模式、投资规模等因素科学合理选择、安全使用和维护保养接种/播种设施设备；知道瓶/袋栽食用菌无菌操作接种技术要求，重点掌握正确选择使用接种设施设备与接种工具，并按无菌操作接种技术要求进行接种；知道以双孢蘑菇、草菇等为代表的床栽食用菌播种技术要求，会按播种技术要求进行播种。

（3）发菌管理。知道当地主要食用菌发菌培养设施设备的类型和参数要求，了解主要设施设备的基本结构与性能，以及发菌培养温度、通风、湿度等控制系统的基本工作原理，重点掌握根据所栽培食用菌种类、栽培模式、投资规模等因素科学合理选择、安全使用和维护保养发菌培养设施设备；知道当地主要食用菌发菌（菌丝生长）所需的温度、湿度、通风、光照等条件要求，了解不同食用菌发菌过程中菌丝生长代谢耗氧，以及产生二氧化碳和热量等特性，重点掌握正确使用发菌设施设备，根据不同食用菌及其发菌阶段对环境条件的要求，进行发菌管理（温度、湿度、通风和光照等调控管理）。

3. 出菇管理

（1）栽培出菇设施设备应用。知道当地主要食用菌栽培出菇设施设备的类型和参数要求，了解主要设施设备的基本结构与性能，以及栽培出菇温度、通风、湿度、光照等控制系统的基本工作原理，重点掌握根据所栽培食用菌种类、栽培模式、投资规模等因素科学合理地选择配型、安全使用和维护保养栽培出菇设施设备。

（2）催蕾管理技术。知道当地主要食用菌子实体原基形成（现蕾）所需的条件［包括菌丝的生理成熟、养分积累（养菌），以及温度与温差、湿度与湿差、通风、搔菌、振动、光照等刺激条件］，知道如何采取相应的措施促进子实体原基形成（催蕾），重点掌握正确使用相应的栽培出菇设施设备进行催蕾管理。

（3）育菇管理。知道当地主要食用菌子实体原基分化与生长发育（育菇）所需的条件（包括温度、湿度、通风、光照等条件），知道如何采取相应的措施促进原基分化与生长发育，重点掌握正确使用相应的栽培出菇设施设备进行育菇管理。

（4）采收技术。知道当地主要食用菌种类的采收标准，会根据食用菌种类按正确的方法进行适时采收。

（5）采后管理。知道当地主要食用菌采后管理技术要求（床/料面清洁、补土，以及养菌管理等），重点掌握根据食用菌种类采取正确的方法进行采后养菌管理，并进行下一潮催蕾、育菇管理；会根据食用菌种类采取适当的方法清理栽培后的菌瓶/菌袋和菌渣，会将菌渣进行无害化处理或循环利用于栽培其他食用菌或作为作物有机肥或动物饲料。

4. 病虫害识别（诊断）与防控

（1）主要虫害识别及防控。重点掌握当地食用菌的主要害虫的识别，知道其发生主要规律；重点掌握采取清洁卫生，以及合适的物理隔离、杀虫灯、黏虫板等方法进行综合防控，会选用合适的农药按适当的配比进行适时防治。

（2）主要病害、杂菌防控。知道当地主要食用菌的主要病害、杂菌，知道其发生主要规律，重点掌握采取环境清洁卫生、消毒杀菌，严格培养基灭菌或发酵工艺，以及温、湿、气调控等措施进行综合防控，会选用合适的农药按适当的配比进行适时防治。

（3）药剂安全使用。知道食用菌禁止使用的药剂和允许使用的药剂，了解所使用的药剂的特性，重点掌握正确进行药剂配制和适时安全使用技术，会正确使用主要的药剂施用器具进行施药。

（4）菇场消毒。知道菇场（栽培前与栽培后）清洁消毒的基本方法要求，重点掌握菇房/棚及栽培场地的消毒技术。

5. 采后处理

（1）产品整理。知道当地主要食用菌的产品特点，会根据食用菌产品种类、特点采用适当方法进行产品的整理。

（2）产品保鲜贮运。知道当地主要食用菌产品的特性、分级标准、包装、保鲜和贮运方法，会根据食用菌产品种类进行产品分级，采用适当方法进行产品的包装、保鲜和贮运。

（3）产品干制。知道当地主要食用菌产品的干制、包装与贮运方法，以及干品分级标准，会根据食用菌种类进行产品的干制、分级，采用适当的方法进行包装、贮运。

第四节　蔬菜园艺工的培训规范

一、培训对象

重点面向专业大户、家庭农场、农民合作社、农业企业等新型生产经营主体中稳定从事现代蔬菜生产的农业工人或农业雇员，以及有志从事蔬菜生产的农业劳动力等。

二、培训目标

培训适应现代农业发展要求，熟练掌握现代蔬菜产业的基本专业知识和生产技能，能够适应现代蔬菜产业专业化、标准化、规模化和集约化生产要求的专业技能型职业农民。

三、培训内容

培训模块	培训内容
1. 蔬菜种类与识别	（1）按农业生物学分类识别 （2）按食用器官分类识别 （3）按植物学分类识别
2. 蔬菜生产设施、设备	（1）简易生产设施建造与应用 （2）大棚的结构、性能及应用 （3）温室的结构、性能及应用 （4）智能温室的结构、性能及应用 （5）蔬菜生产中常用设备
3. 蔬菜育苗技术	（1）蔬菜育苗方式 （2）种子识别及质量检测 （3）苗床准备 （4）种子处理 （5）播种 （6）苗期管理 （7）嫁接育苗技术 （8）工厂化育苗技术
4. 定植（播种）	（1）整地 （2）施基肥 （3）作畦 （4）移栽（或播种）
5. 田间管理	（1）温、光管理技术 （2）肥水管理技术 （3）花果管理技术 （4）植株调整技术 （5）采收技术 （7）清洁田园技术

（续）

培训模块	内容模块
6. 菜园病虫草害识别 （诊断）与防控	（1）菜田主要虫害识别及防控技术 （2）菜田主要病害诊断与防控技术 （3）菜田主要杂草识别与清除技术 （4）农药使用技术
7. 采后处理	（1）蔬菜产品整理技术 （2）蔬菜产品清洗技术 （3）蔬菜产品包装技术

四、培训要求

1. 蔬菜种类与识别

（1）按农业生物学分类识别。认识当地主要蔬菜植物的幼苗、植株及产品，知道其属于农业生物学分类（根菜类、白菜类、绿叶菜类、葱蒜类、茄果类、瓜类、豆类、薯芋类、水生蔬菜及多年生蔬菜）中的类别。

（2）按食用器官分类识别。认识当地主要蔬菜植物的幼苗、植株及产品，知道其食用部分属于植物的根、茎、叶、花及果实的器官。

（3）按植物学分类识别。认识当地主要蔬菜植物的幼苗、植株及产品，知道其属于单子叶植物还是双子叶植物。

2. 蔬菜生产设施、设备

（1）简易生产设施建造与应用。知道当地主要的蔬菜生产简易设施（地膜覆盖、风障畦、阳畦、改良阳畦、遮阳棚、防雨棚）的场地选择及建造要求、建造方法及在蔬菜生产上的应用，会根据当地种植蔬菜种类及季节选择适当的材料进行简易设施建造并按蔬菜种类进行生产。

（2）大棚的结构、性能及应用。知道当地主要的大棚的建造方位、建造材料、建造规格的基本知识，了解大棚的小气候特点，在蔬菜生产上的主要应用（春提前、秋延后）；知道当地大棚种植的主要蔬菜种类及适宜时期，会正确选择大棚所需要的塑料薄膜，会正确进行大棚棚膜的焊接、覆盖，会根据大棚所种植的蔬菜种类进行温湿度调控及田间管理。

（3）单屋面温室的结构、性能及应用。知道当地主要的单屋面温室的建造方位、建造材料、建造规格的基本知识，了解单屋面温室的小气候特点、在蔬菜生产上的主要应用，会正确进行单屋面温室塑料薄膜的覆盖；知道当地单屋面温室种植的主要蔬菜种类及种植茬口，会根据一面坡温室所种植的蔬菜种类进行温湿度调控及田间管理。

（4）联栋温室的结构、性能及应用。知道联栋温室的基本结构，了解联栋温室的通风、灌溉、施肥、加温、遮阴等系统的基本工作原理，了解联栋温室的小气候特点；知道联栋温室种植的常见蔬菜种类及种植茬口，会根据联栋温室所种植的蔬菜种类进行温湿度、水肥调控及田间管理，会进行常用蔬菜生产营养液的配置及使用。

（5）蔬菜生产中常用设备。知道安全用电常识，会正确操作温室的卷帘系统、灌溉施肥系统，会正确使用常用农业机械（土壤耕作机械、作畦机、覆膜机、打药机等），会对以上机械进行常用的维修保养。

3. 蔬菜育苗

（1）蔬菜育苗方式。知道当地不同季节、不同蔬菜生产场所进行蔬菜育苗所采用的传统育苗方式（露地育苗、设施育苗、嫁接育苗）及集约化育苗方式；知道当地进行不同种类蔬菜育苗时使用的育苗方法（苗床、穴盘、营养钵）。

（2）种子识别及质量检测。能够正确识别当地常见蔬菜的种子，会用千粒重、发芽率等常规方法检测种子质量。

（3）苗床准备。会进行最热温床的铺设；能够按照正确比例配制营养土，制作育苗用的苗床或采用容器进行育苗前准备。

（4）种子处理。会根据蔬菜种子种类进行种子消毒（或晒种）、物理处理、温汤浸种（或开水烫种）、常温浸种；催芽。

（5）播种。会根据蔬菜种类采用正确的点播、条播或撒播方法进行播种；能够根据种子大小采用正确的覆土厚度。

（6）苗期管理。了解常见蔬菜的壮苗标准，会根据蔬菜种类进行苗期的温度管理、水分管理；能识别苗期常见的病虫害，会进行常规防治；会分苗、炼苗；会对不同蔬菜幼苗进行分级。

（7）嫁接育苗技术。知道嫁接育苗的蔬菜种类（西瓜、茄子等）及嫁接方法，能够采用当地主要的嫁接方法进行嫁接育苗，会进行嫁接苗的田间管理。

（8）工厂化育苗技术。了解工厂化育苗的工作流程，知道工厂化育苗的田间管理技术。

4. 定植（播种）

（1）整地。了解菜园主要土壤类型及其特点，会根据所要定植（播种）蔬菜种类进行土壤基本耕作。

（2）施基肥。了解不同肥料的特性，会根据所要种植蔬菜种类确定施用基肥的种类及数量；会进行基肥的铺施、沟施等。

（3）作畦。知道不同蔬菜种植畦的基本做法，会根据种植蔬菜种类、季节做出适合种植蔬菜的种植畦（平畦、小高畦或高畦）。

（4）定植（或播种）。知道当地主要蔬菜种类的适宜定植（播种）时期、定植（播种）原则，会根据定植（播种）蔬菜种类、季节选择适当的定植（明水或暗水）或播种（点播、条播、撒播）方法。

5. 田间管理

（1）温、光调控技术。知道当地主要蔬菜在不同生长发育阶段对温度和光照的基本要求，能够根据蔬菜种类采取适当的措施进行温度和光照调控。

（2）肥水管理技术。知道当地主要蔬菜在不同生长发育阶段对水分和土壤营养的基本要求，能够根据蔬菜种类、蔬菜长势、土壤肥水情况采取适当的措施进行浇水、追肥，会正确进行菜园中耕和根外追肥。

（3）花果管理技术。知道当地主要果类蔬菜的开花结果习性及特点，能够根据蔬菜种类采用适当的保花保果（或疏花疏果）措施，会正确使用常见的保花保果生长调节剂。

（4）植株调整技术。知道当地主要植株调整技术（打杈、摘心、吊蔓、摘除老叶等）的应用原则，能根据蔬菜种类、植株长势在适当时期进行打杈、摘心、吊蔓、摘除老叶等整枝技术。

（5）采收技术。知道当地主要蔬菜种类的采收标准，会根据蔬菜种类适时采取正确方法进行蔬菜产品的采收。

（6）清洁田园技术。知道菜园清洁田园的基本方法和要求，会根据蔬菜种类采取适宜的清洁田园方法进行拉秧、清洁田园操作，会将蔬菜拉秧的植物残体进行堆肥或无害化处理。

6. 病虫草害识别与防控

（1）菜田主要虫害识别及防控技术。认识当地菜田主要害虫，知道其发生规律，会选用合适的农药按适当的配比进行适时防治。

（2）菜田主要病害诊断与防控技术。会正确诊断当地菜田主要蔬菜种类的主要病害，知道其发生规律，会选用合适的农药按适当的配比进行适时防治。

（3）菜田主要杂草识别与清除技术。认识当地菜田的主要杂草，会采用适合的技术进行田间杂草清除，会选择适当的菜田除草剂按正确配比进行菜田除草。

（4）农药使用技术。知道菜田禁止使用的农药、允许使用的农药，了解主要使用农药的特性，会正确进行农药配制、使用；会使用当地主要的农药施用器具正确进行菜田施药。

7. 采后处理

（1）蔬菜产品整理技术。知道当地主要蔬菜的产品特点，会根据蔬菜产品种类、特点采用适当方法进行产品的整理。

（2）蔬菜产品清洗技术。知道当地主要蔬菜产品的特性，会根据蔬菜产品的特性采用适当的产品清洗方法。

（3）蔬菜产品包装技术。知道当地主要蔬菜产品的分级标准、包装、简易保鲜方法，会根据蔬菜产品种类正确进行产品分级，采用适当包装方法进行产品包装、简易保鲜。

第五节　粮食作物栽培工的培训规范

一、培训对象

重点面向专业大户、家庭农场、农民合作社、农业企业等新型生产经营主体中稳定从事现代粮食生产的农业工人或农业雇员，以及有志从事粮食生产的农业劳动力等。

二、培训目标

培训适应现代农业发展要求，熟练掌握现代粮食生产发展的基本专业知识和生产技能，能够适应现代粮食生产专业化、标准化、规模化和集约化生产要求的专业技能型职业农民。

三、培训内容

培训模块	内容模块
1. 水稻生产管理	（1）肥料运筹和需水特性 （2）播前准备 （3）苗期生产管理 （4）分蘖拔节期生产管理 （5）抽穗扬花期生产管理 （6）灌浆结实期生产管理 （7）收获贮藏
2. 小麦生产管理	（1）肥料运筹和需水特性 （2）播前准备 （3）苗期生产管理 （4）拔节期生产管理 （5）抽穗灌浆期生产管理 （6）收获贮藏
3. 玉米生产管理	（1）肥料运筹和需水特性 （2）播前准备 （3）苗期生产管理 （4）穗期生产管理 （5）花粒期生产管理 （6）收获贮藏
4. 薯类生产管理	（1）环境条件影响和肥水运筹 （2）播前准备 （3）种苗种薯处理 （4）苗期生产管理 （5）中期生产管理 （6）后期生产管理 （7）收获贮藏

（续）

培训模块	内容模块
5. 小杂粮生产管理	（1）播前准备 （2）播种 （3）田间管理 （4）病虫草防治 （5）收获贮藏

四、培训要求

1. 水稻生产管理

（1）肥料运筹和需水特性。肥料运筹：了解水稻不同生育时期对主要矿质营养元素（氮、磷、钾）以及微量元素的需肥规律、吸收量、吸收水平、吸收比例等，掌握水稻需肥特点和需肥量，学会判断水稻主要营养元素以及微量元素缺失的主要症状，学会根据单产水平对养分的需要、土壤养分的供给量等，计算全生育期施肥量；学会根据各生育期需肥特点，结合产量构成因素形成时期，确定水稻最适施肥时期。重点掌握本地区主要栽培方式的水稻肥料运筹模式和施肥技术要点，学会基肥、蘖肥、穗肥以及各生育时期追肥的时间、用量、配比和施肥方式等。需水特性：了解水稻基本需水情况，掌握水稻不同生育期（秧苗移栽、返青期、分蘖期、拔节孕穗期、灌浆结实期）稻田水分的适宜范围；了解稻田需水量的主要构成：叶面蒸腾、棵间蒸发量和稻田渗透量，掌握本地区水稻节水灌溉的主要技术措施。

（2）播前准备。了解最基本的水稻种子播前处理技术和方法，掌握晒种、选种、浸种消毒、催芽、种子包衣等环节的技术要点。

（3）苗期生产管理。学会根据大田面积、栽插方式、育秧方式等确定秧田面积，重点掌握针对不同类型秧田整地做床、苗床施肥的技术要点，掌握根据实际需要备足育秧盘及无纺布、塑料膜的数量，学会适合本地区种植模式的育秧基质使用技术要点和注意事项。了解水稻生产中主要的育秧方式及关键技术，掌握本区域的主要育秧方式；了解确定水稻合理播种期和适宜播种量的基本原则，学会根据品种特性、育秧方式、气温高低和栽插方式等确定最佳播种期和适宜播种量；了解秧苗的几种类型（小苗、中苗、大苗）及特点，掌握不同育秧方式秧苗期管理的技术要点，学会识别水稻秧苗期常见病虫草害，掌握病虫草害的主要防治技术，能够根据药剂要求确定合适的施药量，并独立配制适合浓度的药液。

（4）分蘖拔节期生产管理。了解分蘖拔节期水肥管理的重要意义，学会查苗补缺、调水灌溉、中耕除草、晒田控蘖、看苗追肥等，掌握如何通过调水、调肥促进水稻分蘖早生快发、提高分蘖成穗率的主要技术措施，并能够独立进行田间作业；了解本区域主要自然灾害对水稻分蘖拔节期生长发育的影响，了解干旱、洪涝、高温、台风等抗逆生产关键技术，掌握水稻高产栽培管理和减灾栽培关键技术要点。

（5）抽穗扬花期生产管理。了解水稻开花的基本规律和条件，掌握巧施穗肥、合肥灌溉等肥水管理要求，并能独立进行田间操作，学会识别水稻抽穗扬花期主要病虫草害；重点掌握病虫草害的主要防治技术，能够根据药剂要求确定合适的施药量，并独立配制适合浓度的药液；了解本区域主要自然灾害对水稻抽穗扬花期生长发育的影响，了解高温、干旱、暴雨、寒露风等抗逆生产关键技术，掌握如何根据水稻生长的外部形态进行水肥促控措施，学会水稻在抽穗扬花期遇高温、寒露风等灾害天气的高产栽培管理和减灾栽培技术措施。

（6）灌浆结实期生产管理。了解水稻灌浆结实期养根保叶、防止早衰、防止倒伏、防止贪青晚熟等主要管理目标，掌握保持水层、间歇灌溉、追施粒肥等主要田间管理措施，并能够独立进行田间作业，学会识别水稻灌浆结实期主要病虫草害；重点掌握病虫草害的主要防治技术，能够根据药剂要求确定合适的施药量，并独立配制适合浓度的药液；了解本区域主要自然灾害对水稻灌浆结实期生长发育的影响，了解高温、低温、台风、暴雨等抗逆生产关键技术，重点掌握如何根据水稻生长的外部形态进行水肥促控措施，学会水稻在灌浆结实期遇高温、寒露风等灾害天气的高产栽培管理和减灾栽培技术措施。

（7）收获贮藏。了解水稻籽粒灌浆的过程和适时收获的重要意义，掌握水稻收获时期的颖壳、穗轴、护颖等生理标准，学会通过判定水稻的成熟度来确定准确的收获时期，掌握水稻机械收获、人工收获等主要收获方法及技术要求，掌握机械收获总损失率、破碎率、留茬高度等主要作业质量要求；了解水稻产量主要构成因素的形成及相互关系，掌握水稻田间测产的基本方法；了解稻谷贮藏颖壳对籽粒期保护作用、稻谷无后熟期、稻谷不耐高温等主要特点；了解在不同温度条件下不同品种贮藏的安全水分标准，掌握稻谷的主要保管方法。

2. 小麦生产管理

（1）肥料运筹和需水特性。肥料运筹：了解小麦不同生育时期对主要矿质营养元素（氮、磷、钾）以及微量元素的需肥规律、吸收量、吸收水平、吸收比例等，掌握小麦需肥特点和需肥量，学会判断小麦主要营养元素以及微量元素缺失的主要症状；学会根据单产水平对养分的需要、土壤养分的供给量等，计算全生育期施肥量和养分配比，学会根据各生育期需肥特点，结合产量构成因素的形成时期，确定小麦最适施肥时期。掌握本地区主要栽培方式的小麦肥料施用模式和施肥技术要点，学会基肥、种肥、返青肥、拔节肥、穗肥等施用时间、用量、配比和施肥方式等。需水特性：了解小麦基本需水情况，掌握小麦不同生育期（播种期、苗期、返青期、拔节期、抽穗扬花期、灌浆期）土壤墒情的适宜范围、需水特性，了解麦田土壤墒情调节的主要方式，包括灌溉、排水、覆盖、镇压等；掌握本地区小麦节水灌溉、排水除湿或覆盖保墒的主要技术措施。

（2）播前准备。了解最基本的小麦种子播前处理技术和方法，掌握晒种、选种、种子包衣、药剂拌种等环节的技术要点；了解麦田常见整地方式（旋耕、翻耕、深松、镇压等）操作程序和前茬秸秆处理方式；了解常见土传病害的土壤处理方法；了解基肥种类选择、施用量和施用方法等，掌握当地主要栽培技术整地环节技术要点。

（3）苗期生产管理。了解小麦播种期、播种量和播种深度的适宜范围和确定原则，学会根据目标基本苗数、品种千粒重和出苗率计算播种量；了解小麦常见播种方式（等行条播、宽窄行播种、均匀撒播、苗带宽幅、沟播、穴播）和配套播种机械的特点；了解小麦播种时土壤养分和墒情调控的方法，掌握当地主要栽培技术播种环节操作技术要点；了解小麦查苗补种和苗情调查评价方法；了解苗期土壤墒情调控方法，学会常见自然灾害应对措施，学会识别小麦苗期常见病虫草害，掌握病虫草害的主要防治技术，能够根据药剂要求确定合适的施药量，并独立配制适合浓度的药液。

（4）拔节期生产管理。了解小麦返青拔节期水肥管理的重要意义，学会根据小麦苗情、目标产量和品种类型确定水肥管理的时期和用量，掌握分类管理、氮肥后移、化控防倒等主要技术措施，并能够独立进行田间作业；学会识别小麦返青拔节期常见病虫草害，掌握纹枯病、白粉病、锈病、全蚀病、根腐病、吸浆虫、蚜虫等病虫害的主要防治技术，能够根据药剂要求确定合适的施药量，并独立配制适合浓度的药液；了解本区域主要自然灾害对小麦返青拔节期生长发育的影响，了解干旱、冷害等抗逆生产关键技术。

（5）抽穗灌浆期生产管理。了解小麦抽穗扬花和灌浆的基本规律和适宜条件，了解抽穗灌浆期养根护叶、促灌浆、增粒重、防早衰、防倒伏等主要管理目标，掌握一喷综防技术的原理与要点；学会识别小麦抽穗灌浆期主要病虫草害，掌握赤霉病、吸浆虫等病虫害的主要防治技术，能够根据药剂要求确定合适的施药量和适宜的防治时期，并独立完成防治作业；了解本区域主要自然灾害对小麦抽穗灌浆期生长发育的影响，了解高温、干旱、干热风、暴雨等抗逆生产关键技术。

（6）收获贮藏。了解小麦籽粒成熟的过程和适时收获的重要意义，掌握小麦适期收获的生理标准，掌握小麦主要收获方式、技术要求和田间测产的基本方法，掌握机械收获总损失率、留茬高度等主要作业质量要求；了解小麦收获期自然灾害的主要类型和对籽粒品质的影响，掌握小麦收获遇雨及穗发芽的应对方法；了解在不同温度条件下不同品种贮藏的安全水分标准，掌握小麦籽粒的常见保管方法。

3. 玉米生产管理

（1）肥料运筹和需水特性。肥料运筹：了解玉米不同生育时期对大量元素（氮、磷、钾）、常量元素（钙、镁、硫）、微量元素（铁、锰、铜、锌、钼、硼等）的需肥规律、吸收量、吸收水平、吸收比例等；掌握玉米需肥特点和需肥量，注意矿质元素间的平衡施用；学会判断玉米主要营养元素以及微量元素缺失的主要症状；学会根据产量水平、品种特性、土壤肥力确定玉米全生育期施肥量，学会根据各生育期需肥特点，结合产量构成因素的形成时期，确定玉米最适施肥时期；掌握本地区主要栽培方式的玉米肥料模式和施肥技术要点，学会基肥、种肥、苗肥、拔节肥、穗肥、粒肥的施用时期、次数、用量、配比和施肥方式等。需水特性：了解玉米基本需水情况，掌握玉米不同生育阶段（播种至拔节、拔节至吐丝、吐丝至灌浆、灌浆至成熟）的需水动态变化规律，了解玉米灌溉指标的具体表现和数值：土壤水分、叶片膨压、植株形态和叶片水势，掌握本地区玉米节水灌溉的主要技术措施，包括灌水时期和灌水方法。

（2）播前准备。了解玉米对土壤条件的要求、常见整地方式（旋耕、翻耕、深松、镇压等）操作程序和前茬秸秆处理方式；了解常见土传病害的土壤处理方法；了解基肥种类选择、施用量和施用方法等。掌握当地主要栽培技术整地环节技术要点。

（3）苗期生产管理。了解玉米播种期、播种方法、播种量和播种深度的适宜范围和确定原则；了解玉米常见播种方式（条播、点播、精量机械播种、等行距播种、宽窄行播种、育苗移栽）和配套播种机械的特点；了解玉米播种时土壤养分和墒情调控的方法，掌握当地主要栽培技术播种环节操作技术要点；了解玉米苗期以营养生长为核心的生长发育特点；了解苗期促进根系生长、保证全苗、匀苗、培育壮苗的田间管理主攻目标，掌握查苗、间苗、定苗、去分蘖方法和苗情调查评价方法；了解苗期土壤墒情调控方法。学会常见自然灾害应对措施，学会识别玉米苗期常见缺素症和病虫草害，掌握主要防治技术，能够根据药剂要求确定合适的施药量，并独立配置适合浓度的药液。

（4）穗期生产管理。了解玉米穗期由营养生长转向营养生长与生殖生长并进的发育特点、基本规律和适宜条件；了解促秆壮穗、达到茎粗、节短、叶茂、根深、植株健壮、生长整齐，力争穗大粒多的田间管理主攻目标，掌握追肥、灌水、中耕培土的时期和方法，掌握化学调控技术的应用原则；了解本地生产上应用的玉米生长调节剂施用时期和剂量，学会识别玉米穗期主要病虫草害，掌握主要病虫害防治技术，能够根据药剂要求确定合适的施药量和适宜的防治时期，并独立完成防治作业；了解本区域主要自然灾害对玉米穗期生长发育的影响，了解高温、干旱、干热风、暴雨等抗逆生产关键技术。

（5）花粒期生产管理。了解玉米花粒期的生殖生长和产量形成的发育特点；了解玉米花粒期养根保叶、防止早衰、增加群体光合量、促进籽粒灌浆、保证正常成熟、争取粒多粒饱实现高产的主要管理目标，掌握追攻粒肥、浇灌浆水、人工辅助授粉等主要田间管理措施，并能够独立进行田间作业；学会识别玉米花粒期主要病虫草害，掌握病虫草害的主要防治技术，能够根据药剂要求确定合适的施药量，并独立配制适合浓度的药液；了解本区域主要自然灾害对玉米花粒期生长发育的影响，了解高温干旱、风灾倒伏、低温冷害、霜冻冰雹、热害渍涝等抗逆生产关键技术，掌握防早衰促早熟高产栽培管理技术措施。

（6）收获贮藏。了解玉米籽粒灌浆的过程和适时晚收的重要意义，掌握籽粒玉米和青贮玉米生理成熟的主要标志，学会通过玉米的成熟度来确定准确的收获时期，掌握玉米机械收获、人工收获等主要收获方法及技术要求，掌握机械收获总损失率、破碎率、留茬高度、秸秆还田和机械化耕整地等主要作业质量要求；了解玉米产量主要构成因素的形成及相互关系，掌握玉米田间测产的基本方法；了解玉米降水贮藏的重要意义，收获前田间降水和收货后及时降水的方法；了解在不同温度条件下不同品种贮藏的安全水分标准，掌握玉米穗贮和粒贮的方法。

4. 甘薯和马铃薯生产管理

（1）环境条件影响和肥料运筹。环境条件：了解甘薯和马铃薯对温度、水分、光照和土壤环境的要求，主要包括适合茎叶生长、块根形成、块根膨大的最适温度和光照周期，作物的蒸腾系数、基本需水情况、不同生育阶段的需水动态变化规律、田间持水量保持标准，本地区节水灌溉的主要技术措施，高产栽培对土壤质地、物理性状、酸碱度和含盐量的要求。肥料运筹：了解甘薯和马铃薯不同生育时期对大量元素（氮、磷、钾）、常量元素（钙、镁、硫）、微量元素（铁、锰、铜、锌、钼、硼等）的需肥规律、吸收量、吸收水平、吸收比例等，掌握需肥特点和需肥量，注意矿质元素间的平衡施用。学会判断主要营养元素以及微量元素缺失的主要症状，学会根据产量水平、品种特性、土壤肥力确定薯类作物全生育期施肥量，学会根据各生育期需肥特点，结合产量构成因素形成时期，确定最适施肥时期。掌握本地区主要栽培方式的肥料运筹模式和施肥技术要点。

（2）播前准备。了解甘薯和马铃薯轮作换茬制度、对土壤条件的要求、常见整地方式（旋耕、翻耕、深松、镇压等）操作程序和前茬秸秆处理方式；了解常见土传病害的土壤处理方法；了解基肥种类选择、施用量和施用方法等，掌握当地主要栽培技术整地环节技术要点。

（3）种苗种薯处理。甘薯种苗：了解甘薯块根萌芽、长苗特性和壮苗特征，掌握培育壮苗方法，主要包括育苗方式、苗床准备、种薯处理、做垄排种、出苗前、出苗后、采苗前和采苗后的苗床通风、保温、肥水补充管理等环节；了解应用脱毒甘薯苗的重要意义和脱毒甘薯苗的培养技术。马铃薯种薯：根据种薯贮藏情况、预定处理方法和播种期，掌握优质脱毒种薯的出窖时间和挑选方法，学会种薯催芽、切块、拌种的原则和方法，了解应用马铃薯脱毒种薯的重要意义和脱毒马铃薯的生产技术。

（4）苗期生产管理。了解甘薯栽种时期、栽种方法、栽种密度、栽植深度的适宜范围和确定原则；了解马铃薯播种期、播种方法、播种量和播种密度的确定范围和原则，常见播种方式和配套播种机械的特点；了解甘薯和马铃薯播种时土壤养分和墒情调控的方法，掌握当地主要栽培技术播种环节操作技术要点；了解甘薯和马铃薯苗期以茎叶生长和根系发育为主的生长发育特点；了解苗期促根、保全苗、促茎叶早发、保证根茎叶和块茎协调分化生长的田间管理主攻目标，掌握查苗、间苗、定苗方法和苗情调查评价方法；了解苗期土壤墒情调控方法，学会常见自然灾害应对措施，学会识别苗期常见缺素症和病虫草害，掌握主要防治技术，能够根据药剂要求确定合适的施药量，并独立配制适合浓度的药液。

（5）中期生产管理。了解甘薯和马铃薯由营养生长转向生殖生长的发育特点、基本规律和适宜条件；了解调控茎叶平稳生长、促进块根膨大的田间管理主攻目标，掌握追肥、灌水、中耕培土的时期和方法；学会识别甘薯和马铃薯的主要病虫草害，掌握主要病虫害防治技术，能够根据药剂要求确定合适的施药量和适宜的防治时期，并独立完成防治作业；了解本区域主要自然灾害对甘薯和马铃薯生长发育的影响，了解高温、干旱、干热风、暴雨渍涝等抗逆生产关键技术。

（6）后期生产管理。了解甘薯和马铃薯生殖生长和产量形成的发育特点；了解防治茎叶早衰、提高光合效能、增加干物质积累、促进块根迅速膨大的主要管理目标，掌握追肥、灌溉和排水等主要田间管理措施，并能够独立进行田间作业；学会识别该阶段主要病虫草害，掌握病虫草害的主要防治技术，能够根据药剂要求确定合适的施药量，并独立配制适合浓度的药液；了解本区域主要自然灾害对生长发育的影响，了解高温干旱、风灾倒伏、低温冷害、霜冻冰雹、热害渍涝等抗逆生产关键技术，掌握防早衰促早熟高产栽培管理技术措施。

（7）收获和贮藏技术。掌握甘薯和马铃薯生理成熟的主要标志，学会确定准确的最佳收获时期；掌握甘薯和马铃薯机械收获、人工收获等主要收获方法及技术要求；掌握机械收获总损失率、破碎率等主要作业质量要求。了解甘薯和马铃薯产量主要构成因素的形成及相互关系，掌握田间测产的基本方法；了解甘薯和马铃薯块茎在贮藏期间的生理生化变化特征，掌握通风、防水湿、防冻、防病虫的贮藏条件要求，掌握冬贮法和夏贮法等贮藏方法的特点、注意事项、具体操作原则和方法。

5. 小杂粮生产管理

（1）播前准备。了解最基本的杂粮作物种子播前处理技术和方法，掌握晒种、浸种、选种、种子包衣、药剂拌种等环节的技术要点；了解杂粮作物常见整地方式（旋耕、翻耕、深松、镇压、起垄等）操作程序和前茬秸秆处理方式；了解常见土传病害的土壤处理方法；了解基肥种类选择、施用量和施用方法等，掌握当地主要栽培技术整地环节技术要点。

（2）播种。了解当地常见杂粮作物播种期、播种量、播种深度和播种墒情的适宜范围和确定原则，学会根据目标基本苗数、品种千粒重和出苗率计算播种量，学会根据品种特性和当地气候特点确定播种期，掌握合理控制播种深度的原则和方法；了解杂粮作物常见播种方式（条播、撒播、沟播、穴播）的特点和常见配套播种机械的概况和操作要点；了解杂粮作物播种时土壤养分和墒情调控的方法，掌握当地主要栽培技术播种环节操作技术要点，学会杂粮作物精量和半精量播种，熟悉播种期干旱等逆境的应对办法。

（3）田间管理。了解杂粮作物主要间苗方式和特点，掌握当地主栽杂粮作物间苗的原则和方法；了解杂粮作物不同生育时期对主要矿质营养元素（氮、磷、钾）以及微量元素的需肥规律、吸收量、吸收比例等，学会判断杂粮作物主要营养元素以及微量元素缺失的主要症状；学会根据各生育期需肥特点，结合产量构成因素的形成时期，确定杂粮作物最适追肥时期，掌握本地区主要栽培方式的杂粮作物追肥施用模式、施用量和施用时期；了解杂粮作物不同生育期的水分需求情况；了解土壤墒情调节的主要方式，包括灌溉、排水、覆盖、镇压等，掌握本地区杂粮作物节水灌溉、排水除湿或覆盖保墒的主要技术措施；了解本区域主要自然灾害对杂粮作物生长发育的影响；了解干旱、冷害、冰雹、高温等抗逆生产关键技术。

（4）病虫草防治。了解杂粮作物主要病虫草害的发生、为害和防治，学会识别当地主要杂粮作物常见病虫草害，熟悉主要病虫草害的防治技术和绿色防控技术，学会判断防治标准和选择合适的防治方法；了解农药的安全使用原则和常见药械使用办法，能够根据药剂要求确定合适的施药量，并独立配制适合浓度的药液和安全作业；了解病虫草害防治方法对籽实品质的影响，能够根据收获品质的要求选择适宜的防治方法和药剂。

（5）收获贮藏。了解杂粮作物籽粒成熟、品质形成的过程和适时收获的重要意义，掌握杂粮作物适期收获的生理标准和判断方法，掌握杂粮作物主要收获方式、技术要求和提高收获品质的基本方法；了解杂粮作物收获期自然灾害的主要类型和对籽粒品质的影响，掌握杂粮作物收获不利气象条件的应对方法；了解不同品质需求对于不同品种杂粮籽实的贮藏温度、湿度和水分含量的要求，掌握杂粮籽实的常见保管方法。

第六节　粮油贮藏初加工人员的培训规范

一、培训对象

重点面向粮油种植专业大户、农民合作社、家庭农场，粮油加工、贮运和进出口等相关企业中从事农产品贮藏加工的农业工人、技术人员和管理人员等，以及有志从事粮油贮藏加工的农业社会化服务人员。

二、培训目标

培训适应现代粮油贮藏加工产业发展要求，熟练掌握粮油贮藏加工的专业知识和操作技能，能够适应现代粮油贮藏加工专业化、标准化、规模化和集约化生产要求的专业技能型职业农民。

三、培训内容

培训模块	内容模块
1. 粮油干燥	(1) 干燥设施知识 (2) 粮油干燥工艺
2. 粮食贮藏基础知识	(1) 粮油储藏过程中生理变化 (2) 粮油贮藏过程中的主要病虫害及其防治
3. 粮油仓库设施和储粮技术	(1) 粮油储藏设施基础 (2) 粮油储藏设施日常管理 (3) 粮油储藏技术
4. 粮食的出入库	(1) 粮油出入库准备和管理 (2) 粮油数量与质量验收
5. 粮油仓储管理	(1) 粮油仓库管理制度 (2) 粮油存放管理
6. 粮情检查处理技术	(1) 粮情检查知识 (2) 粮情处理相关知识和技能

四、培训要求

1. 粮油干燥

（1）干燥设施知识。了解干燥的原理和主要方法，知道干燥机的分类，掌握主要干燥设施的类型和使用，以及日常维护。

（2）粮油干燥工艺。了解干燥的新技术和新方法，重点掌握稻谷和大米、小麦和面粉、玉米、甘薯、大豆、油菜籽及花生等干燥的工艺和技术要点。

2. 粮食贮藏基础知识

（1）粮油储藏过程中生理变化。知道贮藏过程粮食呼吸、后熟、发芽和陈化等生理现象，了解粮食贮藏过程中出现生理变化的原因，以及相应的控制措施。

（2）粮油贮藏过程中的主要病虫害及其防治。了解常见粮食微生物、储粮害虫的生物学特征、分类方法及其对粮油储藏品质的影响；了解粮食霉变和粮食虫蚀的原因，掌握储粮霉变、储粮害虫的防治方法。

3. 粮油仓库设施和储粮技术

（1）粮油储藏设施基础。了解粮食贮藏仓库的分类、结构及储粮的主要特性，以及油罐等储粮设施的基本构造、组成和功能，掌握粮食仓房和油罐的容量计算方法。

（2）粮油储藏设施日常管理。掌握粮油仓库清洁卫生的有关规定和清洁卫生的具体方法，能够对常用的粮油输送机械、油泵、输油管线等设备进行日常保养和维护。

（3）粮油储藏技术。了解粮油储藏的新技术和新方法，了解粮食储藏过程中进行通风和密闭的目的和作用，以及常规粮油储藏通风和密闭的基础知识和设施，掌握通风和密闭的技术方法，重点掌握稻谷和大米、小麦和面粉、玉米、甘薯、大豆、油菜籽及花生等粮油的贮藏条件。

4. 粮食的出入库

（1）粮油出入库准备和管理。能够按照粮油出入库的规定和实际需要准备粮油储存货位、设备和器材，调试油品出入库的管线；能够按照要求进行空仓杀虫；掌握建立储存粮油账、卡的相关方法，能够按照有关要求和规定填写储存粮油专卡和编排货位号，根据入库凭证登记保管台账，掌握油品打尺计量的方法。

（2）粮油数量与质量验收。能够凭感官判别粮油种类，按规定填写粮油出入库凭证；能够凭感官判断下列指标：小麦容重（误差不超过±30克/升）、玉米容重（误差不超过±35克/升）、稻谷出糙率（误差不超过±3%）、大豆纯粮率（误差不超过±3%）、粮油杂质含量（误差不超过±2%）；能够凭感官判断粮油的气味和油品的滋味、透明度。

5. 粮油仓储管理

（1）粮油仓库管理制度。掌握粮油出入库管理制度、库存粮油管理制度、粮库安全管理制度、粮油仓储机械管理制度、粮油仓库管理办法和粮油储存品质判定规则，并能够实际运用。

（2）粮油存放管理。掌握能够按照有关要求和规定操作输送设备进行装卸作业，堆放散装粮油，堆码包装粮油（做到堆垛牢固），存放成品粮油。

6. 粮情检查处理技术

（1）粮情检查的知识。了解温度、湿度和气体成分对粮油储藏和品质的影响，掌握测温仪器、测湿仪器、电子气体检测仪器、害虫选筛、扦样器等仪器设备的正确使用方法和进行温度、湿度和气体（O_2 和 CO_2）指标的测定；掌握"三温"曲线图、仓湿气湿曲线图等相关图表的绘制填写方法，掌握粮油储藏的安全水分指标含义和具体数值；掌握粮堆结露常见部位、检查储粮害虫设点要求、水分检测布点要求、检查粮油质量取样要求、虫粮等级有关规定，常见粮油色泽、气味、滋味特性及鉴别方法等。

（2）粮情处理相关知识和技能。①粮油降温除湿的方法。了解"三温"变化的规律、粮食后熟和粮堆呼吸的基本知识；了解粮食发热的原理，掌握降低粮温的基本方法和粮堆发热的处理方法；了解通风降温的要求和粮油晾晒降水的要求，掌握自然通风降温的要求、排风扇排除积热等降温的操作方法，以及降水的方法。②熏蒸处理和防虫防霉的方法。了解熏蒸杀虫对气密性的要求和储粮杀虫剂的基本知识，掌握粮堆密闭的方法和要求、防虫线的制作方法，掌握常用储粮杀虫剂、防毒口罩和防毒面具的使用方法和注意事项，掌握利用熏蒸剂进行环境和空仓杀虫的方法，以及防虫防霉的方法等。③控制粮堆气体成分。了解粮堆气体的变化规律，掌握利用常用储粮密封材料密封粮堆，降低粮堆的 O_2 浓度的方法。④鼠雀防治。掌握使用防雀网防止麻雀进入储存粮油场所的方法和使用防鼠器材防止老鼠进入储存粮油场所的方法，以及使用灭鼠器械捕杀老鼠和使用灭鼠剂诱杀老鼠的方法。

第七节　橡胶栽培工的培训规范

一、培训对象

重点面向植胶企业、植胶专业户、农民合作社、家庭农场、自营橡胶农户等主要从事橡胶树栽培生产的农业工人、雇员或成员，以及有志从事橡胶树栽培生产的农业劳动力等。

二、培训目标

培训适应现代橡胶树种植业发展要求，熟练掌握橡胶树种植业的专业知识和生产技能，能够适应橡胶树种植业专业化、标准化、规模化和集约化生产要求的专业技能型职业农民。

三、培训内容

培训模块	内容模块
1. 胶园开垦	（1）园地清理 （2）修梯田和挖植穴 （3）修建保护设施
2. 苗木定植	（1）植穴准备 （2）苗木定植 （3）植后抚管 （4）补换植
3. 抚育管理	（1）胶园覆盖 （2）除草松土 （3）施肥压青 （4）修枝整形 （5）三保一护
4. 病虫害防治	（1）病害防治 （2）虫害防治 （3）除桑寄生
5. 胶园灾害预防和处理	（1）胶园防火 （2）胶园防寒 （3）风害树处理 （4）寒、旱害树处理
6. 胶园间作	（1）幼树胶园间作 （2）成龄胶园间作 （3）全周期间作

四、培训要求

1. 胶园开垦

（1）园地清理。了解林地开垦相关法律法规；了解防火带、倒树、断树、清杂物等作业要求；了解开垦机械的作业要求；掌握（人工）开防火带、清理地上地下杂物等安全操作；了解油锯安全使用方法，掌握（手锯和油锯）倒树、断树的操作。

（2）修梯田和挖植穴。了解胶园开垦的原则及要求；了解等高开垦的方法和要求；了解胶园梯田或环山行和植穴（含植沟，下同）的开垦质量要求。重点掌握挖植穴与修筑梯田或环山行相结合的作业步骤；掌握修筑梯田或环山行、挖植穴的操作。

（3）保护设施修建。了解胶园水土保持的重要意义，了解水土保持设施、护栏等的质量要求，掌握胶园天沟、泄水沟、防牛沟、护栏等保护设施的施工操作。

2. 苗木定植

（1）植穴准备。了解植穴准备的作业要求，了解基肥的重量要求，了解施基肥、回表土和润植穴的方法和质量要求，掌握施基肥、回表土、植穴标记和润植穴的操作。

（2）苗木定植。了解苗木定植成活原理，了解苗木分级知识，了解各种苗木定植技术及质量要求，重点掌握常规苗木（如裸根芽接桩、芽接桩袋装苗、袋育小苗等）的定植和淋定根水操作。

（3）植后抚管。了解保苗促长的原理，了解常用化学除草剂的使用方法，重点了解植后抚管要求，掌握保湿（淋水、覆盖、遮荫）、抹芽、除草等操作。

（4）补换植。了解抗旱定植原理及技术；了解常规苗木出圃前处理技术；了解胶园林相整齐的意义和补换植技术要求，掌握采用常规苗木补换植方法和操作。

3. 抚育管理

（1）胶园覆盖。了解胶园活覆盖的作用和意义；了解胶园恶草种类及其辨识方法；了解胶园死覆盖的技术要求，掌握胶园死覆盖（薄膜、秸秆等）铺设操作；了解胶园活覆盖的技术要求，掌握各种覆盖作物直播或移栽及其田间管理的操作。

（2）除草松土。了解胶园生物多样性的意义和胶园杂草的生长规律；了解常用化学除草剂的用途和注意事项，掌握常用化学除草剂使用方法；了解胶园杂草控制要求，重点掌握植胶带除草、萌生带管理及植胶带松土等操作。

（3）施肥压青。了解橡胶树生长、产胶与施肥的关系；了解不同肥料特点和胶园施肥原则；了解胶园施肥技术（如肥穴位置、施肥时间、养分比例、施肥量等）要求，重点掌握胶园扩穴、挖肥穴、沟施等操作；了解胶园土壤改良方法；了解胶园压青技术（如压青材料种类及要求、压青位置、压青时间和压青量等）要求，掌握压青材料刈割、收集和压青操作；了解有机肥的要求，掌握有机肥制作技术要点和因地制宜制作优质腐熟有机肥。

（4）修枝整形。了解橡胶树生长特性和橡胶树修剪的效果（包括副作用）；了解橡胶幼树和成龄树的修剪技术（如修剪季节、修剪对象、修剪强度）要求，掌握修剪主要技术，如除环剥、环割、抹芽、摘心、剪梢、短截、预伤等；了解伤口涂封的要求，掌握沥青合剂配制技术及其涂封方法。

（5）三保一护。了解胶园水土保持的作用和意义，了解胶园"三保一护"（保肥、保水、保土和护根）的技术要求，掌握独立进行的或与扩穴或与挖肥穴等相结合的胶园"三保一护"的操作。

4. 病虫害防治

（1）病害防治。了解橡胶树常见病害（白粉病、炭疽病、条溃疡病、根病、棒孢霉落叶病、死皮病等）发病特点；了解常用农药使用基本知识；了解常用植保机械的用途和使用方法，掌握相关植保机械安全操作和保养方法；了解橡胶树常见病害防治技术要求，掌握常见病害化学防治方法。

（2）虫害防治。了解橡胶树常见虫害（蚧壳虫、六点始叶螨、小蠹虫等）发生特点；了解常用农药使用基本知识；了解常用植保机械的用途和使用方法，掌握相关植保机械安全操作和保养方法；了解橡胶树常见虫害防治技术要求，重点掌握常见病害化学防治方法；了解橡胶树虫害生物防治知识，掌握天敌释放技术。

（3）除桑寄生。了解橡胶树桑寄生防治原理，掌握桑寄生防治技术和具体操作。

5. 胶园灾害预防和处理

（1）胶园防火。了解森林防火知识和注意事项；了解胶园火灾隐患种类、清理要求和配套栽培技术措施。

（2）胶园防寒。了解橡胶树寒害发生机理；了解施肥、灌溉和园地管理等对橡胶树抗寒性的影响，掌握胶园秋季施肥、灌溉、园地管理抗寒措施；了解橡胶树防护抗寒机理，掌握遮蔽、烟熏、冲洗、施药、包裹等抗寒措施操作。

（3）风害树处理。了解胶园风害处理原则和要求；了解不同树龄不同风害级别的受害树处理方法和要求，重点掌握支撑、扶树、短截、涂封、培育树冠等橡胶风害树处理方法和操作；了解风害后橡胶树次生灾害发生特点，掌握次生灾害预防措施。

（4）寒、旱害树处理。了解胶园寒害处理原则和要求；了解不同寒害类型不同寒害级别的受害树处理方法和要求，重点掌握短截、刮伤、涂封等橡胶寒害树处理方法和操作；了解寒害后次生灾害发生特点，掌握次生灾害预防措施。

6. 胶园间作

（1）幼树胶园间作。了解幼树胶园行间可间作资源变化特点；了解拟间作作物的生长发育习性及市场潜力；了解幼树胶园间作的技术要求，掌握胶园间作物丰产、优质栽培技术。

（2）成龄胶园间作。了解成龄胶园行间可间作资源变化特点；了解（耐荫性强的）拟间作物的生长发育习性及市场潜力；了解成龄胶园间作的技术要求，掌握林下间作物丰产、优质栽培技术。

（3）全周期间作。了解全周期间作胶园行间可间作资源变化特点；了解拟间作物的生长发育习性及市场潜力；了解胶园间作的技术要求，重点掌握全周期间作胶园间作物丰产、优质栽培技术。

第八节　橡胶割胶工的培训规范

一、培训对象

重点面向植胶企业、植胶专业户、农民合作社、家庭农场、自营橡胶的农户等从事橡胶树割胶工作的农业工人及雇员，以及有志从事割胶工作的农业劳动力等。

二、培训目标

培训适应现代橡胶树割胶技术发展趋势和产业发展要求,熟练掌握现代橡胶树割胶技能的专业知识和生产技能,能适应现代割胶工作的专业化、标准化生产的专业技能型职业农民。

三、培训内容

培训模块	内容模块
1. 割胶准备	(1) 橡胶树生物学知识 (2) 割胶工具准备 (3) 开割树准备
2. 割胶与收胶	(1) 割胶作业 (2) 收胶作业
3. 刺激剂使用	(1) 材料准备 (2) 涂施技术
4. 胶园管理	(1) 树身管理 (2) 土壤管理 (3) 病虫害防治

四、培训要求

1. 割胶准备

(1) 橡胶树生物学知识。了解橡胶树树皮结构与产胶组织,掌握橡胶树产胶、排胶基本知识;了解不同品种、树龄、营养状况的橡胶树应选择适宜的割胶制度;了解割胶对胶乳再生的影响。

(2) 割胶工具准备。了解常用的割胶工具,掌握各工具的使用原理与安全保管方法;了解胶刀的基本结构和磨刀石的种类及性能,掌握各种磨刀石的使用方法;了解新胶刀的磨刀工序与磨刀标准,掌握磨刀技术,掌握胶刀的日常维护;了解主要的胶杯架类型并掌握制作、安装技术,正确选择其他割胶生产工具。

(3) 开割树准备。了解橡胶树割面规划基本知识,主要有开割标准、开割高度、割线方向和斜度、割胶深度、树皮消耗和割面轮换等的基本要求和指标要求，同时了解阴线开割标准、开割高度、割线斜度、割线方向、割胶深度的基本要求和指标要求；了解和认识橡胶树主栽品种的特性和产胶排胶性能；了解不同地形的割线方向和斜度，了解芽接树与实生树的阳刀割线斜度差异；了解割胶制度设计的主要内容和组合方式。掌握用模具进行胶树开割；掌握上下水线开启的实际操作；掌握割面规划、割线设计、割胶深度和树皮消耗等实际操作；掌握阴阳线的规划和割胶技术；掌握大风、高寒地区的开割标准与开割高度差异。

2. 割胶与收胶

（1）割胶作业。了解刺激割胶新技术；了解低频（减刀）、短线、浅割、少药、增肥、营养诊断施肥、产胶动态分析等割胶措施，达到增产、省皮、省工、安全，提高劳动生产效率，提高经济效益；了解橡胶树的产胶类型，以橡胶树的品种、树龄，规划设计割胶制度和刺激措施，掌握割胶技术要领（手、脚、眼、身）；了解"稳、准、轻、快"；了解"三均匀""十防止""六清洁"。掌握如何控制割胶深度、耗皮量，了解什么是伤树、超线和多线割胶；了解各种割线对下刀、行刀和收刀的操作要求并掌握操作技能，掌握死皮树的控制与复割；了解风后复割标准；了解"三看割胶"和冬季"一浅四不割"，掌握涂封割面，了解"保一促二"；了解不同品系、不同割龄、不同割制等采用的割胶深度、割胶频率；了解停割标准，保证遇到突发情况（植株病变、气候、干胶含量）及时停割，以免造成更大损失。掌握如何处理好管、养、割三者的关系，实行科学割胶，保护和提高橡胶树的产胶能力，保持排胶强度与产胶潜力平衡，使整个生产周期持续高产、稳产，掌握非正常树的割胶方法。

（2）收胶作业。了解收胶工具包含的器具，正确选择收胶工具，掌握好胶刮的大小、形状、软硬度等条件要求，以及胶刮与胶杯的关系；掌握好收胶时间，了解不同环境、不同气候造成的收胶时间差异；掌握收胶操作要领，包括收胶步骤、方法，了解遇到不同的天气情况的收胶应对措施；掌握杂胶包含内容以及收集方法（杂胶一般占产量的 7%），以免造成浪费；了解胶乳的基本特性，并掌握胶乳早期保存方法。

3. 刺激剂使用

（1）材料准备。了解刺激剂乙烯利的物理化学性质；了解生产上使用的主要乙烯利剂型，掌握乙烯利的配制及贮藏方法；了解乙烯利刺激割胶的基本原理和副作用，掌握减少乙烯利对橡胶树产生副作用的方法，掌握根据橡胶树品种、树龄、营养状况选择配制相应浓度的刺激剂，正确使用盛装乙烯利的容器和选择涂施工具。

（2）涂施技术。了解低频刺激割制的内容和含义，掌握橡胶树使用刺激剂的基本要求及施用方法，掌握乙烯利刺激割胶技术；掌握橡胶树不同品种、树龄、割胶制度、营养状况使用刺激剂浓度的设定，及用药剂量、用药周期、用药时间、用药方法及用药剂型的差异；掌握如何选择天气、时间进行涂施，如何掌握剂量；掌握涂施的部位、手法、方向；掌握树位停割标准（出现何种情况或遇到何种天气时需要停止涂药）。

4. 胶园管理

（1）树身管理。了解风寒害级别的划分标准，掌握风害树的基本处理技术及灾后施肥技术，包括施肥时机、部位、数量和类型；了解清除橡胶树寄生物及处理技术、防牛兽害及火灾措施。

（2）土壤管理与施肥。了解胶园水土保持的基本知识，掌握"三保一护"（保水、保土、保肥和护根）的实施技术；了解橡胶树生长和产胶的养分需求基本知识；了解橡胶树的营养诊断并指导施肥；了解胶园人工除草和化学除草的基本知识，特别是化学除草的基本原理和安全知识，掌握胶园安全（对人和树）除草的基本技能。

（3）病虫害防治。了解叶部病害包含哪些病症并能识别叶部病害症状，掌握如何防治白粉病、炭疽病等常见叶部病害；了解根部病害种类，能通过症状准确识别不同类型根病，掌握防治红根病、褐根病等常见根部病害基本知识；了解秆部病害种类及病症，并能识别常见秆部病害，掌握防治如死皮病、割面条溃疡病等常见秆部病害基本知识；了解橡胶树常见虫害类型及危害症状，掌握橡胶树小蠹虫、六点始叶螨、蚧壳虫等常见虫害的防治技术（包括物理防治与化学防治）。

第九节　培训实施与考核颁证

一、学员遴选

开展摸底调研，对农业企业、农民合作社、家庭农场等新型农业经营主体中符合新型职业农民特征的现代农业从业者进行统计调查，收集基础信息，建立新型职业农民培育对象库。在充分了解培育对象的从业年限、技能水平、培训需求等各方面信息的基础上，遴选好培训对象。

二、培训计划

在实际培训工作中，培训机构要对培训需求进行深入调研，依据本规范，制定科学实用的培训计划，实行一班一案。培训计划应对培训目标、培训内容、学时分配、培训教材、培训教师、培训地点、考试考核等做出具体安排，对学员组织、培训方式、培训管理提出明确要求。培训要紧紧围绕生产基本要求，突出果树园艺工所需熟练掌握的关键知识和技能，利用农民培训项目资金开展培训，要结合项目实施要求和农民实际需要，分阶段选择模块开展培训。培训学时数可依据培训内容的重要性及产业发展的实际需要确定，原则上不低于 50 学时，理论教学和实践教学学时比一般为 1:2。

三、培训实施

规范选用培训教材，按照《农业部办公厅关于加强新型职业农民培育教材建设的通知》（农办科［2015］41 号）要求，优先使用农业部新型职业农民培育规划教材，不得以简单的讲义、明白纸等替代。选好通用知识和专业技术师资，明确教师职责，按照教学要求和农民学习需求，合理安排各类教学活动。依托具有一定产业基础和特色优势、农民教育培训设施条件完善、示范引领作用较强的农民合作社、农业企业、农业园区、家庭农场、专业大户等建立农民田间学校，在产业链上"就地就近"便利培训。创新培训模式，适应务农农民学习规律特点和生产生活实际，坚持方便农民、贴近生产和实际实用实效的原则，采用组织高效、务实管用、农民欢迎的模式。实行"农学结合"分段培训，按生产关键环节或工作流程划分培训阶段，理论学习与生产实践交替进行，促进学习、生产"两不误"。及时将培训班相关信息录入农业农村部新型职业农民培育信息管理平台。

四、考核颁证

根据培训对象、培训目标、培训内容和培训要求，采取简便易行，行之有效、真实可靠的考试考核办法，综合运用理论考试、实践考核和生产经营水平考察等多种评价方式，对参训学员进行必要的考试考核。考试考核合格的学员，由培训机构颁发新型职业农民培训证书，记载培训班次、培训时间、培训内容（课程）、学时数、考试考核结果等，作为认定新型职业农民的一个依据。

五、培训规范使用

培训规范是制定培训计划、编写教材、教师授课的基本依据。在实际培训工作中，要结合当地生产力发展水平和学员实际需要，在培训内容上可适当进行选取、调整和整合，突出针对性和实用性，以适应当地开展培训的需求。在培训时间上可依据参考学时，结合实际合理确定培训学时数。

第七章　新型职业农民的认定标准

当前，我国新型职业农民培育遵循的是"宣传遴选—教育培训—资格认定—扶持发展"的路径。其中，新型职业农民认证是取得新型职业农民身份的关键环节。本章内容梳理了部分省、市、县公布的新型职业农民认定标准，尽管不同地区对新型职业农民认定的标准涉及地方特色，但总体上都能反映我国新型职业农民需要具备的能力和条件。

第一节　新型职业农民认定标准的基本内容

1989 年以前，我国将世界发达国家职业农民资格认定制度统称为"绿色证书"制度。借鉴国外经验，1990 年农业部在全国推行"绿色证书"制度，1993 年又开始实行"农业职业资格证书"制度。2012 年农业部又在全国安排 100 个试点县，在新型职业农民认定标准等方面进行了有益尝试。

我国新型职业农民的认定标准从总体上看，各种制度、标准等虽各具特点，但其内容总的来说涉及基本申报条件、产业规模和其他认定标准。本节就对新型职业农民认定标准的基本内容进行梳理。

一、新型职业农民认定标准涉及的主要方面

(一) 认定的基本条件

1. 年龄

针对新型职业农民的年龄限制，不同的地区有不尽相同的规定。天津将新型职业农民的年龄限制在 18～60 岁，而重庆市则将其划定为 18～65 岁，上海市则仅仅规定了年龄上限为 60 岁。尽管对于新型职业农民的年龄规制有所出入，但总的来说，差别并不大。

2. 户籍

有的地区对户籍做出了明确的要求，如上海市及其管辖的崇明区和浦东。但对户籍有要求的地区同时也允许有合法稳定住处且合法稳定从事农业生产经营服务若干年以上、具有示范带动效应的外省市户籍人员可参与新型职业农民的认定。

3. 文化程度

有明确规定新型职业农民学历的地区基本上均将学历要求设置为初中学历。此外，有些地区也明确指出初中学历只是初级要求，对中级、高级新型职业农民的学历有更高的要求。如南京市，初级要求初中及以上水平，中级要求高中或者中专以上水平，高级则不低于大专文化水平。

4. 专业技能水平、产业带动能力

关于专业技能水平或者产业带动能力，每个地区设置的名目都不同，具体要求也不尽一致。不过，作为新型职业农民认定的基本条件，由于其衡量标准是非量化的，这就模糊了各个地区在此方面的认定标准差异。如四川省对新型职业农民的主要技能水平和产业带动能力是这样规定的：具备现代农业理念与知识，有较强的经营管理能力，按照先进的生产经营模式进行农业生产与经营，在当地具有明显的示范引领作用。天津市相应的规定是：有较强的经营管理能力，具备现代农业理念、知识和专业技能，应对市场变化能力强，实践经验丰富，能够合理配置农业资源，掌握先进生产经营模式，具有示范带动效应，带动当地农民致富。

5. 职业道德、思想文化素质

职业道德和思想文化素质的要求，同上一条类似。几乎所有地区对于新型职业农民的思想道德层面都做了明确的要求，可见专业技能和思想品德兼备才是一名合格的新型职业农民。

6. 从业经历

从业经历主要指新型职业农民应当在认定前就从事过相当时间的农业生产经营。在这一方面，无论是否明确指出，都可以找到各个地区对于从事农业经历的认定要求。

7. 收入水平

新型职业农民是以农业为主要职业的，其农业生产经营的规模和收益要高于一般的农业生产经营者。关于收入水平的要求，不同的地区的认定要求也是不同的。如广西规定：新型职业农民收入主要来自农业。初级新型职业农民人均纯收入达到所在县农民人均纯收入的 2 倍以上，中级达到 3 倍以上，高级达到 5 倍以上，具体由县级视当地实际情况确定。陕西省则规定：收入主要来源于农业，初级职业农民收入应达到当地农民人均纯收入的 5～10 倍，中级达到 10～20 倍，高级达到 20 倍以上。这主要是由于不同地区农业发展现状（规模、结构等）的差异引起的。

8. 参加培训并获取资格证书

（二）产业标准

摒弃之前农业生产以户为单位的无效率的碎片化经营模式，规模化经营是新型职业农民的硬性指标。各级省、市、县在综合考虑到本地区实际农业结构的基础上，对新型职业农民的产业规模标准给出了明确的界定。总的来说，产业标准无一例外都涉及种植业和养殖业，种植业涉及粮食、油料、棉花、蔬菜、水果、茶叶、烟叶等常见农作物和特色种植作物花卉、中药材及食用菌等；而养殖业则涉及猪、牛、羊、家禽、水产等常见养殖品种，同时也有蜜蜂、火鸡、竹鼠等特种养殖。综上所述，作为新型职业农民核心的认定标准，几乎所有的地区政府文件，把产业规模明确写进了新型职业农民的认定管理办法中。

（三）明确考核指标

综合素质、专业技能、经营规模、生产效益、职业道德是新型职业农民认定中五个明确的考核指标。这五个考核指标，实际上是基本条件和产业规模的另一种表达方式。这个认定标准的提出，使得新型职业农民的认定过程更加科学，综合素质、专业技能和职业道德这几个难以测度的指标，在该办法中以分数的形式呈现，进一步提升了新型职业农民认定管理办法实施的可行性。

在实践中，各个地区的新型职业农民认定标准的基本条件并不一定包括上述"认定基本条件"的所有内容，或者有的还包括了产业标准这一项。但总的来说，综观各省、市、县的新型职业农民认定标准，上面列出的三条可以完全囊括。

二、新型职业农民认定标准的分类

尽管各个地区的新型职业农民的认定标准有着不同的内容和规范，但依据新型职业农民认定条件或者标准的大致分类，可以将部分省、市、县的认定标准划分为以下几个类别（表7-1）。

表7-1　新型职业农民认定标准分类

分类标准	地　　区
规定了基本条件	广东省、商洛市
规定了基本条件、产业规模	天津市、吉林省、广西区、义乌市、黄岩区、德化县、五峰土家族自治区、茶陵县、静宁县
规定了基本条件，并分类型设置认定标准	宿城区、南陵县、龙海市、东昌府区、大埔县、四川省
规定了基本条件，并分等级设置认定标准	潼南区、济源市、砚山县、定西市
规定了基本条件，并以五个考核指标作为认定标准	上海市、长春市、鹤峰县、六盘水市、陕西省
规定了基本条件，并分类型、分等级认定	南京市、绩溪县、鄢陵县
其他　规定了基本条件、产业规模、五个考核指标、分等级认定	浦东
规定了基本条件、产业规模、五个考核指标	通化县

通过以上的简单分类可以看出，每一级政府都对新型职业农民的基本认定条件作了明确指示。

此外，尽管各个地区新型职业农民的认定管理办法有很多差异、各具地方特色，但是很显然规定了新型职业农民认定的基本条件和产业规模的地区占大多数，而且，尽管本书将分类型认定办法和分等级认定办法单列出来，实际上，分类认定和分等级认定的办法也都对产业规模做出了明确的规定。

第二节　部分省级新型职业农民认定标准

本节列举出天津、上海、陕西、四川等七个省、直辖市的新型职业农民的认定标准，以便于读者更加直观全面地认识到新型职业农民认定标准的具体内容。

一、天津

(一) 新型职业农民认定需具备的基本条件

(1) 年龄在 18～60 周岁范畴内，在天津市从事农业生产或经营的城乡居民。

(2) 具有较高的科学文化素质。初级职业农民至少需具备初中以上学历，中高级应具备高中或农科中专以上文化程度。各级职业农民资格认定需要具备与申报产业相关的职业资格证书、绿色证书，职业特征鲜明，生产经营规模大，从业稳定性高。

(3) 有较强的经营管理能力，具备现代农业理念知识和专业技能，应对市场变化能力强，实践经验丰富，能够合理配置农业资源，掌握先进生产经营模式，具有示范带动效应，带动当地农民致富。

(4) 思想政治素质过硬，拥护党的路线、方针、政策，遵纪守法，品行端正。熟悉农业农村政策法规，热爱农业，积极服务农村。具有良好的职业道德和社会公德，无违法和农产品质量安全问题等不良记录，群众公认度高。

(5) 认定为新型职业农民至少需具备 2 年以上的从事农业生产、经营或服务的经历。

(6) 以农业生产、经营、服务为主要收入来源的初级职业农民人均收入水平应达到当地农村劳动力人均收入水平 (2015 年统计数据：本地劳动力月均为 3 576 元，年均为 4.3 万元)；中级职业农民人均收入水平应达到当地农村劳动力人均收入水平的 1～3 倍；高级职业农民人均收入水平应达到当地农村劳动力人均收入水平的 3 倍以上。

(7) 申请人员必须具备参与相应的新型职业农民培训经历并取证后方可进行资质认定。

(二) 产业标准

按照农业部重点推进生产经营型职业农民认定的要求，根据天津市重点农业产业发展的实际，针对种养类生产经营型职业农民在经营规模上至少应达到如下标准：

(1) 种植大户经营规模。粮食种植大户要求在本地区范围内粮食种植规模达 120 亩以上；经济作物大户要求在本地区范围内棉花种植规模达 100 亩以上；油料作物大户要求在本地区范围内花生种植规模达 150 亩以上；蔬菜种植大户要求在本地区范围内露地蔬菜种植 30 亩以上，设施蔬菜种植 15 亩以上；果树种植大户要求在本地区范围内果树种植 35 亩以上。

（2）养殖大户经营规模。生猪养殖大户要求在本地区范围内生猪养殖年出栏 300 头以上；肉牛养殖大户要求在本地区范围内肉牛年出栏 30 头以上；奶牛养殖大户要求在本地区范围内养殖奶牛 70 头以上；肉羊养殖大户要求在本地区范围内肉羊年出栏 500 头；禽类养殖大户要求在本地区范围内肉鸡年出笼 40 000 只以上，蛋鸡达 15 000 只以上，蛋鸭达 2 000 只以上；水产养殖大户要求在本地区范围内水产养殖面积达 50 亩以上。

（三）其他规定

（1）各区县可根据实际情况对产业标准进行适当调整，制定符合本地区实际的认定管理办法和标准，报市农民教育联席会议办公室备案后实施。

（2）初级新型职业农民认定每年进行一次，中级和高级新型职业农民认定每两年进行一次。职业农民资格认定实行逐级推荐，被评为初级职业农民满两年，方可申请参加中级职业农民评定。被评为中级职业农民满两年，方可申请参加高级职业农民评定。能力和贡献特别突出者，经市农民教育培训联席会议办公室批准后可不受以上年限限制。

（3）各区、县高级职业农民占本区县职业农民总量的比例原则上不得高于 10％，中级职业农民占本区县职业农民总量的比例原则上不得高于 30％。

二、上海

申请认定为新型职业农民的农业从业人员，应符合以下基本条件：

（1）年龄 60 岁以下，初中及以上文化程度，正在从事农业生产经营服务工作的人员。

（2）本市户籍人员，或在本市有合法稳定住处且合法稳定从事农业生产经营服务 5 年以上、具有示范带动效应的外省市户籍人员。

（3）有较好的现代农业理念，有较强的经营管理、专业技能或社会服务能力。

（4）生产经营型必须有一定的生产经营规模，具体标准由区县自行制定。

（5）个人主要收入来源于农业生产经营。

（6）已经通过相关教育培训，并取得新型职业农民培训合格证书。

（7）遵纪守法，诚信经营，享有良好社会声誉，无生产和质量安全事故，无严重破坏生态环境、违章搭建、欠税、融资信用等违法违规不良记录。

新型职业农民的初次认定，可从综合素质、专业技能、经营规模、社会效益、职业道德等方面予以考量，具体由各区县结合实际制定细则。

综合素质评价指对认定对象理论学习和实践操作的考核活动，由区县农业行政主管部门组织，由负责教育培训的培训基地落实考试考核。

专业技能评价指对认定对象专业技能水平的考核活动，依据其参加农业职业技能鉴定情况进行评价。

经营规模评价指对认定对象生产经营规模考核活动，其生产经营规模要符合区县认定的规模化生产经营标准。

社会效益评价指对认定对象生产经营取得的经济、社会、生态效益的考核活动。生产经营因破坏生态环境被农业土壤监管部门或环保部门通报批评的，不能取得新型职业农民证书。

职业道德评价指对认定对象生产经营中产品质量安全、行业诚信等的考核活动。生产经营中出现产品质量安全问题、存在欺骗行为的，不能被认定为新型职业农民。

根据实际情况，探索建立生产经营型的新型职业农民初、中、高三个等级的认定标准。

三、广东省

生产经营型职业农民应具备以下基本条件：

（1）年龄在 18～60 岁之间。

（2）具有一定的科学文化素质和专业技能。

（3）以农业生产经营作为主要职业，农业生产经营收入占总收入二分之一以上。

（4）生产、经营方式和设施、设备具备现代农业特征。

（5）农业经营规模达到所在县（市、区）同行业、同类型、同产品平均水平的 3 倍以上；或近 3 年年均纯收入达到所在县（市、区）农民人均纯收入的 3 倍以上。

（6）重合同、守信用，无农产品质量安全问题等不良记录。

具有高中或中职以上学历的农业从业者申报生产经营型职业农民，条件可适当放宽，由所在县级农业行政主管部门根据实际情况确定。

四、吉林省

各试点县（市）可围绕以下要求，分产业制定本地新型职业农民认定的具体标准：

（1）基本条件。具有初中以上或相当于初中以上文化程度，致力于农业生产经营的 18～55 岁青壮年。

（2）能力素质。具备现代农业生产理念，应对市场变化能力强，善于应用现代农机装备和科学技术从事农业生产经营。

（3）生产规模。达到当地家庭农场、县级以上专业合作社和种养大户规模经营水平。

（4）经济效益。生产经营效益比当地普通农户的生产经营效益高出 10 倍以上。

（5）社会影响。能带头发展绿色、优质、高效农业，能示范带动周边农户科技致富，农民评价好。

五、广西壮族自治区

新型职业农民应具备以下基本条件：

（1）遵纪守法、有志务农、身体健康。

（2）年龄原则上在 55 周岁以下，特别优秀的，可适当放宽年龄限制。

（3）具有一定经营规模，产生良好社会效益和经济效益。

（4）收入主要来自农业。初级新型职业农民人均纯收入达到所在县农民人均纯收入的 2 倍以上，中级达到 3 倍以上，高级达到 5 倍以上，具体由县级视当地实际确定。

（5）初级新型职业农民必须具备初中（含初中）以上文化程度，中级应具备高中或农科中专（或同等学力）及以上学历，高级应具备大专（或同等学力）及以上学历。产业规模大、效益突出、示范带动明显的可破格放宽学历要求，但需要书面说明理由。

各县、市根据实际情况，探索建立新型职业农民的具体认定标准。

六、四川省

新型职业农民认定按照农民自愿和公开、公平、公正的原则，择优认定。认定条件为：

（1）遵纪守法、热爱农业、身体健康。

（2）接受过阳光工程、农业职业技能鉴定等农业培训或中等及以上农业学历教育合格。

（3）具备现代农业理念与知识，有较强的经营管理能力，按照先进的生产经营模式进行农业生产与经营，在当地具有明显的示范引领作用，收入高于当地城镇居民平均收入水平。

（4）新型职业农民分为生产经营型、专业技能型和社会服务型3类。

对生产经营性职业农民、专业技能型职业农民和社会服务型职业农民分别制定认定标准。

（1）生产经营型职业农民。主要包括专业大户、家庭农场主、农民合作社带头人等。粮油作物生产经营规模须达到30亩以上（平原地区50亩以上）；经济作物生产经营规模须达到30亩以上；代耕代种或单季全程托管作业面积须达到100亩以上。

（2）专业技能型职业农民。主要包括农业职业经理人、农业工人、农业雇员等。在农民合作社、家庭农场、专业大户、农业企业等新型生产经营主体中较为稳定地从事农业劳动，具有一定专业技能的农业管理人员和生产经营骨干。

（3）社会服务型职业农民。主要包括农机服务人员、统防统治植保员、农村信息员、农村经纪人等。在社会化服务组织中或作为个体直接从事农业产前、产中、产后服务人员，服务水平得到农民认可。

七、陕西省

陕西省新型职业农民分为生产经营型、专业技能型、社会服务型和新生代型四类。职业农民资格认定工作实行"政府引导、农民自愿、严格标准、动态管理"机制，按照高、中、初级分别由省、市、县认定的原则，每年认定一次。资格认定的主要评价指标包括综合素质、专业技能、经营规模、生产效益、职业道德等 5 方面，实行百分制评定。其中综合素质占 20 分，专业技能占 20 分，经营规模占 20 分，生产效益占 30 分，职业道德占 10 分。

(一) 新型职业农民应具备的基本条件

(1) 年龄在 16～55 岁之间。

(2) 职业特征鲜明、经营规模大、主体地位明确、从业稳定性高，是名副其实的农业继承者。

(3) 初级职业农民应具备初中以上文化程度；中级原则上具备高中或中专以上文化程度；高级原则上具备大专或相当于大专以上的文化程度。对于职业特征突出，经营规模较大，收入高，带动能力强的，申请认定高级职业农民时，可在学历水平上予以破格，但最低不得低于高中或者中专水平。

(4) 收入主要来源于农业，初级职业农民收入应达到当地农民人均纯收入的 5～10 倍，中级达到 10～20 倍，高级达到 20 倍以上。

(5) 有较强的经营管理能力，具备现代农业理念、知识和专业技能，应对市场变化能力强，实践经验丰富，能够合理配置农业资源，掌握先进生产经营模式，具有示范带动效应，带动当地农民致富。

(6) 从业稳定性强，有创业投资激情。

(二) 新型职业农民资格主要评价指标

包括综合素质、专业技能、经营规模、生产效益、职业道德等 5 方面，实行百分制评定。其中综合素质占 20 分，专业技能占 20 分，经营规模占 20 分，生产效益占 30 分，职业道德占 10 分。

综合素质评价指对培育对象理论学习和实习操作的考核活动，凡取得相应级别综合素质结业证书评价为 20 分。中级最低条件为初中毕业并持初级职业农民证书一年以上；高级最低条件为高中或中专学历并持中级职业农民证书一年以上。

专业技能评价指对培育对象专业技能水平的考核活动，凡考核合格或取得相应级别专业技能证书的评价为 20 分。

经营规模评价指对培育对象生产经营规模考核活动，凡经营规模达到本级最低标准评价为 16 分，根据经营规模增加量相应加分，最高 20 分。

生产效益评价指对培育对象生产取得的经济、社会、生态效益的考核活动。初级职业农民收入达到当地农民人均纯收入的 5～10 倍，中级达到10～20 倍，高级达到全省农民人均纯收入 20 倍以上的，评价为 20 分。带动 2 个以上农民就业或发家致富的评价为 3 分，根据带动农民就业量或发家致富情况进行相应加分，但不超过 5 分。生产经营严重影响生态环境的评价为 0 分，虽然对生态有影响但积极采取措施治理的评价为 3 分，对生态无影响且促进环境改善的评价为 4 分，对生态环境改善效果显著的评价为 5 分。

职业道德评价指对培育对象生产经营中产品质量安全、行业诚信及对热爱农业行业行为的考核活动。凡经营中出现产品质量安全问题、欺骗行为以及消极发展农业生产服务的，评价为 0 分，且不得参与资格认定。经营中无产品质量安全问题和欺骗行为，并积极发展农业生产服务的，评价为 5 分。可根据经营中产品质量信得过、无欺骗行为以及积极发展农业生产服务的实际情况，相应加分，最高不超过 10 分。

高级职业农民资格认定标准由省职业农民培育工作领导小组按照四种类型分类制定。初级、中级职业农民资格认定标准分别由县、市农业行政部门结合当地实际按照四种类型具体制定。

第三节　部分市、县新型职业农民认定标准

我国新型职业农民的认定主要集中在市、县层次。本节在已搜集到的新型职业农民认定标准基础上，罗列出全国 15 个市、县新型职业农民认定标准。

一、上海市浦东区新型职业农民认定标准

（一）新型职业农民基本条件

申请认定为新型职业农民的农业从业人员，应符合以下基本条件：

（1）年龄 60 周岁以下，初中及以上文化程度，正在从事农业生产经营服务工作的人员。

（2）本市户籍人员，或在本市有合法稳定住处且合法稳定从事农业生产经营服务 5 年以上、具有示范带动效应的外省市户籍人员。

（3）有较好的现代农业理念，有较强的经营管理、专业技能或社会服务能力。

（4）个人主要收入来源于农业生产经营。

（5）已经通过相关教育培训，并取得新型职业农民培训合格证书。

（6）遵纪守法，诚信经营，享有良好社会声誉，无生产和质量安全事故，无严重破坏生态环境，无"三违"现象，无融资信用等不良诚信记录。

（7）生产经营型必须在本区范围内有一定生产经营规模，家庭农场主要符合浦东新区家庭农场认定的要求。合作社规模具体标准如下：种植业要求粮食作物类年种植面积 80 亩以上，经济作物类年种植面积 20 亩以上；养殖业要求规划保留 3 年以上（保留至 2018 年后）的畜禽养殖场，水产业要求年水产养殖面积 30 亩以上。

（二）新型职业农民的初次认定

新型职业农民的初次认定，可从综合素质、专业技能、经营规模、社会效益、职业道德等方面予以考量。

综合素质评价指对认定对象理论学习和实践操作的考核活动，由农委职能部门组织，区农校和相关专业单位落实考试考核。

专业技能评价指对认定对象专业技能水平的考核活动，依据其参加农业职业技能鉴定情况进行评价。

经营规模评价指对认定对象生产经营规模的考核活动，其生产经营规模要符合认定申报条件规定的生产经营标准。

社会效益评价指对认定对象生产、经营取得的经济、社会、生态效益的考核活动。

职业道德评价指对认定对象生产经营中产品质量安全、"三违"和其他行业诚信等的考核活动。

（三）建立新型职业农民初、中、高三个等级的分级认定标准

认定对象在符合认定申报条件的基础上，需同时具备以下条件：

（1）初级认定标准。初中及以上文化程度，取得相应专业农业职业技能初级工证书。

（2）中级认定标准。取得初级职业农民证书两年及以上，取得相应专业农业职业技能中级工证书。

（3）高级认定标准。取得中级职业农民证书两年及以上，取得相应专业农业职业技能高级工证书或农业系列中级技术职称。

农业相关专业中专文化程度可直接认定为中级；农业相关专业大专及以上文化程度可直接认定为高级。

二、江苏省南京市新型职业农民认定标准

（一）新型职业农民基本条件

申请认定为新型职业农民的农业从业人员，应符合以下基本条件：

（1）年龄 60 周岁以下，初中及以上文化程度，按规定参加社会保险，正在从事农业生产经营服务工作的人员。

（2）本市户籍人员，或在本市有合法稳定住处且合法稳定从事农业生产经营服务 2 年以上、具有示范带动效应的外市户籍人员。

（3）有较好的现代农业理念，有较强的经营管理、专业技能或社会服务能力。应对市场变化能力强，实践经验丰富，能够合理配置农业资源，掌握先进生产经营模式，具有示范带动效应，能够带动当地农民致富。从业稳定性强，有创业投资激情。申请为生产经营型新型职业农民的，还应具备一定的生产经营规模。

（4）已经通过一定学时的农业职业技能培训，并获得相关培训证书。

（5）遵纪守法，诚信经营，享有良好社会声誉，无生产和质量安全事故，无破坏生态环境、违章搭建、欠税、融资信用等违法违规不良记录。

（二）新型职业农民分级认定标准

新型职业农民初、中、高三个等级，主要从学历水平、种养殖规模、培训学时、从业年限、带动能力等方面综合评定。

1. 生产经营型

初级生产经营型新型职业农民要求学历不低于初中文化水平，具备一定的种植养殖规模，家庭人均年可支配收入不低于本区农民人均年可支配收

入，专业技能培训学时不低于 24 学时。中级要求学历不低于高中或中专文化水平，具备一定的种植养殖规模，家庭人均年可支配收入达到本区农民人均年可支配收入的 2 倍以上，专业技能培训学时不低于 48 学时，能示范带动 10 个以上农户从事相关产业。高级要求学历不低于大专文化水平，具备一定的种植养殖规模，家庭人均年可支配收入达到本区农民人均年可支配收入的 3 倍以上，专业技能培训学时不低于 72 学时，能示范带动 20 个以上农户从事相关产业（表 7 - 2）。

表 7 - 2　初、中、高三级生产经营型新型职业农民的种养殖规模最低参考标准

种养类型 级别	大田作物（亩）	蔬菜（亩）	林果（亩）	生猪年出栏（头）	羊年出栏（头）	肉禽（鸽子）年出栏（羽）	蛋禽存栏（羽）	奶牛存栏（头）	水产养殖（亩）
初级	50	10	30	50	30	5 000	500	20	20
中级	100	30	50	500	300	20 000	2 000	100	50
高级	200	50	80	2 000	500	50 000	10 000	300	100

从事种养结合或其他混合经营的，主要产业规模达到上述标准的 70% 以上（表中未列种养产业参考值的，由各区在制定新型职业农民认定管理细则时，根据本地产业特色进行明确）。

2. 专业技能型

初级生产经营型新型职业农民要求学历不低于初中文化水平，家庭人均年可支配收入不低于本区农民人均年可支配收入，在新型农业经营主体服务时间不低于 2 年，专业技能培训学时不低于 24 学时。中级要求学历不低于高中或中专文化水平，家庭人均年可支配收入达到本区农民人均年可支配收入的 2 倍以上，在新型农业经营主体服务时间不低于 5 年，专业技能培训学时不低于 48 学时，能示范带动 10 个以上农户从事相关产业。高级要求学历不低于大专文化水平，家庭人均年可支配收入达到本区农民人均年可支配收入的 3 倍以上，在新型农业经营主体服务时间不低于 8 年，专业技能培训学时不低于 72 学时，能示范带动 20 个以上农户从事相关产业。

3. 专业服务型

初级生产经营型新型职业农民要求学历不低于初中文化水平，家庭人均

年可支配收入不低于本区农民人均年可支配收入，在新型农业经营主体从业年限不低于 2 年，专业技能培训学时不低于 24 学时。中级要求学历不低于高中或中专文化水平，家庭人均年可支配收入达到本区农民人均年可支配收入的 2 倍以上，在新型农业经营主体从业年限不低于 5 年，专业技能培训学时不低于 48 学时，能示范带动 10 个以上农户从事相关产业。高级要求学历不低于大专文化水平，家庭人均年可支配收入达到本区农民人均年可支配收入的 3 倍以上，在新型农业经营主体从业年限不低于 8 年，专业技能培训学时不低于 72 学时，能示范带动 20 个以上农户从事相关产业。

三、浙江省义乌市新型职业农民认定标准

（一）基础认定标准

（1）年龄在 18～60 周岁之间。

（2）学历及技能要求。初级新型职业农民一般应具有初中及以上学历，或者具有从事农业生产的相关初级以上技术职称证书或职业资格证书（含绿色证书）；中级新型职业农民应具有高中（中专）以上学历，或者具有从事农业生产的相关中级及以上技术职称证书或职业资格证书；高级新型职业农民应具有农业中专及以上学历，或者具有从事农业生产的相关高级及以上技术职称证书或职业资格证书。

（3）培训学时数。理论学习和实践实习累计达到规定学时（生产经营型达 42 学时，专业技能型和专业服务型达 30 学时），或经过全日制高校学习并毕业且从事农业工作 2 年以上。

（4）有主要来自于从事农业领域的合法稳定收入。

（5）法律、法规、规章规定的其他条件。

（二）产业标准

（1）粮油产业：水稻面积 30 亩及以上，旱粮面积 5 亩及以上，其他参照执行。

（2）蔬菜产业：蔬菜面积 5 亩及以上。

（3）茶叶产业：面积 10 亩及以上。

（4）水果产业：常规栽培水果面积 10 亩及以上，草莓、蓝莓、樱桃、果桑等 5 亩及以上，设施栽培水果面积 5 亩及以上。

（5）中药材产业：面积5亩及以上。

（6）畜牧业：生猪养殖50头及以上，禽养殖2000只及以上，其他参照执行。

生产经营型职业农民需同时满足基础标准和产业标准，专业技能型和专业服务型职业农民只需要满足基础标准。

四、福建省龙海市新型职业农民认定标准

（一）新型职业农民基本条件

新型职业农民申报工作，以农业从业者自愿为基础，坚持公开、公平、公正的原则，申请认定为新型职业农民的农业从业人员，应符合以下基本条件：

（1）年龄在18周岁以上，55周岁以下，高中或中专及以上文化程度，按规定参加农村社会保险并连续缴纳社保3年以上，在本市有合法稳定住处且正在从事农业生产经营服务工作的人员。

（2）有较好的现代农业理念，有较强的经营管理、专业技能或社会服务能力。应对市场变化能力强，实践经验丰富，能够合理配置农业资源，掌握先进生产经营模式，具有示范带动效应，能够带动当地农民致富。从业稳定性强，有创业投资激情。申请为生产经营型新型职业农民的，还应具备一定的生产经营规模。

（3）遵纪守法，诚信经营，享有良好社会声誉，无生产和质量安全事故，无破坏生态环境、违章搭建、欠税、融资信用等违法违规不良记录。

（4）对于参加并获得县级以上组织的新型职业农民培训证书、涉农专业中专以上证书及国家农业职业资格初级以上证书的可以优先予以认定。

（二）新型职业农民评定标准

新型职业农民主要从学历水平、种养殖规模、从业年限、带动能力等方面综合评定。具体如下：

1. 生产经营型

学历不低于高中或中专文化水平，具备一定的种养殖规模，家庭人均年可支配收入达到龙海市农民人均年可支配收入的2倍以上，能示范带动10个以上农户从事相关产业（表7-3）。

表 7-3　生产经营型新型职业农民的种植养殖规模最低参考标准

作物 蔬菜	水果	林业	花卉	生猪	鸡	食用菌	池塘养殖	工厂化养殖	滩涂养殖
30 亩　20 亩	30 亩	50 亩	30 亩	年出栏 1 000 头	年存栏 10 000 羽	5 万袋 (1 500 平方米)	30 亩	1 000 平方米	50 亩

2. 专业技能型

学历不低于高中或中专文化水平，家庭人均年可支配收入达到本市农民人均年可支配收入的 2 倍以上，在新型农业经营主体服务时间不低于 5 年，能示范带动 10 个以上农户从事相关产业。

3. 专业服务型

学历不低于高中或中专文化水平，家庭人均年可支配收入达到本市农民人均年可支配收入的 2 倍以上，在新型农业经营主体从业年限不低于 5 年，能示范带动 10 个以上农户从事相关产业。

五、山东省东昌府区新型职业农民认定标准

(一) 新型职业农民基本条件

(1) 拥护党的路线方针政策，遵纪守法，热心公益事业，积极服务社会，群众公认度高，具有良好的职业道德和社会公德。

(2) 年龄在 18~55 周岁，具有初中以上文化程度，身体健康。

(3) 在辖区内从事粮食、蔬菜、畜牧、水产等生产及服务，有较好示范带动效应。

(4) 在农业科技、生产技能和经营管理等方面符合本区现代农业发展要求，具有强烈创业意识和推进现代农业发展的责任感。

(5) 自觉参加培训学习，且学完全部内容。

(二) 新型职业农民认定标准

对生产经营型职业农民、专业技能型职业农民和社会服务型职业农民分别制定认定标准。

1. 生产经营型

粮食种植 50 亩以上（含 50 亩）；露地蔬菜种植 5 亩以上（含 5 亩），设

施蔬菜种植 3 亩以上（含 3 亩）；生猪养殖年存栏 200 头以上，蛋鸡、蛋鸭年存栏 5 000 只以上，肉鸡、肉鸭年出栏 10 000 只以上，肉牛年存栏 50 头以上，奶牛年存栏 200 头以上，羊年存栏 100 只以上；水产养殖水面 10 亩以上的专业大户、家庭农场主、农民合作社带头人等。流转土地（水面）3 年以上。产业年纯收入 6 万元以上且占家庭经济收入的 80% 以上。

2. 专业技能型

在农民合作社、家庭农场、专业大户、农业企业等新型生产经营主体中较为稳定地从事农业劳动作业，并以此为主要收入来源，具有一定专业技能的农业劳动力，主要是农业工人、农业雇员等。

3. 社会服务型

在社会化服务组织或个体中直接从事农业产前、产中、产后服务，并以此为主要收入来源，具有相应服务能力的农业社会化服务人员，主要是农村信息员、农村经纪人、农机服务人员、统防统治植保员、村级动物防疫员等农业社会化服务人员。

六、广东省大埔县新型职业农民认定标准

(一) 生产经营型新型职业农民基本条件

（1）在劳动力年龄内（16～55 周岁），在本县从事蜜柚（含水果，下同）、茶叶、水产、生猪等农业产业生产并具有本地户口。

（2）具有一定专业技能和规模化经营管理能力，具备现代农业理念和知识，应对市场变化能力强，实践经验丰富，能够合理配置农业资源，掌握先进的经营模式，并至少能辐射带动周边 5 户以上农民开展生产。

（3）在本县从事蜜柚、茶叶种植或生猪、水产养殖两年以上，且其规模和收入符合以下规定之一：①蜜柚产业：常年从事蜜柚生产，蜜柚种植面积达到 80 亩（含 80 亩）以上的；本职业农民家庭主要劳动力年人均纯收入比全县农民人均纯收入高 2 倍以上。②茶叶产业：常年从事茶叶生产，茶园面积达到 30 亩（含 30 亩）以上的；本职业农民家庭主要劳动力年人均纯收入比全县农民人均纯收入高 2 倍以上。③生猪产业：养殖肉猪年出栏量达到 1 000 头（含 1 000 头）以上的或自繁自养母猪存栏量达到 50 头（含 50 头）以上的；本职业农民家庭主要劳动力年人均纯收入比全县农民人均纯收入高

2 倍以上。④水产业：水产养殖面积达到 15 亩（含 15 亩）以上的或者从事鱼苗繁育面积达到 6 亩（含 6 亩）以上的；本职业农民家庭主要劳动力年人均纯收入比全县农民人均纯收入高 2 倍以上。

（4）愿意参加上级有关部门组织安排的各项培训。

（5）重合同、守信用，无农产品质量安全问题等不良记录。

（二）专业技能型和社会服务型新型职业农民基本条件

（1）在劳动力年龄内（16～55 周岁），在农业企业、农民合作社、家庭农场等新型农业经营主体中从事劳动作业的农业劳动力；或从事农业产前、产中、产后服务的农业社会化服务人员，并具有本地户口。

（2）专业技能型新型职业农民须在农业企业、农民合作社、家庭农场等新型农业经营主体中从事劳动作业 3 年以上；社会服务型新型职业农民须从事农业产前、产中、产后的农业社会化服务 3 年以上。

（3）具有一定的科学文化素质和实践操作技能，接受过相关技能培训并经考核合格，取得相应技能证书。

（4）家庭主要劳动力年人均纯收入比全县农民人均纯收入高 2 倍以上。

（5）愿意参加上级有关部门组织安排的各项培训。

七、吉林省通化县新型职业农民认定标准

（一）新型职业农民基本条件

（1）年龄在 18～55 岁之间（特别优秀者可适度放宽），身体健康。

（2）初级职业农民应参加新型职业农民教育培训、具备初中以上或相当于初中以上文化程度。具备种养业的基本理论知识、实际技术操作能力和经营管理能力，是农业生产、服务、管理过程中的骨干。

（3）经营规模达到本县家庭农场、专业合作社、种养大户标准，是普通农户经营规模的 5 倍以上。具体标准是：粮食作物种植面积 50 亩以上、棚膜面积 2 亩以上、以经营特色产业收入为主；从事畜牧业经营的具体标准是：年出栏肉鸡 5 000 只、生猪 300 头、肉牛 50 头、兔 5 000 只、年存栏蛋鸡 2 000 只、鸭 2 000 只、鹅 1 000 只、羊 100 只、鹿 30 只、奶牛 50 头以上。

（4）生产经营收入达到 10 万元以上，是本县普通农户生产经营收入的

5 倍以上。

（5）有较强的经营管理能力，具备现代农业生产理念，应对市场变化能力强，实践经验丰富，能够合理配置农业资源，掌握先进适用的生产经营模式。

（6）有较强的社会责任意识，能带头发展绿色、优质、高效农业，示范带领周边农民科技致富，实现共同富裕。

（二）新型职业农民主要评价指标

包括综合素质、专业技能、经营规模、生产效益、职业道德等 5 个指标，实行百分制评价。

综合素质评价指对培育对象理论学习和实践操作的考核活动，凡取得培训证书的评价为 20 分。

专业技能评价指对培育对象专业技能水平的考核活动，凡取得培训证书的评价为 20 分。

经营规模评价指对培育对象生产经营规模的考核活动，凡经营规模达到本县最低标准评价为 16 分，根据经营规模增加量相应加分，最高 20 分。

生产效益评价指对培育对象生产取得的经济、社会、生态效益的考核活动。初级新型职业农民收入达到本县农民人均纯收入的 5～10 倍，评价为 20 分。带动 2 个以上农民就业或发家致富的评价为 3 分，根据带动农民就业量或发家致富情况进行相应加分，但不超过 5 分。

职业道德评价指对培育对象生产经营中产品质量安全、行业诚信及热爱农业行业行为的考核活动。凡经营中出现产品质量安全问题、欺骗行为以及消极发展农业生产服务的，评价为 0 分，且不得参与资格认定。经营中无产品质量安全问题和欺骗行为，并积极发展农业生产服务的，评价为 5 分。可根据经营中产品质量信得过、无欺骗行为以及积极发展农业生产服务的实际情况，相应加分，最高不超过 10 分。

八、安徽省绩溪县新型职业农民认定标准

（一）新型职业农民基本条件

（1）具有一定的知识或技能，为当地农村经济、农业科技、农村文化等各项社会事业发展提供服务、作出贡献，发挥示范带动作用的农业劳动者都

在本认定范围内。属于国家机关、事业单位、国有企业正式职工不得参与新型职业农民认定。

（2）凡拥护党的路线方针政策，遵纪守法，有良好的职业道德素质和奉献精神，为当地农村经济社会发展提供服务，取得突出业绩，年龄在18～60周岁，且稳定从事农业生产3年及以上。

（3）新型职业农民认定按生产经营规模、参加学历教育或专业技术培训时间、农产品生产的经济效益和社会效益等方面，按初、中、高三个等级分别认定。对专业技能型和专业服务型的职业农民根据《安徽省2015年新型职业农民培训实施方案的通知》要求，只进行统计，不认定也不发证书。

（二）生产经营型职业农民等级标准

（1）初级。收入为本乡镇农户平均收入3.5倍以上，规模为本乡镇平均的5倍以上；种植能手要具备初级农民技术员水平或相应农民技术职称，粮食种植面积要在10亩以上，平均单产超本地10%以上；露天蔬菜种植要在10亩以上，温室大棚蔬菜要在20亩以上；菊花种植面积要在15亩以上，茶叶种植面积要在20亩以上，油茶种植面积要在20亩以上，山核桃种植面积要在30亩以上，果树栽培、花卉育苗或栽培要在20亩以上。养殖能手要具备基本养殖技术水平或相应农民技术职称，生猪养殖需年出栏育肥猪200头以上，肉鸡年出栏4万只以上，肉牛年出栏50头以上，肉羊年出栏100头以上，水产养殖15亩以上；农产品初加工能手要有营业许可证，固定资产投入要在30万元以上，年产值在50万元以上；家庭农场主经营年限在2年以上，无聘用人员，能带动示范农户10户；农民专业合作组织需注册3年以上，正常经营服务，会员超过30户；农业企业获县级农业产业化龙头企业及以上称号。

（2）中级。收入为本乡镇农户平均收入的5倍以上，规模为本乡镇平均水平的7倍以上；种植能手要具备中级农民技术员水平或相应农民技术职称，粮食种植面积要在30亩以上，平均单产超当地水平15%以上；露天蔬菜种植要在20亩以上，温室大棚蔬菜要在40亩以上；菊花种植面积要在30亩以上，茶叶种植面积要在40亩以上，油茶种植面积要在40亩以上，山核桃种植面积要在50亩以上，果树栽培、花卉育苗或栽培要在40亩以上。养殖能手要具备较高的养殖水平，养殖场技术员或养殖业主必须取得相关专业中专以上学历；生猪养殖需年出栏育肥猪 400 头以上，肉鸡年出栏 8 万只以上，肉牛年出栏 100 头以上，肉羊年出栏 300 只以上，水产养殖 30 亩以上；农产品初加工能手要有营业许可证，固定资产投入要在 50 万元以上，年产值在 80 万元以上；家庭农场经营年限在 5 年以上，聘用临时人员 1 人以上，能带动示范农户 20 户；农民专业合作组织登记注册 4 年以上，获县级或以上先进，会员超过 50 户；农业企业获市级农业产业化龙头企业及以上称号。

（3）高级。收入为本乡镇农户平均收入的 8 倍以上，规模为本乡镇平均水平的 10 倍以上；种植能手要具备高级农民技术员水平或相应农民技术职称，粮食种植面积要在 80 亩以上，平均单产超当地 20％以上；露天蔬菜种植要在 35 亩以上，温室大棚蔬菜要在 60 亩以上；菊花种植面积要在 50 亩以上，茶叶种植面积要在 100 亩以上，油茶种植面积要在 100 亩以上，山核桃种植面积要在 100 亩以上，果树栽培、花卉育苗或栽培要在 70 亩以上。养殖能手要具备很高的养殖水平，养殖场技术员或养殖业主必须取得相关专业大专以上学历；生猪养殖需年出栏育肥猪 800 头以上，肉鸡年出栏 15 万只以上，肉牛年出栏 200 头以上，肉羊年出栏 600 只以上，水产养殖 50 亩以上；农产品初加工能手要有营业许可证，固定资产投入要在 100 万元以上，年产值在 150 万元以上；家庭农场经营年限在 10 年以上，经常聘用临时人员 5 人以上，能带动示范农户 50 户；农民专业合作组织注册登记 5 年以上，获市级以上先进，会员超过 150 户；农业企业获省级农业产业化龙头企业及以上称号。

九、河南省鄢陵县新型职业农民认定标准

（一）新型职业农民基本条件

年龄 18～55 周岁的本县农民，具备系统的现代农业生产经营管理知识和技能，有科学发展理念，熟悉农业农村政策法规，注重农业可持续发展。同时具备以下条件：

（1）新型职业农民的种类和标准。

生产经营型的新型职业农民。粮食种植 100 亩以上，花卉、园艺、林果种植 20 亩以上，设施蔬菜 2 亩以上或露地蔬菜 5 亩以上，水产养殖水面

10亩（精养水面5亩），生猪养殖年出栏200头以上，蛋鸡、蛋鸭年存栏5 000只以上，肉鸡、肉鸭、肉鹅等年出栏5 000只以上，肉牛年出栏20头以上，羊年出栏100头以上的家庭农场主、农民合作社骨干、专业大户及农业企业负责人。流转土地（水面）半年以上。产业年纯收入8万元以上且占家庭经济收入的80%以上。

专业技能型新型职业农民。在农民合作社、家庭农场、专业大户、农业企业等新型生产经营主体中较为稳定地从事农业劳动作业3年以上，并以此为主要收入来源，具有一定专业技能的农业劳动力，主要是农业工人、农业雇员等。

社会服务型新型职业农民。在社会化服务组织或个体中直接从事农业产前、产中、产后服务3年以上，并以此为主要收入来源，具有相应服务能力的农业社会化服务人员，主要是农村信息员、农村经纪人、农机服务人员、统防统治植保员、村级动物防疫员、土地仲裁员、测土配方施肥员等农业社会化服务人员。

（2）遵纪守法，诚实守信，团结友善，无不良行为。

（3）具备初中以上学历，自觉参加培训学习不少于80学时，且学完全部内容。

（4）通过参加新型职业农民培育，文化素质、生产技能和经营管理水平显著提升。

（5）通过实践应用，种养业投入科学合理，发展后劲充足，产品产量、质量和经济效益明显提升。

（6）对周边村民有积极的影响和带动示范作用。

（二）新型职业农民分级认定标准

（1）初级。从事农业生产或为农业生产提供直接服务满3年，具备新型职业农民基本条件，已纳入新型职业农民认定范围，经考试考核合格的，认定为初级职业农民。

（2）中级。获得初级职业农民资格证书；从事农业生产或为农业生产提供直接服务满5年，能积极参加上级有关部门组织的培训班、技术讲座、现场会等，有不少于20个学时的新型职业农民继续教育培训记录；具有中专以上（含成人教育）农科学历，或有较高的理论基础和管理技术，能帮助农民解决生产中的技术难题，在村里能够起到示范和带头作用，有较高的群众声望；能在专业合作社中发挥重要作用，示范带动 10 个以上农户从事相关产业，并指导其生产经营，取得理想的收益；应用先进管理方法或新技术、新品种，农产品品质有明显提升，经济效益在上年基础上提高 10％以上。

（3）高级。获得中级职业农民资格；从事农业生产或为农业生产提供直接服务满 7 年，能积极参加上级有关部门组织的培训班、技术讲座、现场会等，有不少于 40 个学时的新型职业农民继续教育培训记录；具有大专以上（含成人教育）农科学历的农民，或基础理论知识深厚，技术管理水平一流，能为农民解决生产中的技术难题，管理技术和生产水平处于全市先进行列；具备以下条件之一的：创办农业专业合作社；成立农业企业；注册果品商标；产品获无公害农产品认证；产品获绿色食品认证；产品获有机食品认证或其他符合国家标准的农产品认证；积极从事种养业科研和技术推广，普及应用特色高效品种和先进技术，积极开拓农产品销售渠道，带领农户开拓市场，探索农产品生产经营新途径、新办法；示范带动 20 个以上的农户从事相关产业，自身收益在上年基础上增加 20％以上，所带动农户效益显著增加。

十、湖北省鹤峰县新型职业农民认定标准

（一）新型职业农民基本条件

（1）年龄在 18～55 岁。

（2）初级职业农民应具备初中及以上文化程度，中级应具备高中或农科中专及以上文化程度，高级应具备农科大专及以上文化程度，职业特征鲜明、经营规模大、主体地位明确、从业稳定性高。

（3）收入主要来源于农业，初级职业农民收入应达到当地农民人均纯收入的 3～5 倍，中级达到 5～10 倍，高级达到 10 倍以上。

（4）有较强的经营管理能力，具备现代农业理念、知识和专业技能；应对市场变化能力强，实践经验丰富，能够合理配置农业资源；掌握先进生产经营模式，具有示范带动效应，带动当地农民致富；从业稳定性强，有创业投资激情。

（二）新型职业农民资格主要评价指标

包括综合素质、专业技能、经营规模、生产效益、职业道德等 5 个指

标，实行百分制评价。其中综合素质占 20 分，专业技能占 20 分，经营规模占 20 分，生产效益占 30 分，职业道德占 10 分。

综合素质评价指对培育对象理论学习和实习操作的考核活动，凡取得相应级别结业证书评价为 20 分。

专业技能评价指对培育对象专业技能水平的考核活动，凡取得相应级别结业证书评价为 20 分。

经营规模评价指对培育对象生产经营规模的考核活动，凡经营规模达到本级最低标准评价为 16 分，根据经营规模增加量相应加分，最高为 20 分。

生产效益评价指对培育对象生产取得的经济、社会、生态效益的考核活动，初级职业农民收入达到当地农民人均纯收入的 3～5 倍，中级达到 5～10 倍，高级达到 10 倍以上的，评价为 20 分。带动 2 个及以上农民就业致富的，评价为 3 分，根据带动农民就业量或发家致富情况相应加分，但最高不超过 5 分。生产经营严重影响生态环境的评价为 0 分，对生态有影响但积极采取措施治理的评价为 3 分，对生态无影响且促进环境改善的评价为 4 分，对生态环境改善效果显著的评价为 5 分。

职业道德评价指对培育对象生产经营中产品质量安全、行业诚信的考核活动。凡经营中出现产品质量安全问题、欺骗行为以及消极发展农业生产服务的，评价为 0 分，且不得参与资格认定。经营中无产品质量安全问题和欺骗行为，并积极发展农业生产服务的，评价为 5 分。可根据经营中产品质量信得过、无欺骗行为以及积极发展农业生产服务的实际情况，相应加分，最高不超过 10 分。

（三）其他规定

高级职业农民资格认定标准由省新型职业农民培育工作领导小组按照生产经营型、专业技能型、社会服务型分类制定。初级、中级职业农民资格认定标准分别由县、州农业部门结合当地实际按照生产经营型、专业技能型、社会服务型具体制定。

十一、湖南省茶陵县新型职业农民认定标准

（一）申报新型职业农民必须基本条件

（1）具有初中以上文化程度，思想品德好，职业道德高，科技意识强，

示范带动能力强，年龄在 16～55 周岁，本县县域内的农业从业人员。条件特别优秀的，可适当放宽年龄限制。

（2）从事本县"粮油、畜禽、水产、果蔬、茶"产业且适度规模经营 3 年以上，收入稳定且水平达到城镇居民收入的农业经营业主。

（二）不同类别新型职业农民具体认定标准

1. 粮油类

初级类：种植规模在 30～50 亩的种植户或科技示范户；种植规模在 50～100 亩的家庭农场主和合作社骨干人员；公司、协会流转土地规模种植面积在 100～200 亩的骨干人员；人均年纯收入 3 万元以上。

中级类：种植规模在 50～100 亩的种植户或科技示范户；种植规模在 100～200 亩的家庭农场主和合作社骨干人员；公司、协会流转土地规模种植面积在 200～500 亩的骨干人员；人均年纯收入 5 万～8 万元。

高级类：种植规模在 100 亩以上的种植大户或科技示范户；种植规模在 200 亩以上的家庭农场主和合作社骨干人员；公司、协会流转土地规模种植面积在 500 亩以上的骨干人员；人均年纯收入 10 万元以上。

2. 果蔬类

初级类：果树种植面积 10 亩以上；种植大棚蔬菜 10 亩以上，露地蔬菜 30 亩以上；公司、协会流转土地面积在 100 亩以上的骨干人员；人均年收入在 3 万元以上。

中级类：果树种植面积 50 亩以上；种植大棚蔬菜 50 亩以上，露地蔬菜 100 亩以上；公司、协会流转土地面积在 300 亩以上的骨干人员；人均年收入在 5 万元以上。

高级类：果树种植面积 100 亩以上；种植大棚蔬菜 100 亩以上，露地蔬菜 300 亩以上；公司、协会流转土地面积在 500 亩以上的骨干人员；人均年收入在 10 万元以上。

3. 畜禽类

初级类：生猪养殖年出栏 200～500 头，肉鸡、肉鸭、肉鹅等年出栏 10 000 羽以上，肉牛年出栏 20 头以上人员，人均年纯收入 3 万元以上。

中级类：生猪养殖年出栏 500～1 000 头，肉鸡、肉鸭、肉鹅等年出栏 20 000 羽以上，肉牛年出栏 100 头以上人员，年纯收入 5 万～8 万元。

高级类：生猪养殖年出栏 1 000 头以上，肉鸡、肉鸭、肉鹅等年出栏 50 000 羽以上，肉牛年出栏 200 头以上人员，人均年纯收入 10 万元以上。

4. 水产类

初级类：水产养殖水面 50 亩（精养水面 25 亩）以上，特种养殖水面 10 亩以上，人均年纯收入 3 万元以上。

中级类：水产养殖水面 100 亩（精养水面 50 亩）以上，特种养殖水面 30 亩以上，人均年纯收入 5 万元以上。

高级类：水产养殖水面 200 亩（精养水面 80 亩）以上，特种养殖水面 100 亩以上，人均年纯收入 10 万元以上。

5. 茶类

初级类：种植面积在 20 亩以上，人均年收入达 3 万元以上。

中级类：种植面积在 50 亩以上，人均年收入达 5 万元以上。

高级类：种植面积在 100 亩以上，人均年收入达 10 万元以上。

十二、重庆市潼南区新型职业农民认定标准

（一）新型职业农民基本条件

（1）新型职业农民应具有良好的素质和职业道德，遵纪守法，诚信生产经营，是现代农业和新农村的优秀代表。

（2）年龄在 18～60 岁，产业发展成绩突出者，可放宽至 65 周岁。身体健康，有适应农业职业要求的劳动能力，热爱农业，有志于投身农业生产经营的劳动者。

（3）具有一定的文化素质。一般应有初中及以上学历，认定为高级的原则上有高中、中专及以上学历（包括农校、农广校或其他大中专职业院校、函授学历、自考学历等）。

（4）具有相应农业生产经营项目所需要的专业知识和生产技能。接受过新型职业农民培训，并取得培训合格证书；参加过专业知识和技能培训，取得相应级别理论学习、实习操作和专业技能水平结业证书；具有三年以上生产经营实践；达到或已评定为农民技术职称，通过了专项农业生产技能鉴定，或在一定范围内被公认的土专家、田秀才。

（5）种养业投入科学合理，发展后劲充足，产品产量、质量和经济效益

明显提升，对周边村民有积极的影响和带动作用，管理科技含量高。

（二）新型职业农民分级认定标准

新型职业农民分初、中、高三个级别，分别按照《潼南区新型职业农民认定标准一览表》及以下条件进行认定：

（1）初级。从事的农业生产经营项目，其生产的科技水平、经营管理水平、单位面积产量和实现的经营效益明显高于周边地区同类项目一般农户的水平。除去生产资料和雇工工资直接支出外，收入应达到当地农村常住居民人均可支配收入的3～6倍。具有实现经济收入目标的一定生产经营规模。其中：粮油、蔬菜、果树种植规模依次不少于20亩、10亩、10亩，水产养殖不少于10亩，生猪年出栏200头以上、羊年出栏100只以上、兔年出栏2 000只以上。

（2）中级。生产经营管理水平应高于初级。生产经营的项目，除去生产资料和雇工工资直接支出外，收入应达到当地农村常住居民人均可支配收入的7～9倍。生产经营规模比初级的扩大1倍以上。

（3）高级。生产经营管理水平应高于中级。生产经营的项目除去生产资料和雇工工资直接支出外，收入应达到当地农村常住居民人均可支配收入的10倍以上。生产经营规模比中级的扩大1倍以上。

十三、贵州省六盘水市新型职业农民认定标准

（一）新型职业农民基本条件

（1）年龄在16～60岁。

（2）初级职业农民应具备初中以上文化程度，中级应具备高中或中专以上文化程度，高级应具备大专以上文化程度，职业特征鲜明、经营规模大、主体地位明确、从业稳定性高。

（3）收入主要来源于农业，初级职业农民收入应达到本县（特区、区、经济开发区）农村居民人均可支配收入的3～5倍，中级达到6～9倍，高级达到10倍以上。

（4）有较强的经营管理能力，具备现代农业理念、知识和专业技能，应对市场变化能力强，实践经验丰富，能够合理配置农业资源，掌握先进生产经营模式，具有示范带动效应，带动当地农民致富。

（5）从业稳定性强，有创业投资激情。

新型职业农民认定管理工作实行"政府引导、农民自愿、严格标准、动态管理"机制，按照高、中、初级分别由市、县两级认定的原则，每年认定一次，高级认定按照省有关规定执行。

（二）新型职业农民评价指标

包括综合素质、专业技能、经营规模、生产效益、职业道德等 5 个指标，实行百分制评价。其中综合素质占 20 分，专业技能占 20 分，经营规模占 20 分，生产效益占 30 分，职业道德占 10 分。

综合素质评价指对拟认定培育对象理论学习和实习操作的考核活动，凡取得相应级别结业证书评价为 20 分。

专业技能评价指对拟认定培育对象专业技能水平的考核活动，凡取得相应级别结业证书评价为 20 分。

经营规模评价指对拟认定培育对象生产经营规模的考核活动，凡经营规模达到本级最低标准评价为 16 分，根据经营规模增加量相应加分，最高为 20 分。

生产效益评价指对拟认定培育对象生产取得的经济、社会、生态效益的考核活动。初级职业农民收入达到当地农村居民可支配收入的 3～5 倍，中级达到 6～9 倍，高级达到 10 倍以上的，评价为 20 分。带动 2 个以上农民就业或发家致富的评价为 3 分，根据带动农民就业量或发家致富情况进行相应加分，最高不超过 5 分。生产经营严重影响生态环境的评价为 0 分，虽然对生态有影响但积极采取措施治理的评价为 3 分，对生态无影响且促进环境改善的评价为 4 分，对生态环境改善效果显著的评价为 5 分。

职业道德评价指对拟认定培育对象生产经营产品质量安全、行业诚信及对热爱农业行业行为的考核活动。凡经营中出现产品质量安全问题、欺骗行为以及消极发展农业生产服务的，评价为 0 分，且不得参与新型职业农民认定。经营中无产品质量安全问题和欺骗行为，并积极发展农业生产服务的，评价为 5 分。可根据经营中产品质量信得过、无欺骗行为以及积极发展农业生产服务的实际情况，相应加分，最高不超过 10 分。

十四、云南省砚山县新型职业农民认定标准

（一）新型职业农民认定标准

（1）根据砚山县产业发展水平和生产要求，以职业素养、教育培训情况、知识技能水平、生产经营规模和生产经营效益等为参考要素，制定生产经营型职业农民认定标准。按农业农村部提出的"三级贯通"模式，根据实际逐步建立初、中、高三个等级。

（2）培训结束后组织开展初级认定，中、高级每3年认定一次。

（3）认定对象应具备一定的职业素养：有较强的经营管理能力，具备现代农业理念知识和专业技能；有一定的市场应变能力，实践经验丰富，能够合理配置农业资源；掌握先进生产经营模式，具有示范带动效应，带动当地农民致富；从业稳定性强，有创业投资激情。

（二）初、中、高级新型职业农民认定标准

（1）初级。应具备初中及以上文化程度，年龄18～60周岁，职业特征鲜明，具备一定经营规模，主体地位明确，收入主要来源于农业生产经营的现代农业从业者；收入水平超过当地农民人均可支配收入的10％；自觉参加新型职业农民教育培训，培训时间不少于15天90学时，获得《新型职业农民培训证书》；通过参加教育培训，文化素质、生产技能和经营管理水平显著提升；通过实践应用，农产品产量、质量和经济效益明显提升，对农民有积极的影响和带动作用。

（2）中级。获得初级新型职业农民证书；年龄18～60周岁，具有高中（含高中）以上学历，职业特征鲜明，具备一定经营规模，主体地位明确，收入主要来源于农业生产经营的现代农业从业者；能积极参加有关部门组织的培训班、技术讲座、观摩会等，有不少于20个学时的新型职业农民继续教育培训记录；收入水平超过当地农民人均可支配收入的15％；有较高的理论基础和管理技术，能帮助农民解决生产中的技术难题，能够起到示范和带头作用，有较高的群众声望；能在新型农业生产经营主体中发挥重要作用，示范带动20户以上农户从事相关产业，并指导其生产经营，取得理想收益；应用先进管理方法或新技术、新品种，农产品品质有明显提升，经济效益在上年的基础上提高10％以上；对获州级表彰奖励且为本县农业产业

发展或农产品认证做出重大贡献的，获省级著名商标的，可适当放宽学历和年龄限制。

（3）高级。获得中级新型职业农民证书；年龄 18～60 周岁，具有大专（含成人教育）以上学历，职业特征鲜明，具备一定经营规模，主体地位明确，收入主要来源于农业生产经营的现代农业从业者；能积极参加有关部门组织的培训班、技术讲座、观摩会等，有不少于 40 个学时的新型职业农民继续教育培训记录；收入水平超过当地农民人均可支配收入的 20％；基础理论知识深厚，技术管理水平一流，能帮助农民解决生产中的技术难题，管理技术和生产水平处于全县先进行列；具备以下条件之一：创办农民专业合作组织，成立农业企业，获省级以上著名商标或驰名商标，拥有发明专利，获知识产权，获无公害农产品、有机食品或其他符合国家标准的农产品认证；积极从事农业科研与技术推广，普及应用特色高效品种和先进技术，积极开拓农产品销售渠道，带领农户开拓市场，探索农产品生产经营新途径、新办法；示范带动 50 户以上农户从事相关产业，自身收益在上年基础上增长 20％以上，所带动农户效益显著增加。

对获得省部级以上部门表彰奖励且在生产中有重大贡献的，经本人申请可直接参加中级以上职业农民资格认定。

十五、甘肃省定西市新型职业农民认定标准

（一）新型职业农民基本条件

（1）拥护中国共产党的领导和党的农村政策，热爱农业，诚实守信，遵纪守法，团结友爱，品行端正。

（2）具有初中以上文化程度。

（3）从事农业生产经营两年以上，且准备长期从事农业，收入主要来自农业生产与经营。

（4）善于学习和运用现代农业科技，积极参加有关部门安排的培训，技能水平能够适应发展规模经营和服务的需要，且重视环保，防止污染，确保质量安全，做到守法生产、合法经营。

（5）须参加农业部门组织的新型职业农民培训班学习并取得合格证书。

（6）年龄要求 18～55 周岁（现代青年农场主为 18～45 周岁）。

（二）新型职业农民认定标准

新型职业农民分初、中、高三个级别，在符合基本条件的情况下，按以下标准进行认定：

（1）初级。初中以上文化程度；具有一定的农业生产理论知识、专业技能和经营管理能力；具有一定的实践经验，能够运用基本技能独立完成农业生产常规工作；能够合理配置农业资源，掌握先进生产经营模式，单位产量、产值、效益高于当地平均水平；能够起到一定的示范带动作用；从事产业规模是当地劳动力平均规模的 3 倍以上。种植规模为粮食（马铃薯、玉米）种植面积在 20 亩以上，特色林果和中药材 10 亩以上，种植露地蔬菜面积达 10 亩以上或设施蔬菜种植面积 2 亩以上。养殖规模为年出栏肉羊 50 只以上、年出栏育肥牛 20 头以上，出栏生猪 50 头以上，存栏蛋鸡 1 000 只或者年出栏肉鸡 2 000 只以上，种植牧草 30 亩以上，养殖水面 5 亩以上，其他产业可比照以上规模确定；家庭人均纯收入达到当地农民人均纯收入的 3 倍以上。

（2）中级。涉农专业中专以上文化程度，认定为初级新型职业农民 1 年以上，表现优秀；具有较强的农业生产理论知识、专业技能和经营管理能力；实践经验较为丰富，能够熟练运用基本技能独立完成农业生产常规工作，并在特定条件下运用专门技能完成较为复杂的工作；能够合理配置农业资源，掌握先进生产经营模式，单位产量、产值、效益高于当地平均水平；能够起到较强的示范带动作用，带动一批农户从事相关产业，并指导其生产经营取得明显收益；从事产业规模是当地劳动力平均规模的 5 倍以上。种植规模为粮食（马铃薯、玉米）种植面积在 50 亩以上，特色林果和中药材 20 亩以上，种植露地蔬菜面积达 20 亩以上或设施蔬菜种植面积 5 亩以上。养殖规模为年出栏肉羊 200 只以上、年出栏育肥牛 100 头以上，出栏生猪 200 头以上，年生产蛋鸡 5 000 只或者年出栏肉鸡 5 000 只以上，种植牧草 100 亩以上，养殖水面 10 亩以上，其他产业可比照以上规模确定；家庭人均纯收入达到当地农民人均纯收入的 5 倍以上。

（3）高级。涉农专业大专以上学历，认定为中级新型职业农民 2 年以上，同时积极参加新型职业农民继续教育培训，表现优秀；具有较强的农业生产理论知识、专业技能和经营管理能力；实践经验较为丰富，能够解决农业生产中的技术难题，指导他人发展农业生产或协助培训一般操作人员；能够合理配置农业资源，积极探索农业生产新模式，农产品生产经营新途径、新办法；能够带领农户开拓市场，拓宽农产品销售渠道，带动一大批农户从事相关产业，并指导其生产经营取得显著的经济效益；从事产业规模是当地劳动力平均规模的50倍以上。种植规模为粮食（马铃薯、玉米）种植面积在500亩以上，特色林果和中药材200亩以上，种植露地蔬菜面积达100亩以上或设施蔬菜种植面积30亩以上。养殖规模为年出栏肉羊500只以上、年出栏育肥牛200头以上，出栏生猪500头以上，年生产蛋鸡10 000只或者年出栏肉鸡10 000只以上，种植牧草500亩以上，养殖水面20亩以上，其他产业可比照以上规模确定；家庭人均纯收入达到当地农民人均纯收入的50倍以上。

第八章　新型职业农民相关扶持政策

扶持政策是新型职业农民培育过程中必备的环节，也是新型职业农民成长壮大和持续经营的关键因素。当前，中央尚未对新型职业农民出台具体的扶持政策，但是，农业农村部强调要支持新型职业农民享受新型农业经营主体的扶持政策，要求现有对新型农业经营主体的扶持政策，确保其落实到新型职业农民头上。经过各地市的试点与实践，目前来看，新型职业农民可以申请的相关扶持政策主要体现在土地流转、财政补贴、信贷资金、农业保险、社会保障、人才奖励、创新创业服务等方面。

第一节　土地流转政策

各地市积极鼓励通过转包、转让、出租、互换等多种形式进行土地流转，引导农村土地承包经营权向新型职业农民倾斜，同等条件下土地承包经营权流转时优先考虑新型职业农民。

如甘肃省武山县鼓励和支持新型职业农民在依法、自愿、有偿的原则下，采取转让、转包、租赁、互换、入股、联营、托管等方式流转农村土地（包括耕地、林地、四荒地和养殖水面），发展适度规模经营。积极开展林权、农村房产、果园、养殖基地、机械设备确权赋能，推动农村各种资源要素进入市场，促进生产要素向新型职业农民流转。具体做法如下：

1. 制定出台了加快推进农村土地流转的扶持政策

武山县人民政府印发了《武山县农村土地承包经营权流转奖励扶持意见》（武政发〔2014〕32号）、《武山县农村土地承包经营权流转管理实施办法》（武政发〔2014〕129号）；认真贯彻落实中办发〔2014〕61号和甘办发〔2015〕16号文件精神，落实"三权分置"，即落实集体所有权，稳定农户承包权，放活土地经营权，农村土地产权关系进一步明晰。

2015 年，对参与农村土地规模流转发展农业适度规模经营业绩突出的 20 家新型农业经营主体进行了奖励，奖励资金 30 万元，充分调动了新型农业经营主体参与农村土地经营权流转、发展农业适度规模经营的积极性和主动性。

2. 建立健全了农村土地流转市场体系

武山县人民政府成立了农村土地流转管理服务中心，设立了服务大厅，15 个乡镇都成立了农村土地流转管理服务站，在政务大厅设立了服务窗口，344 个村委会全部成立了农村土地流转管理服务点，初步形成了县有服务中心、乡镇有服务站、村有服务点的三级农村土地流转服务体系；建立了信息发布、登记备案审查、合同签订签证、纠纷调解仲裁、档案管理、资质审查和进度季报七项制度，农村土地流转管理和服务水平进一步提高。截至 2015 年底，全县农村家庭承包耕地流转总面积 13.4 万亩，占总承包地面积的 21%，比 2011 年增加了 9.9 万亩，增长 2.8 倍。全县 50 亩以上农村土地流转规模经营主体达到 361 个，经营面积 7.6 万亩，分别比 2011 年增加 303 个和 6.3 万亩，增长 5.2 倍和 4.8 倍。

3. 积极开展了农村土地确权登记颁证工作

"确铁权""颁铁证"，赋权确能，给农民吃上"定心丸"，是开展农村土地确权的关键和核心。截至 2015 年底，完成了 15 个乡镇 344 个村 8.8 万户 95.5 万块 102.2 万亩承包地的入户权属调查、公示审核、签字确认工作，分别占全县总农户、总地块和总承包地面积的 96.7%、92.3% 和 92.3%，整体工作现已全面进入数据入库、建立登记簿、完善承包合同阶段。

4. 妥善化解农村土地承包经营纠纷

武山县成立了农村土地承包仲裁委员会，组建了仲裁庭，配备了电子显示屏、空调、音响、录音笔、投影仪、电脑、档案密集架等必需的庭审设备和办公设备；各乡镇成立了农村土地承包经营纠纷调解委员会，各村委会成立了农村土地承包经营纠纷调解小组，形成了完备的民间协商、乡村调解、县级仲裁、司法保障的农村土地承包经营纠纷调解仲裁体系。2015 年，全县共发生农村土地承包经营纠纷 83 起，调解 83 起，农村土地承包经营纠纷调处率达到 100%，切实维护了农民土地承包权益。

5. 切实加快了农业产业结构调整步伐。 截止 2015 年底，全县农村土地流转 50 亩以上规模经营面积中，粮食油料 0.8 万亩，蔬菜瓜类 1.6 万亩，经济林果 3.5 万亩，中药材 1.1 万亩，其他 0.6 万亩。

第二节　财政补贴

2018 年 4 月农业农村部、财政部共同发布了财政重点强农惠农政策，指出对农民的直接补贴包括以下四个内容：

1. 耕地地力保护补贴

补贴对象原则上为拥有耕地承包权的种地农民。补贴资金通过"一卡（折）通"等形式直接兑现到户。具体补贴依据、补贴条件、补贴标准由各省（区、市）继续按照《财政部、农业部关于全面推开农业"三项补贴"改革工作的通知》（财农〔2016〕26 号）要求、结合本地实际具体确定，要保持政策的连续性、稳定性，确保广大农民直接受益。鼓励各省（区、市）创新方式方法，以绿色生态为导向，探索将补贴发放与耕地保护责任落实挂钩的机制，引导农民自觉提升耕地地力。

2. 农机购置补贴

中央财政资金全国农机购置补贴机具种类范围为 15 大类 42 个小类 137 个品目，实行补贴范围内机具敞开补贴。补贴对象为从事农业生产的个人和农业生产经营组织。优先保证粮食等主要农产品生产所需机具和深松整地、免耕播种、高效植保、节水灌溉、高效施肥、秸秆还田离田、残膜回收、畜禽粪污资源化利用、病死畜禽无害化处理等支持农业绿色发展的农机具的补贴需要。允许各省（区、市）选择不超过 3 个品目的产品开展农机新产品购置补贴试点，重点支持绿色生态导向和丘陵山区特色产业适用机具。

3. 生产者补贴

在辽宁、吉林、黑龙江和内蒙古实施玉米及大豆生产者补贴。中央财政将玉米、大豆生产者补贴统筹安排，补贴资金采取"一卡（折）通"等形式兑付给生产者。具体补贴范围、补贴依据、补贴标准由各省（市、区）人民政府按照中央要求、结合本地实际具体确定，但大豆补贴标准要高于玉米。鼓励各省（市、区）将补贴资金向优势产区集中。为推动稻谷最低收购价改革，保护种粮农民收益，在相关稻谷主产省份实施稻谷补贴，中央财政将一定数额补贴资金拨付到省，由有关省份制定具体补贴实施方案。

4. 棉花目标价格补贴

继续在新疆和新疆生产建设兵团实施棉花目标价格补贴政策，棉花目标价格水平三年一定，2017—2019 年为每吨 18 600 元。补贴资金采取"一卡（折）通"等形式直接兑付给棉花实际种植者。

除以上四种补贴外，也存在着其他形式的补贴和补助。如山东省招远市对认定为新型职业农民的，市财政连续 2 年给予初级职业农民每年 300 元，中级每年 400 元，高级每年 500 元的补贴。

湖南省邵阳县在做好土地流转的同时实行对规模大户奖励的政策，对双季稻种植面积超过 30 亩的规模大户给予 100 元/亩的奖励，对新型职业农民种植蔬菜、马铃薯、中药材面积超过 50 亩的每亩奖励 50～100 元。

贵州省六盘水市对发展特色产业的新型职业农民进行补助，鼓励和引导新型职业农民发展农业特色产业，如新型职业农民发展猕猴桃产业集中种植 10 亩以上（不低于 55 株/亩）、茶叶 50 亩以上（3 500 株左右/亩）、核桃等特色经济林果 50 亩以上（23 株/亩）、刺梨 50 亩以上（110 株/亩）、油茶 50 亩以上（110 株左右/亩）、露地蔬菜面积 20 亩或设施大棚蔬菜 3 亩以上（流转土地 5 年以上且每年种植两季以上）、大宗药材 50 亩以上（达到相应种植标准）、软籽石榴 50 亩以上（74 株/亩）且成活率达到 70% 以上的，可以申报特色产业补助。职业农民发展除上述产业以外的其他特色产业，经县级农业行政主管部门同意，也可申报特色产业补助，补助资金由市县共同承担。职业农民养殖能繁母猪存栏 10 头以上或年出栏肥猪 50 头以上、能繁母牛存栏 5 头以上或年出栏肉牛 20 头以上、能繁母羊存栏 30 只以上或年出栏羊 50 只以上、年存栏蛋鸡 1 000 羽以上或年出栏肉鸡 3 000 羽以上、水产养殖及特种养殖个人投入 15 万元以上养殖场的，优先申报扩大再生产贷款贴息扶持。

辽宁省沈阳市在粮食生产核心区内，对新型农业经营主体开展土地托管，连片规模达到 2 000 亩以上的，每亩补助 80 元。支持土地流转，对当年在土地流转中心备案且流转期限在 5 年以上、新增流转土地面积达到 500 亩以上的村、5 000 亩以上的乡镇分别给予一次性以奖代补资金 10 万元；对流转土地规模达到 500 亩和 1 000 亩的新型农业经营主体，分别给予一次性以奖代补资金 5 万元、10 万元。

　　甘肃省天水市武山县结合土地状况的不同实行不同的补助政策：①流转川水地的各类经营主体，从事设施蔬菜种植的以 50 亩为起点，从事中药材、水果、花卉、苗木种植的以 100 亩为起点，从事畜牧和水产养殖的以 20 亩为起点，每超 1 亩一次性奖励 300 元/亩。②流转川旱地的各类经营主体，从事设施蔬菜种植的以 100 亩为起点，从事林果业中水果及中药材、花卉、苗木种植的以 200 亩为起点，从事干果种植的以 300 亩为起点，从事畜牧养殖的以 30 亩为起点，每超 1 亩一次性奖励 250 元/亩。③流转山地的各类经营主体，从事旱作农业和林果业中干果种植的以 500 亩为起点，从事水果及中药材、花卉、苗木种植的以 300 亩为起点，从事畜牧养殖的以 50 亩为起点，每超 1 亩一次性奖励 200 元/亩。④流转"四荒地"的各类经营主体，从事干果种植的以 1 000 亩为起点，从事中药材种植的以 800 亩为起点，从事畜牧养殖的以 500 亩为起点，每超 1 亩一次性奖励 50 元/亩。⑤流转林地的各类经营主体，从事林果业中水果种植的以 1 000 亩为起点，从事干果种植的以 1 500 亩为起点，从事中药材种植的以 1 000 亩为起点，从事畜牧养殖的以 800 亩为起点，每超 1 亩一次性奖励 20 元/亩。⑥流转草地的各类经营主体，从事畜牧养殖的以 2 000 亩为起点，每超 1 亩一次性奖励 10 元/亩。对当年农村土地流转面积大，促进全县农业产业化经营作出突出贡献的乡镇和土地流转管理服务组织，设单项奖进行奖励，奖励标准根据实际情况另行确定

第三节　信贷资金

　　2018 年农业农村部财政强农惠农政策规定要健全全国农业信贷担保体系，推进省级信贷担保机构向市县延伸，实现实质性运营。重点服务种养大户、家庭农场、农民合作社等新型经营主体，以及农业社会化服务组织和农业小微企业，聚焦粮食生产、畜牧水产养殖、优势特色产业、农村新业态、农村一二三产业融合，以及高标准农田建设、农机装备设施、绿色生产和农业标准化等关键环节，提供方便快捷、费用低廉的信贷担保服务。支持各地采取担保费补助、业务奖补等方式，加快做大农业信贷担保贷款规模。鼓励

银行等金融机构向新型职业农民提供利率优惠的贷款以解决农民农业生产中资金短缺问题，引导鼓励金融机构创新金融产品，加大对新型职业农民的支持力度。

湖北省谷城县建立了农商银行、邮政储蓄银行与新型职业农民资金对接环节，由农商银行、邮政储蓄银行负责人专门在每期新型职业农民培训开班之前向农户介绍新型职业农民适用的贷款产品。招远市以农业银行、农村信用合作社联社、邮政储蓄银行为主，优先向职业农民提供贷款，其贷款额度一般在10万元以内，职业农民在人民银行的征信系统查询中无不良记录，贷款一般实行保证人担保、房产质押及农户联保的方式，另外积极引导各乡镇成立用于扶持新型职业农民的专门担保组织，设立担保基金，贷款利率将给予适当优惠。

福建省龙岩市上杭县为切实解决新型职业农民生产过程中资金不足的问题，为减轻新型职业农民利息负担，出台了新型职业农民贷款贴息补助扶持政策。对取得证书的新型职业农民，除了优先享受政府出台的相关惠农政策外，县财政每年安排100万元贴息补助资金用于新型职业农民贷款贴息补助。全县全年贷款贴息额度控制在100万元（含100万元）以内，贷款贴息额度低于100万元的，县农业局、财政局对符合条件的新型职业农民贷款利息的50%给予补助贴息。贷款贴息额度高于100万元时，则按比例贴息。个人贴息贷款额度为5万～20万元。2014—2017年度共为1 027位新型职业农民发放贷款贴息补助，补助资金累计361.5万元，贴息比率平均为20%～30%。

安徽省农业信贷担保有限责任公司在池州市东至县开展"劝耕贷"试点，"劝耕贷"即以勉励、鼓励、奖励农耕为立意，构建"资源联手开发、信贷集合加工、风险共同管理、责任比例分担"的农业信贷担保模式。通过打造政银担"抱团"为新型农业经营主体服务的工作机制，推广"低成本、少环节、成批量、可持续"的支农信贷产品，解决因农业信贷抵押物不足，难以贷款融资的问题，满足种养大户、家庭农场、农民合作社等新型农业经营主体的信贷资金需求。县农委积极争取，县政府出台《东至县农业信贷担保"劝耕贷"创新试点工作实施方案》（东政办〔2016〕37号）和《中共东至县委、东至县人民政府关于印发东至县扶持产业发展"1＋2＋7"政策体系的通知》（东发〔2016〕8号），将新型职业农民列入贷款对象，且不用抵押，但必须持有新型职业农民证书。东至县2016年6月至2017年8月底发放"劝耕贷"553户，贷款1.71亿元，其中新型职业农民236个、扶持资金5 615万元，个人贷款额度10万~300万元，有效地解决了新型职业农民无法贷款的困境，较好地支持了当地的农业生产。

辽宁省沈阳市鼓励担保和再担保机构为中小微企业（含新型农业经营主体）提供担保（再担保）服务，对单户担保额在500万以下、500万（含）~1 000万元和1 000万元以上（含1 000万元，超过按1 000万元计算）的担保业务，分别按照担保额的1.5%、1%和0.5%给予风险补助。对担保机构贷款担保业务，担保费率不超过2%的，按上年发生担保额的0.5%给予风险补助。单个融资担保机构当年最高补助200万元。

山西省大同市在金融信贷扶持上设立了农业担保公司，各级财政担保资金向新型职业农民倾斜，缓解农民贷款难问题。并围绕主导产业开设了适合新型职业农民的金融产品，如"杂粮贷""蔬菜贷""药材贷"等，适当给予利率优惠，提高新型职业农民审贷便捷度和获得率。试行新型职业农民分级授信制度，对认定的新型职业农民按初、中、高三级分别给予相应贷款额度，支持职业农民发展相关农业生产。金融机构试点产业链金融模式，使生产者、加工者、流通商、销售商以供应链融资的方式获得信贷资金的支持，有效缓解农民贷款难的问题。

江苏省探索开展了新型职业农民农村土地经营权和农民住房财产权抵押贷款试点，鼓励金融机构开展适合新型职业农民特点的信用、联保等贷款业务，适当给予利率优惠；推动农业银行"金农贷"、邮政储蓄银行"富农贷"等融资产品，鼓励农村小额贷款公司加大对新型职业农民的贷款支持。

第四节　农业保险

支持保险机构针对新型职业农民农业生产开展农业保险险种创新，积极探索适合新型职业农民的农业保险险种，切实提高对新型职业农民的保障水平，提供优质保险服务，减轻职业农民因自然灾害带来的风险。

山东省烟台市莱山区在新型职业农民培育之前只有小麦和玉米有政策性

农业保险的保障，莱山区为响应农业部号召，对花生和大棚蔬菜也实行农业保险政策，并且给予保费补助。如花生农业保险保费由政府补助 80%，农户保费按 3.2 元/亩进行缴纳，大棚蔬菜农业保险保费政府出资 50%，农户按 200 元/亩进行缴纳，在极端天气下农民可享受 400 元/亩、20 000 元/亩的损失款，真正把农民因自然灾害造成的损失减到最小，保障农户生产效益最大化。

山西省大同市保险机构围绕主导产业和新型职业农民生产经营特点，试点开发了杂粮保险、中药材保险等新的保险险种，扩大设施农业、羊、牛等农业保险覆盖面，进一步简化理赔工作流程，提高理赔服务质量和效率，大同市政府鼓励有条件的县（区）建立保险保费补贴机制，扩大政策性保险覆盖面，有效化解农业风险。山西省鼓励保险机构积极开拓创新以防御自然灾害和市场风险、服务新型职业农民扩大农业再生产为主的农业保险业务，扩大保险覆盖范围，提高政府保费补贴水平。

陕西省杨凌区逐步提高对新型职业农民参加农业保险的补贴额度和补贴范围，鼓励保险机构积极开发保险品种，将保险责任扩大到包括暴风雨、暴风、洪水、冻害、常见病虫害、大规模疫病等主要大灾，在加强能繁母猪、油菜保险的同时，扩大小麦、玉米、设施蔬菜、主要畜牧产品等保险品种。鼓励金融机构加大金融创新力度，在风险可控的前提下，加强银保合作，力促"农业＋金融＋保险"模式发展。

安徽省怀宁县宣传动员新型职业农民积极参加农业保险，其所从事的农业生产经营应保尽保；保险公司应对参保新型职业农民优先赔付，减轻农民损失，逐步提高对新型职业农民参加农业保险的补贴额度和补贴范围。

青海省海南藏族自治州共和县逐步提高对新型职业农民参加农业保险的补贴范围。保险机构积极开发保险品种，将保险责任扩大到包括风灾、暴雨、洪水、冻害、旱灾、常见病虫害、大规模疫病等主要险种。

第五节　技术指导

在新型职业农民培育过程中，农业农村部不断进行基层农技推广体系改革与建设，支持实施意愿较高，完成任务好的农业县推进基层农技推广体系改革创新，探索公益性与经营性农技推广融合发展机制，允许农技人员开展技术转让、技术咨询等形式增值服务并合理取酬。支持江苏、浙江等 8 个省份开展农业重大技术协同推广试点，构建农业科研基地＋区域示范基地＋基层推广站＋新型经营主体的"两地一站一体"链式农技推广服务新模式。在贫困地区特别是深度贫困地区以及其他有需求地区实施农技推广服务特聘计划。

同时，在已有的惠农政策上，各地市积极探索向新型职业农民提供技术支持，建立新型职业农民和农业科技人员"一对一"帮扶体系，及时解决农户在生产中面临的技术问题。

山西省技术服务扶持政策包括深入开展新型职业农民培训，逐步建立新型职业农民长期跟踪服务的培训制度；鼓励引导农业大专院校、科研院所、现代农业产业技术体系等组建专家团队，对职业农民实行技术帮扶指导，建立专家、农技人员与新型职业农民"结对帮扶"制度，完善"专家＋农技人员＋新型职业农民＋普通农户"的服务模式；与基层农技推广改革和建设项目相结合，引导项目向新型职业农民倾斜，吸纳一部分具备资质的职业农民进入技术指导员队伍或作为科技示范户，充分发挥其试验示范、带动辐射作用，同时促进职业农民自身产业发展。大同市成立了以现代农业技术体系专家为主的职业农民专家组，为职业农民持续提供创业指导和技术支持，以"12316"农业系统公益服务热线、"农科 110"服务热线为依托，随时跟踪解决农民生产实际问题。利用农业科技信息平台，为新型职业农民提供农业政策、信息、农产品营销等服务，根据产业类型为农民推送"养殖版""菜农版""杂粮版"等手机报。

陕西省各级农业行政部门整合科技资源力量，建立职业农民指导教师库和帮扶指导各项制度，确保人员到位、技术指导到位、发展规划到位；农业技术人员与职业农民结对子，建立一对一或一对多帮扶指导关系，结合产业发展需求，每月开展 2～3 次技术或政策指导服务，帮助职业农民发展产业；对园区、大场、大社、大企、强村等经营主体，实行技术干部和大学生助理派驻制度，帮助职业农民发展主导产业，解决生产实际问题。

河南省鼓励农业高等院校、涉农职业院校、农业科研院所组建科技服务小分队、专家技术指导组、科技特派员等，对新型职业农民实行结对挂钩、技术帮扶、入户指导，依托省农业厅、林业厅、畜牧局、农机局、农科院、河南农业大学进行具体的技术指导，鼓励各地依托各类新型农业经营主体、农业产业化集群等搭建新型职业农民信息交流平台，充分利用现代化、信息化手段开展在线教育培训、在线信息技术咨询、移动互联服务等。

第六节 税费减免

税费减免主要体现在对新型职业农民创办的企业免征或减征上。

山东省招远市对新型职业农民创办的企业，到税务机关办理税务登记并备案的，依据有关规定，减免相关税收。所得税专项减免：农业企业从事农业项目的所得，免征企业所得税；以"公司＋农户"经营模式从事农业项目生产的企业，享受减免企业所得税。增值税专项减免：新型职业农民销售自产农产品免征增值税；农民专业合作社销售本社成员生产的农业产品，视同农业生产者销售自产农业产品，免征增值税；对农业专业合作社向本社成员销售的农膜、种子、种苗、化肥、农药、农机，免征增值税。营业税专项减免：农业机耕、排灌、病虫害防治、植物保护、农牧保险以及相关技术培训业务，家禽、牲畜、水生动物的配种和疾病防治项目免征营业税。城镇土地使用税专项减免：在城镇土地使用税征收范围内经营采摘、观光农业的新型职业农民，其直接用于采摘、观光的种植、养殖、饲养的土地，按有关规定免征城镇土地使用税。农村金融有关税费减免：2013 年 12 月 31 日之前，对金融机构农户小额贷款的利息收入，免征营业税；对金融机构农户小额贷款的利息收入在计算应纳税所得额时，按 90% 计入收入总额；对农村信用社、村镇银行、农村资金互助社、由银行业机构全资发起设立的贷款公司、法人机构所在地在县及县以下地区的农村合作银行和农村商业银行的金融保险业收入按 3% 的税率征收营业税。农民专业合作社税费减免：对农民专业合作社与本社成员签订的农业产品和农业生产资料购销合同，免征印花税；经营采摘、观光农业的农民专业合作社，从事农、林、牧、渔业项目的所得，减免企业所得税。

湖南省资兴市对新型职业农民创办或领办的企业由税务部门落实相关税收减免优惠政策，自产自销农产品免征增值税；对新建各类生产用的固定建筑物（城市规划区除外）属市本级行政事业性收费的一律免收，服务性收费减半收取；代中央、省、地收取的行政事业性收费一律低限收取。

陕西省杨凌区对新型职业农民从事农、林、牧、渔业生产经营收入减征或免征所得税、营业税，自产自销农产品免征增值税。开展的各类生产设施建设属杨凌区行政性收费项目一律免收，事业性收费一律从低收取；代中、省收取的行政事业性收费一律低限收取。

第七节　创新创业服务

支持新型职业农民创新创业，享受简便市场准入、金融服务、财政支持、用地用电、创业技能培训等鼓励返乡创业的政策措施。

河南省鼓励和支持返乡农民工、退役军人和大中专毕业生回乡务农创业，从事农业生产经营或专业服务。对涉农专业大中专毕业生开展新型职业农民创新创业培训和农业特有工种职业技能鉴定，逐步实行返乡务农大中专毕业生人事代理管理。在不改变土地用途的基础上，积极试行在现代农业园区设立创业园、科技孵化基地，为返乡农民工、退役军人和大中专毕业生提供创业支持。对自主创业达到一定规模，且建立家庭农场（林场）、农民专业合作社、农业社会化服务组织的新型职业农民，给予创业政策扶持。

浙江省《关于激励农业科技人员创新创业的意见》鼓励农业科研人员和农技推广人员离岗（以下简称"离岗人员"）到省内农业生产经营主体从事科技服务或在省内创办各类新型农业生产经营主体。离岗人员社会保险费用（含职业年金）单位缴费部分由所在事业单位承担。离岗创新创业期限一般不超过5年；若确有需要，经离岗人员申请、所在事业单位同意，双方续签离岗创新创业协议，最多续签一次，两次离岗创新创业期限累计不超过6年。考虑到种子种苗行业研发、推广、应用具有周期长、环节多的特殊性，在续签离岗创新创业协议时，可采取一事一议的方式，适当延长续签期限，突破6年的限制。《意见》同时鼓励农技推广人员在岗开展增值服务，即农技推广人员根据农业生产经营主体的要求，通过合同等形式，围绕产前、产中、产后进行单项或综合性技术服务，但事业单位及其内设机构的领导人、所属具有独立法人资格单位的党政正职领导、内设机构项目管理人员不得到企业开展增值服务，或利用职务便利给予企业项目支持并获取收益。同时对在校大学生和毕业 5 年以内的高校毕业生初次创办农业企业，并担任法定代表人或主要负责人的，给予企业连续 3 年创业补贴，补贴标准为第一年 5 万元、第二年 3 万元、第三年 2 万元。毕业 5 年以内的高校毕业生到农业企业工作，签订 1 年及以上劳动合同并依法缴纳社会保险的，在劳动合同期限内给予每年 1 万元的就业补贴，补贴期限不超过 3 年。

第八节　农业基础设施建设

在省级推荐基础上，继续创建一批国家现代产业园，同时认定一批国家现代农业产业园，中央财政通过以奖代补方式给予适当支持。

山西省基础设施扶持政策包括涉农部门各类农业基础设施建设项目应向新型职业农民生产区域或领办的新型农业经营主体倾斜；已建成的项目优先供符合条件的新型职业农民使用并承担管护义务；适应种养大户等新型职业农民规模化生产的需求，统筹建设晾晒场、农机棚等生产性公用设施，允许新型职业农民用于农业生产道路与农村道路合理合法连接贯通；新增的优势农产品基地（含设施农业、蔬菜基地）、养殖小区（含大中型沼气）等项目向新型职业农民倾斜。资兴市整合农村土地整理、标准农田建设、农业综合开发、小型农田水利建设等项目，优先解决新型职业农民的农田基本建设存在的路不通、水不畅等基础设施问题。共和县对农村土地整理、标准农田建设、农业综合开发、小型农田水利建设、优势农产品基地、农村道路、农网改造、农村沼气等涉农项目，各相关单位从项目编制、申报源头上向新型职业农民倾斜，优先给予水、电、路、渠、沼、土地整理等基础设施配套支持，逐步探索新增惠农补贴重点向新型职业农民倾斜。

贵州省六盘水市对发展规模经营的新型职业农民，经过批准直接服务于农业的生产设施用地、附属设施用地以及配套设施等设施用地，在《国土资源部、农业部关于进一步支持设施农业健康发展的通知》（国土资源发〔2014〕127 号）规定的控制规模内，不需办理农用地转用审批手续，按设施农用地进行管理。从事粮食、油菜、蔬菜、果业生产和畜禽养殖及农产品加工用电的职业农民执行农业生产用电价格，优先考虑所需变压器安装、保障生产用电。

辽宁省沈阳市支持都市休闲农业园区建设，对面积在 200 亩以上、基础设施投资额在 300 万元（不含土地费用）以上的都市休闲农业园区，按基础设施建设投入的 15％给予补助，单个项目最高补助 500 万元。扶持休闲采摘园建设，对标准采摘园和高标准采摘园分别以奖代补 20 万元、40 万元。在果树生产示范园建设上，沈阳市果树主产区择优建设标准化生产示范园，每个建设规模 100 亩以上，采用统一施肥、统一打药标准，采用高纺锤形整理、生草栽培、节水灌溉、矮化栽培、水果字模应用、储藏技术，促进农民栽果致富，每个生产示范园补助资金 5 万元。

河南省周口市淮阳县 2014 年在农业基础设施建设方面投资 300 万元建设示范合作社、高标准良田，建立包括小麦科技试验区示范基地在内的 22 个试验示范基地，免费供应 100 台自走式喷药机、100 台块茎收获机。

第九节　教育资助政策

北京市把新型职业农民培育纳入全市中高等职业教育、学历教育贯通培养相关规划，完善新型教育培训体系，以农民需求为导向，优化调整各类农业农村教育培训资源，鼓励农民通过"半农半读"等方式就地就近接受职业教育和技能培训。同时，提升他们的电子商务应用和市场营销推广能力，推动"农邮通"服务站、物联网建设，支持通过电子商务形式销售鲜活农产品。

贵州省六盘水市免费开展技能培训，整合"雨露计划""技能就业（创业）"等培训项目，将新型职业农民技能培训机构纳入培训补贴范围，对新型职业农民免费进行理论培训，免费提供培训教材，免费提供基地实训；免费开展农民技术初级职称评审工作，让其获得农民技术初级职称证书。同时各县（特区、区、经济开发区）财政设立培训专项资金，用于新型职业农民继续教育专业理论和技能培训，全面提升新型职业农民素质水平。

福建省龙海市引导、鼓励和帮助新型职业农民主动更新知识，提升从业素质和能力。对于符合条件的优秀农户，免费选送到大中专院校进行系统的学习培训，并免费参加各类技术培训，获得认定的新型职业农民，积极带动传统兼业农民参加各类公益性的农业培训，提升综合素质和专业技能水平，促进增产增收和共同发展。

山东省烟台市不断探索职业农民学历教育，组织农业类中等职业学校招收职业农民，通过"送教到县""送教到乡"等灵活教学方式，开展职业农民中专学历职业教育；依托农业类高职院校通过单独招生和成人高考单独划线、单独录取新型职业农民接受高等农业职业和成人教育，采取弹性学制、农学结合等学习形式获取大专学历。

湖南省资兴市新型职业农民优先享受农业科技教育和农业技能培训，针对新型职业农民的发展现状，定期免费开展农业技术培训；对产业发展和素质提高有强烈要求的职业农民，优先推荐到大中专农业院校或部省级现代农业培训基地进行研修，并补贴 1 000～3 000 元/年的学习费用。

陕西省杨凌区整合"阳光工程""雨露计划""职业技能培训"，对新型职业农民实行职业技能免费培训，定期选拔优秀职业农民进入大中专院校研修学习，并补贴部分学习费用，全面提升专业技能水平。

第十节 其他扶持政策

其他扶持政策包括社会保障政策、人才奖励政策等。支持新型职业农民对接城镇社保政策，鼓励有条件的地方，支持新型职业农民参加城镇职工养老、医疗等社会保障，解决新型职业农民长远发展的后顾之忧。对优秀的新型职业农民实行人才奖励政策。

江苏省昆山市对在新型合作农场职业农民岗位工作，经认定为新型职业农民，签订一年以上劳动合同，按规定缴纳社会保险费，由市财政给予单位和个人缴纳部分全额的社会保险补贴，具体按《关于推进农村新型合作农场的若干意见》（昆办发〔2015〕70 号）执行。在其他职业农民岗位工作，经认定为新型职业农民，按规定缴纳社会保险满一年的，以单位就业方式参保的定额补贴标准以最低社会保险缴费计算的单位缴费数额确定（含养老、医疗、工伤、生育和失业保险），以灵活就业方式参保的定额补贴标准以灵活就业参保最低缴费数额的 50%确定（含养老和医疗保险）。补贴实行"先缴后补"、按年发放，按照实际从事职业农民岗位工作月数计算，不满一个月的工作时间按照一个月计算。补贴期限暂定为 5 年（即 60 个月），同一人的补贴期限合并计算。

江苏省苏州市 2017 年共发放新型职业农民社会保险补贴约 205 万元。同时，着力细化、落实如"土地优先承包权""创业扶持"等各类配套扶持政策，对符合社会保险补贴范围的以单位或灵活就业方式参加社会保险的新型职业农民在一定期限内给予单位或个人定额社会保险补贴。

河南省注重推荐选拔优秀新型职业农民作为"五一劳动奖章""三八红旗手"候选人，培养并吸收他们入党入团，参加基层党（团）组织和村委会工作。

安徽省怀宁县评选由新型职业农民领办的示范家庭农场、示范专业合作社、示范专业大户，分别给予表彰奖励，县农委负责从新型职业农民中选择优秀人才，进入怀宁县优秀农村实用人才库。

江苏省昆山市进行标兵奖励，根据新型职业农民继续教育、知识更新考核情况、年度经营规模、经济效益和社会效益，评定新型职业农民标兵，进行表彰和奖励，优先推荐为各级党代表、人大代表、政协委员和基层干部候选人。

湖南省湘乡市每年都开展"十佳"职业农民合作社、"十佳"职业农民家庭农场和"十佳"职业农民种粮大户评选活动，"十佳"新型农业经营主体每户奖励 1 万元。

第九章　新型职业农民成长案例

改造传统农业的进程中，新型职业农民是能手，是专家，更是农业企业家的摇篮。新型职业农民根植于农村、服务于农业、发挥着示范效应，引领着传统农民走上致富道路。

新型职业农民既可以来自于传统的农民，也可以是返乡创业的农民工、退伍军人、大学生等群体。为了广泛宣传新型职业农民的创新创业事迹，不断扩大新型职业农民队伍，中华农业科教基金会为贯彻落实党的十八大和近年中央 1 号文件精神，大力培育综合素质高、生产经营能力强、适应现代农业发展要求的新型职业农民，决定从 2013 年起每两年组织实施一次"风鹏行动·新型职业农民"评选活动，主要资助在现代农业发展和乡村振兴中综合素质高、生产经营能力强、适应现代农业发展要求的新型职业农民。另外，从 2014 年开始，农业部在全国范围内设立"十佳农民"资助项目，中华农业科教基金会提供资助并负责项目具体实施。该项目旨在进一步营造关心农业、关注农村、关爱农民的良好社会氛围，激励在"三农"事业中做出突出贡献、被群众广泛认可的先进农民代表。

本部分从历届全国"十佳农民""风鹏行动·新型职业农民"和地方新型职业农民候选人中遴选出先进农民代表，介绍其成长为新型职业农民的经历与主要事迹。这些新型职业农民的共同特征是不仅能够从农业职业中获得较高的收入，而且能够带动区域内或者产业链内传统农民致富。

第一节　十载艰辛领路人——李永军

在天津市宝坻区东南部有一片著名的洼甸——黄庄洼，这里沟渠百转，水草丰茂，河网密布，鱼虾成群，是天津市主要稻米产区。黄庄洼的洼心地带是八门城镇的欢喜庄村。提起欢喜庄我们不得不提到，那个雷厉风行、敢想敢干，带领村民走向产业兴农之路的排头兵李永军。

李永军，男，1955 年 9 月出生，中共党员，天津市人大代表，大专学历，天津市宝坻区八门城镇欢喜庄村人，现任天津市清水思源农作物种植合作社和天津市康思源泥鳅养殖专业合作社理事长。

他第一个尝试大规模流转土地，实现水稻的机械化插收和产业化经营；第一个引进立体种养技术，进行实验推广，破解了增产不增收的难题；第一个用电教手段武装社员头脑，运用科技引领农业未来；第一个将第二产业、第三产业汇聚第一产业，带领社员走向产业兴农的道路。他凭借着惊人的毅力，在发展现代农业的十年探索中乘风破浪，解决了一个又一个难题，谱写了一曲当代神农赞歌。

一、人不能忘本　农民就是要扎根土地

每天一大早，李永军都会来到承包田，查看水稻的生长情况，一趟下来至少也要走两个多小时，这个习惯从 2007 年承包稻田，建立绿色有机水稻种植基地开始就养成了。

众所周知，宝坻区的黄庄洼盛产水稻，这里的农民主要依靠水稻种植为生。2005 年来，随着生产资料和用工成本的不断上涨，水稻的收购价格停滞不前，增产不增收成为制约农业发展、农民增收的一大瓶颈。当时的李永军，刚刚承包了村里的 400 亩稻田，很多人都劝他放弃，他的回答就是"人不能忘本，农民就是要扎根土地"。

他是这么说也是这么做的。面对眼前的困难，李永军并未被吓倒，而是查阅了大量的资料，走访了许多的部门。在学习中，他渐渐意识到，靠传统的种植模式和"单枪匹马"的管理方法，很难在市场经济的大潮中有所作为。考虑再三后他做了两个决定，一是走出去取经，寻找农业种植新技术；二是化零为整合作经营，建造大船出远海。

李永军想到做到，从不放空炮。2009 年 10 月，在镇党委、政府支持下，经过精心筹划，由 10 多名村民自愿成立的天津市清水思源农业种植专业合作社应运而生，李永军众望所归被推选为理事长。社员的加入，不仅为合作社提供了一支技术过硬的发展团队，也将分散的土地集中起来，实现了规模化经营、机械化插收和规范化种养。

2009 年镇政府引导农民与客户签订产销协议，为适合大批量农产品的生产需求，必须流转土地，当年清水思源合作社就增加了 2 000 亩的土地流转面积。2011 年合作社又与海航合作，从农民手中再次流转土地 1.8 万亩，成为当时天津市最大规模的土地流转与成功的典范。如今，稻田成方连片，全部实现了机械化插收，大大提高了生产效率，也降低了农民劳动强度。到 2013 年合作社土地流转面积达到 2.1 万亩，共生产稻谷 1.05 万吨，销售收入达到 5 250 万元。

与此同时，他又远赴东北、江浙等地，引进立体种养新模式，以合作社为龙头，开辟了 700 亩稻鱼立体种养核心示范基地，棋盘似地划分为：稻鳅种养示范区、稻蟹种养示范区、稻甲鱼种养示范区。通过精心管理，稻鳅种养实现亩增效益 1 500 元；稻蟹种养实现亩增效益 1 000 元；稻甲鱼种养实现亩增效益 6 000 元。这一成功的模式很快如原子核裂变，短短的三年内，在宝坻区稻田湿地核心区发展稻蟹立体养殖园区达到 7 000 亩，涉及包括欢喜庄在内的五个村庄，辐射带动全区 8 万亩稻田进行立体种养，这些辉煌成绩的取得，源于他的日夜奔波操劳，更源于他深入骨髓的一种情感，那就是对土地深深的爱恋。

二、我们必须学习 只有科技才能引领未来

"科学技术是第一生产力"，这句话一直是李永军的座右铭，他深知只有应用科学技术才能生产高品质大米，发展高品质农业。从合作社成立时起，他便立足长远，实施了有机大米四步走战略。第一步，与天津农学院合作，引进 E28、津稻 45、崔晶博士生态米等众多品种，进行试种，1 000 亩的试验田当年就增产 400 千克。第二步，为新品大米申请有机认证。新品种实验成功后，他便向相关部门提出有机大米认证申请，直至 2011 年顺利通过三年转换期，成为了名副其实的有机大米。第三步，于 2013 年成功注册了八门城蟹田大米、津宝欢喜有机米两大稻米品牌。第四步，为了确保自产大米的良好品质，2014 年合作社又在镇政府的帮助下注册了喜旺米厂，实现了农业种植与农产品加工的完美结合。2016 年清水思源合作社的有机大米面积已达 5 000 亩，成为天津之最。此外，他还带领社员建立低蛋白大米示范基地，并与中恩公司达成包销协议，为慢性肾脏病患者带来了福音。

　　合作社的快速发展吸引了众多村民踊跃入股，截至目前，欢喜庄全村农民全部入社，共入股 152 股，股民达到 400 多人，入股率达到了 100%。全村土地全部流转给合作社，每户有 1 名社员在合作社打工。随着入社人员的日益增多，合作社发展规模的逐渐扩大，对人才的要求也越来越高，合作社急需适应现代农业发展的高科技人才。请教过相关专家后，李永军开始运用党员电教手段对社员进行科技知识、特别是农村实用技术的培训。他对合作社党员电教设备进行了全面更新，对党员电教室也进行规范化管理，使之成为科技兴农的主阵地。他还组织党员投身"党员电教科技致富工程"活动，吸引种植大户一起系统学习稻田套养泥鳅、螃蟹、甲鱼的技术。期间，他远赴东北，聘请有多年螃蟹、甲鱼养殖经验的专家担任参谋。

三、农民要改变　坚决不做只会种地的农民

　　随着都市型农业在全国各地逐渐兴起，一向对市场有着前瞻性的李永军将眼光瞄准了发展休闲农业、乡村旅游业的市场。2012 年，李永军和他的社员们与八门城镇政府联合，在原有稻蟹种养区，成立了八门城现代农业示范园。这个占地 7 000 亩的现代农业园区，集综合管理、立体种养、设施农业、农产品加工、特色旅游于一体，将二产、三产与一产巧妙融合，实现了农业种植＋水产养殖＋农产品加工、销售＋农业观光的产业融合新模式。

　　2015 年宝坻区开始大力发展乡村旅游业，欢喜庄村凭借良好的生态环境和经济基础榜上有名。在乡村旅游业发展过程中，李永军积极与上级部门协调，与村两委班子一道，为村民做工作，为村庄搞规划、治水系、修河道、建景观、搞三化，为了调动村民开办农家院的积极性，他又自掏腰包，打造一处设施齐全、风格清新的特色农家别墅，欢喜庄 10 户农家院装饰一新，村民们开始由农民发展为服务人员。

　　如今的欢喜庄，"一水护村将绿绕，两河排闼送青来"。天然的生态环境和产业兴隆的农业示范园，稻香鱼鲜，鸟飞蛙鸣，吸引着众多的游客。天津市农委的领导、区里的领导多次来此考察，对规范化的组织形式和科学化、规模化的经营方式以及三产融合的发展模式给予了充分的肯定。

　　有付出就有回报，李永军呕心沥血，把自己的一切奉献给他热爱的家乡，家乡人民也给了他很多荣誉：四次被评为宝坻县劳动模范，两次被评为

宝坻县优秀共产党员，荣获宝坻县优秀乡镇企业家、天津市优秀企业家、天津市优秀青年乡镇企业家、宝坻县十佳青年等称号。2002—2011 年连任三届宝坻区人大代表，2011 年被评为天津市优秀共产党员，2012 年被选举为天津市人大代表，2013 年被评为"农业部美丽乡村创建活动典型人物"。

九万里风鹏正举，兴大业，展宏图，星光洒满乡间路。为了让农民增产又增收的愿望成为现实，他始终走在别人的前面，没有了白天和黑夜的区别，三产融合实现如今的大发展，十载艰辛铸造现在的小康生活。他用勤劳和智慧，坚强和果敢，提供了农业现代化可参考的样本，成为了兴农富农的领路人。

第二节　种粮大户——刘军

刘军，在广袤的农村大地一个再朴实不过的名字，人如其名，一个憨厚、少言、皮肤黝黑的普通农民，却有着颠覆农业生产方式的非凡志向："把饭碗牢牢端在自己手中"，且主要是盛中国自己的主粮；走出一条粮食生产可持续发展之路；实现服务社会的更大人生价值。十年时间，从一个外出务工人员变身时髦家庭农场主，成为拥有 2 600 亩流转土地的"大地主"，成立植保科技服务公司，无人机、大型自走式喷雾机等现代化装备应有尽有，年产量达到 3 280 吨，产值 630 万元。2014 年被农业部评为"全国种粮大户"；2015 年全国人大常委会副委员长、民盟中央主席张宝文视察他的家庭农场并给予肯定和高度赞扬；2016 年荣获河北省农村青年拔尖人才。

一、赶上国家好政策　农民变身农场主

45 岁的刘军，出生在有着"中国蔬菜之乡"美誉的河北省邯郸市永年区广府镇史堤村，这个美丽的村庄以耕种经济效益高的蔬菜为主，耳濡目染，刘军也对种菜很在行，为了把蔬菜种得更好，1999 年刘军外出到山东临清租赁大棚育苗种菜，干了几年，挣了点钱，也开阔了眼界，也更加关注国家农业政策。连续 5 年的中央 1 号文件，让刘军隐约感受到国家对农业的不断重视，加上得知随着种粮相对效益降低，农民外出务工人数增加，许多土地被搁置无人耕种甚至出现弃地撂耕现象。他看到了机会，"作为农民怎

么能不跟土地打交道？怎么能让土地撂荒呢？那将来吃什么？他得地租我得粮，还可以为国家粮食生产做贡献，一举三得的好事，为什么不做呢？"正是怀着这样朴素的想法，2008 年，刘军毅然放弃外面的事业，回乡干了 5年蔬菜育苗后，感觉服务面窄小，又开始租地，力求成方连片，最后将刘营乡的 200 余亩耕地流转过来进行了规模种植。手中有了 200 亩地，刘军对种地这件事更是上心，吃完饭就到地里查苗情，看长势，就怕有大虫大灾，学管理，讲科学，就怕不能将耕种成本降到最低。正是这样一心扑在 200 亩的土地上，2009 年总产粮食 21.5 万千克，扣除租地、生产成本后纯收入 10万余元。

从规模种粮中尝到甜头的刘军，坚定了种粮的信心和决心，又把种粮赚到的钱投入到土地流转中，进一步扩大了种植规模，实现了良性循环。党的十八大召开后，中央出台鼓励土地流转和发展新型农业经营主体政策，刘军在永年县农业部门的协助下，2012 年种植面积突破 1 000 亩，注册成立"永年县自博家庭农场"，粮食产量达 1 313 吨，年纯收入 52.5 万元；2014 年耕地达到 1 300 亩，产值 340 万元；2015 年达到 2 600 亩，产值达到 630 万元。这时的刘军已然成为了人们口中的"大地主""农场主"。

二、一心只为粮丰产　创新管理成行家

正可谓"手中有粮，心中不慌"，饭碗稳稳地攥在了自己手里的刘军，思想又开始活泛了。2011 年底开始，"如何走出一条粮食生产可持续发展的道路"这个问题在他脑海中萦绕不去，这个想法在家人看来有点不可思议，家人说："你个农民老实种地才是本分，想那么多干嘛，那些大事让那些领导们去思考吧。"他听着只是一笑而过，而实际上，刘军把更多的时间放在他的大田里。如何才能让地块更高产？如何提高机械化作业效率而且不降低耕地地力？如何才能更加节约成本？一个个问题在他脑海中飘荡着。他经常和朋友圈大户讨论如何丰产增收，还不停地跑去外县、外地借鉴他人的成功经验。

功夫不负有心人，他创新采用了小麦无畦全密种植新模式，即全田不留垄沟和畦埂，比传统一家一户种植小麦提高土地利用率 10% 以上，这样就相当于增产 10%。他深知要想使农业增产丰收，良种、良法、良肥一样都

不能少,于是,优良品种、高效低毒农药、优质化肥、移动式喷灌、秸秆还田等绿色新技术,在他的近三千亩地轮番上演,不但节水节药节肥,还培肥地力,保证了农产品质量。在耕种收环节更是一律采用机械化作业,提高劳动效率和降低人工成本。他说:"规模种植地面平整地块大,降低了机械调头和空转次数,非常适宜大型机械作业,这样不但农机合作社都愿意为我服务,而且还收费低,机收、秸秆还田、耕地、播种等机械作业费比一般农户每亩节省 167 元。"

正所谓半路出家成行家。随着种粮规模的不断扩大,刘军在生产中也遇到了难题。在粮食生产上植保社会化服务相对滞后,耕种收全部机械化后,唯独在病虫害防治上,还在沿用传统背负式喷雾器,需要人背手摇,劳动强度大,效率低,费用高,严重制约了生产的发展。如何实现病虫害防治现代化成为他的一块心病。为寻求解决办法,他自己尝试着改装马车进行机动喷药,但防治效果和生产效率不太理想。后在植保站的帮扶下,多次外出考察后,他率先引进了 3 台自走式喷杆喷雾机,农场 5 个人,统一配药、统一喷施,日喷药面积 300 亩,不但省工、省药,还大大提高防治效率和效果,获得了成功。正是由于他迈出的创新一步,使永年植保从"人背机器"步入"机器背人"的新时代,实现了粮食生产方式的新跨越。

周边的散户、合作社等看着老刘把良种良法良肥在他租种的黄土地上发挥得淋漓尽致,再加上他的乐于助人,刘军成了大家眼里的行家,哪家大田病虫害该用什么药?今年玉米哪个品种高产了?打算施什么肥好?大家有事就想起了"刘专家",不过对这个称号憨厚的刘军有时候会解释一下说"我只不过经历得多,把我知道的告诉大家,免得老农民再走弯路,有事还得问农牧局专家呢"。

三、瞄准市场转思想　拓展服务谋发展

经过刘军的不断努力,他把种地当成了自己的事业,由一名"需要社会提供服务"的种粮大户,转变成为了一个"我为社会提供服务"的"种粮＋服务"型农业经营大户,实现了"农民"由身份到职业的转型发展历程。

随着国家对农业的不断重视,越来越多的农民看好了农业前景,周边有志农业的农民纷纷流转土地发展规模经营,家庭农场、农民合作社等各种农

业新型经营主体不断涌现，数量和经营规模逐年增加。当然这些新型经营主体在扩大经营规模的过程中，也同样遇到了防病治虫难等问题，迫切需要有经验的社会化服务组织为他们提供植保专业化服务。农场周边的种粮大户和农民纷纷向刘军提出服务要求，刘军在防治完自己农场的病虫害后，就在附近为其他的农民开展防治服务。

"植保有市场，我有经验、技术和资金，为什么不开展市场化服务呢？"刘军的和农技人员探讨这个问题，他嗅到了植保市场的巨大潜力，于是在原有3台自走式喷杆喷雾机的基础上，筹资20余万元，又购进2台自走式喷杆喷雾机和一台加农炮（大型风送式喷雾机），从此，刘军主动与农业部门对接，积极响应政府的号召，参与社会化服务的活动，为种粮大户开展植保服务。从最开始单一的小麦治虫扩大到秋季小麦除草、小麦中后期吸浆虫防治、"一喷三防"、玉米除草和后期"一喷多效"；服务面积从几百亩，扩大到几千亩，甚至上万亩。随着服务机械、服务人员的增加，服务范围、面积的扩大，他乘势而上，又创办了"自强农业科技有限公司"，建起了植保专业防治队伍，成功实现了由种粮大户到规模经营和社会化服务并重的转型发展。从2013年以来仅提供植保社会服务这一项累计作业面积22万亩次，获得经济效益50余万元。

老天总是青睐有准备的人。这话不假，随着改革开放的深入，国家的惠民补贴政策越来越多，这位把农业做得有声有色的土专家也慢慢引起大家的重视。2016年农牧局为支持粮食生产社会化服务组织建设，决定在粮食生产的薄弱环节，示范引进植保无人机推进植保现代化。鉴于刘军在植保社会化服务中的优异表现和引进植保新器械的积极性，政府特别拿出10万元以民办公助的方式，支持刘军引进2台植保无人机。从此，永年植保从"陆军"步入"空军"的新时代，推进了生产方式的又一次跨越。刘军的植保队伍和机器也更精进一步，截至2016年底，拥有了无人机2台、四轮大型自走式喷杆喷雾机3台、三轮中型自走式喷杆喷雾机5台、机动喷雾器、电动喷雾器50余台，从业机手和服务人员60余人，日均防治病虫害作业能力达到2 000亩以上，每年服务病虫草害防治面积12余万亩、经济效益20余万元。

"老牛亦解韶光贵，不待扬鞭自奋蹄"。近年来，随着农业供给侧结构性改革的提出，刘军盘算着，玉米价格下滑，效益降低，农场必须要跟着市场需求调整种植结构，病虫害防治队还需要引进新设备和培训技术人员，下一步要联合周边大户和农民成立"联合舰队"共同创建品牌，开发优质小米等特色产品……

第三节 科技兴农领头雁——赵玉国

赵玉国是辽宁省铁岭县蔡牛镇靠山村人，现任铁岭县蔡牛张庄玉米新品种推广专业合作社党委书记、合作社理事长，是远近闻名的种粮大户。一向刻苦钻研、精明能干的他，凭借对农业种植多年的经验和对土地的热爱，决心从农村这块充满希望的黑土地上，依靠科学种田，实现规模效益，"土里刨金"，干出大事业来。经过十多年的打拼，由单户经营到创办合作社，目前土地经营规模已发展到3.1万亩，为国家生产粮食2.4万吨。年实现销售收入4500万元，年纯收入468万元，人均增收1.4万元。通过不懈的努力，他经营的合作社正在一步步地发展壮大，为农户规模种植提供了很好的范例，成为农村创业致富的带头人。

一、抓机遇、扩规模 探索农村新型经营主体模式

虽说赵玉国是个普普通通的农民，但他文化程度较高，头脑灵活，随着农村城镇化进程加快，青壮年纷纷进城务工，土地闲置很多，他抓住机遇，敢于尝试，敢于创新，走上了一条创业致富之路。1992年，担任靠山村党支书的他，深刻意识到科技种田才是农民的出路，赵玉国走进了课堂，开始学习科学知识。有了大学专业知识的洗礼，走上社会的赵玉国敢于突破，大胆承包了蔡牛镇500亩耕地，并签订了五年长期承包合同，一次性拿出承包租金32.5万元，开始进行优质玉米种植，当年就取得了较好的收益，获纯利12.6万元。经过数年的辛勤耕耘，不断积累，赵玉国已成为全国有名的种粮大户、致富能人。

小富不骄，富而思进。2007年中央出台1号文件，制定了一系列惠农政策，农民专业合作社法也应运而生，赵玉国吃透政策，瞄准市场，及时更新了玉米优质品种。他还加大了种植业方面的投入，投资30多万元，添置

了一台大马力旋耕机、拖拉机、机械喷药机、水泵等农用机械，季节性雇用短工 60 余人，甩开膀子大干了十年。经过十年的努力，合作社积累逐年增加，到 2017 年，合作社固定资产达到 2 200 万元，合作社占地面积 15 亩，房屋建筑面积 3 000 平方米，拥有专业技术人员 32 人，拥有各类现代化农机设备达 106 台（套），实现了全程机械化作业。

二、崇尚科学　当科技兴农领头雁

依靠科技手段是提高粮食单产、增加总产的必由之路。为此他大胆创新耕作模式。

（一）开展品种对比展示，推广玉米新品种

为了实现提高单产、增加总产的目标，老赵预划出玉米新品种和化肥肥效试验示范基地 2 500 亩，其中辽宁省玉米重大农技产业推广服务基地 1 500 亩，中国农业科学院试验示范基地 100 亩，辽宁省农业科学院试验基地 200 亩，大连农业科学院试验示范基地 100 亩，沈阳农业大学试验基地 200 亩，四川农业大学试验基地 200 亩，铁岭县农业技术推广中心品种及配方施肥试验基地 200 亩。每年开展新品种品比试验达 100 个，通过举办田间现场观摩会，实现了专家和农民的无缝对接和现场交流。每年举办现场观摩会 20 余次，参加人数 3 500 多人次，带动农民推广新品种面积达 20 万亩。

（二）承担国家大型农业示范推广项目

2014 年承担了第一批省级现代农业示范区项目，建设试验示范项目基地 5 000 亩。采用大垄双行增株、秸秆还田培肥地力、推广全程机械化作业等 8 项技术模式，玉米平均亩产达 850 千克以上。本项目采用"合作社＋基地＋农户"运行模式，项目实施后直接带动农户 560 户，辐射带动 8 000 户，合作社每年组织技术培训达 3 万人次。

三、打造合作社里的产业链　实现农业转型升级

近两年，玉米价格降了又降，面对严峻形势，在市场需求不断发展的今天，赵玉国深知农业产业结构调整的重要性。他与合作社一班人开动脑筋，紧跟中央 1 号文件精神，结合农业供给侧结构性改革，对原有的 3.1 万亩流转土地进行了有效的作物调整，牵手企业，发展养殖，细化深加工，调出了

一条柳暗花明的农业发展新路。2016 年种植玉米 27 000 亩、大豆 2 500 亩、水稻 1 000 亩、设施蔬菜 500 亩。

张庄合作社目前已经形成了几条完整的农业产业链条，而绿色有机产品深加工则是其中最大的亮点。在张庄合作社的新产品展厅里，我们看到，各种精致包装的玉米渣、玉米面及富硒大米将展厅填充得满满登登，这些都是张庄合作社细化深加工的丰收成果。相关产品已经注册了商标，并销售至江苏、浙江等地。

除了绿色有机深加工产品外，赵玉国还在合作社里成立了农业认养园和养殖基地。赵玉国介绍，合作社里划分出几十个 100 平方米的小菜园供顾客认养，设置了 500～1 000 元不等的租赁费用，为租地者提供差异化服务，一年的纯收入达到传统种植业的 3 倍。

为了实现循环式发展，合作社新建了 6 000 平方米的高标准养羊小区，购入 200 头小尾寒羊进行饲养，用合作社玉米地里的秸秆作为饲料，羊的粪便作为肥料回田，保护生态的同时降低了生产成本。"我们合作社目前已经形成了几条完整的农业产业链条，今年我们在产业结构调整上迈出了一大步，实现了多点开花"。赵玉国对合作社的发展充满了自信。

四、做合格党员　带领群众共同致富

十年求索，十年奋斗，使赵玉国成为种粮大户、创业能人。他的事业成功了，但富了不忘党员本色。老赵说："我是一名党员，我能有今天的成绩，都是党培养的结果，通过两学一做的学习，我要严格践行入党誓词，讲奉献，回报家乡，带领大家共同富裕，让咱们农民过上幸福生活。"2016 年，他被社员们高票选举为张庄合作社党委书记。当上这个职务后，他时刻牢记共同致富的宗旨，热情待人，乐于助人。当种植户遇到技术难题时，他总是详细询问，耐心讲解，多方指导；他还自费请来农业专家和农技人员到田头，对玉米实行统一管理，集中进行玉米病虫害防治，仅此一项每年为周围农户每亩节省开支 80 元；他自订报刊，广泛收集玉米新品种新技术信息，并及时向其他种粮大户推荐；他统一订购优质高产玉米良种，使玉米单产由原来的 650 千克/亩，提高到 800 千克/亩；他还多方联系，收集省内各粮食主要收购市场的行情，并及时向其他种粮大户提供粮价最新消息，促进增产增收。通过几年种植，他使参与生产经营的农户人均增收6 500元，帮助周边3 500户农民走上了致富之路；在他的示范带动下，承包经营土地发展粮食生产在当地蔚然成风，土地资源得到了有效地开发利用，蔡牛镇先后涌现出十多位种粮大户，都获得了可观的经济收入。赵玉国走上了一条带头创业、致富一方、带动一方的成功之路，他致富后不忘回报社会。自己平时省吃俭用，但乐于助人，关爱弱势人群，关注社会公益事业。几年来，他坚持接济本村的困难户和孤寡老人，逢年过节到他们家中看望，送钱送物达上万元之多；组织队伍为北地村、东二村、靠山村修建村级公路、建防护林、打集水井、清淤等，为农民谋福；整合了当地的土地资源，打造了一个又一个的标准化农业示范区，为家乡的农业做出了巨大贡献。

多年来，他情系黑土，心系农民，在他身上真正体现了一个共产党员的奉献精神，真正成为了靠科技致富的领头雁，他的突出业绩得到了当地政府的充分肯定和农民的好评。赵玉国本人以及他所领导的合作社得到了广大农民的充分肯定和认可，获得了各级党和政府给予的各种荣誉：2009—2012年度被评为市特级劳动模范，2017年被评为省级劳动模范，2010—2012年被评为市级"优秀共产党员"，2010年以来当选为县人大代表，2012年、2013年度被评为"全国种粮大户"。合作社2012年被评为"辽宁省先进集体"，2014年被评为"农民专业合作社国家级示范社"。

展望未来，踌躇满志，他觉得，荣誉是党给的，是人民给的，今后要充分利用好党的强农惠农政策，开拓创新，带头学习农业新技术，充分发挥传、帮、带作用，大力发展节能增效农业，带领广大农民共同富裕奔小康。

第四节　引领乡亲奔小康——盛立国

"小康不小康，关键看老乡"，没有农村的小康就没有全国的小康。新型农民盛立国在长期的实践中，由一个想多赚点钱过上好日子的普通农民，成长为心里装着父老乡亲和粮食安全的现代新型农民。他创办的盛满种植合作社，流转经营土地39 750亩；他研发的"玉米高产种植方法"获国家专利，并改变了传统玉米耕作方式，在轻碱沙地上创造出亩产872.5千克的成绩。

其专利技术在四平、白城、松原、长春周围地区的茂林、新安、开安等 50
个乡镇应用，带动 1.2 万户 4 万多人受益。现已辐射到黑龙江、内蒙古和辽
宁 40 个乡镇和农场，近万户 3 万多人受益。他耕种土地，经营农业，探索
农民专业合作社发展之路，带领父老乡亲奔小康。

一、困苦中求发展

1971 年，盛立国出生于吉林省双辽市茂林镇新发村八队，人均耕地 7
亩。地虽多，但十年九旱的轻碱沙地粮食产量很低，农民并不富裕。盛立国
家生活更加艰难，所以他初中毕业就辍学务农，挑起了生活的重担。17 岁
就成了庄稼地里的好把式。他常常蹲在地头琢磨怎样让地多打粮。在他的精
心侍弄下，收成年年超越他人。

他从小就有经商头脑，做些小买卖。卖冰棍儿，冰棍儿换鸡蛋，再把鸡
蛋倒腾到县城去卖，早出晚归，来回好几趟赚点儿辛苦钱。爆苞米花儿、夏
天卖西瓜、冬天收粮、春节卖春联、收破烂、做装卸工，啥活都干。各种经
历使他不仅挣到了钱，而且还结交了朋友，开阔了视野，增长了见识。三年
后，他买了拖拉机，是全屯儿最早用上农机的人。他起早贪黑给人拉土垫园
子挣钱，还贩杂粮，倒牲畜，每年都有五六万元的收入。

1996 年天降不幸，父亲得了食道癌花光了家里 30 多万元的积蓄，还拉
了饥荒。母亲一上火，又得了脑梗。夫妻俩苦中求乐搞经营寻找机遇，力求
让自己的家门更体面。贫困让有志之人奋发图强。

二、探索中求精进

十年九旱的茂林，农民种地赚不到钱，纷纷撂荒。盛立国则以代缴税费
和义务工等方式承接了这些土地。把"捡回"的 500 多亩土地，用自家的拖
拉机，配上悬挂犁耕种，省工省时省费用，效率高。用盛立国的话说："我
做梦也没想到能有机会种这么多的地，这些地能打多少粮呀。"

地流转到手了，承诺承担各项税费，每年还分给农户 200 元钱，供农户
烧柴。他受"地头苗长的好，棒子大，籽粒饱满现象"的启发，发明了"二
比空"玉米种植新方法，就是种两垄空一垄，使每垄玉米都变成地头苗。通
风透光，合理密植，玉米长势非常好。他在田间地头所产生的灵感，和许多

专家的长期积累一样，是看到了事物的本质所产生的飞跃。每亩多收二百多斤①，最多的超四百来斤。他被评为首批"吉林省农村实用型专家"，成为新型职业农民。

"二比空"种植技术获得了成功后，他又潜心研究，多宽的垄，选择啥样的品种最适合，从株距到品种的选配，到土地耕作层，做详细笔录，反复试验，坚持了十多年，他又研究出了"三比空、四比空超高产栽培技术"和"玉米与矮棵农作物综合增产增收种植技术"。他让玉米和绿豆搭伴儿，优势互补，不但绿豆增产，额外又多收了上万斤玉米，一亩地真有了两亩地的收益。他不断地外出考察学习，邀请相关农业专家，对他新型种植技术检验测试，得到专家认可。

盛立国种植技术的优势是：发挥边行优势，通风透光，防倒伏；减少灌溉面积，节水保肥，抗旱保水；发挥群体优势，耕地利用率高；便于田间管理，降低劳动强度，缩短劳动时间。每公顷节省工时费600～800元。2015年3月该技术获得国家专利。

国家粮食补贴政策实施后，补贴款全部返给农户，还以高出当地流转价格30%继续经营。底气来自对党的三农政策的坚信不疑，来自对自己种植方法的自信，来自要带领老乡致富的雄心壮志。他经常说："咱不能自己吃肉，让老乡喝汤。"

三、合作中求共赢

作为新型职业农民的盛立国较早地认识到：一家一户的经营严重阻碍着农业发展和粮食安全及农民奔小康。农业、农村和农民的现实，都要求中国农业必须走规模化经营、合作化发展的道路。合作社集约化规模化经营，有利于先进技术的推广应用，有利于全面机械化，可大大降低生产成本，确保粮食的数量和质量安全，使广大农民共同致富。2007年他组织了9户喜欢种地的农民，投资300万元注册成立了茂林镇盛满种植专业合作社，走上了专业合作的规模化发展之路。

合作社以科技创新、风险共担、利益共享、合作共赢为宗旨。社员有以

①　1斤＝500克，下同。

土地入股，按股分红；有高于市价 30％转包的；有全托管的，按当年平均产量为分配约定产量，统种统管统收，超产五五分成；半托管的，对耕地实行统种统管，粮食统一场地分收分放。

经营土地难，经营农民更难。农民不是听你说得多好，而是看你做得怎样，实惠在哪儿。合作社每年都搞几场大型现场会，接待近万人次。"不见到真东西，你说出大天来我也不信"，农民说："亲眼看见了一块地能多打这么多粮，咱跟你干了"。这样，盛立国靠他的技术、理念、人格，带动了合作社的发展。

合作社集约化和规模化经营，大大降低了生产成本，创造了合作社运营的标准模式——团购直销。

合作社现有固定资产 2 447.5 万元，有一支 63 人的农机工作队、20 人的技术指导团队，服务于 2 万多农户。社员每公顷地多收入 3 000 元，外出打工或搞养殖平均每人年收入 10 000 多元，统一生产资料供应，每公顷节约 700～900 元，每公顷粮食产量增加 1 000～1 500 千克。

四、奉献中获荣誉

盛立国搞推广，搞科技培训，提高农民科技素质，一年花掉十几万元。农民要看真东西，试验田太小没说服力。2010 年他在流转的 260 公顷土地上，建立了大面积科普示范基地，全部采用玉米超高产种植技术及一亩顶二亩收入的综合种植技术，发挥示范点的示范引领作用。他在奉献中摆脱贫困、追逐富裕、引领乡亲们奔小康的同时也收获了大家的认可和很多荣誉：2010 年，盛立国被农业部评为全国种粮大户；2011 年被国务院授予全国种粮售粮大户；2013 年被吉林省人才工作领导小组评为首批吉林省农村实用型专家，被吉林省农村专业技术协会评为双百基层农技协优秀领办人；2016 年吉林省新型职业农民专业技术能力评定工作领导小组评定他为高级农技师；2016 年获四平市劳动模范称号。2013 年盛满种植专业合作社被评为吉林省优秀示范社；2014 年被农业部评为全国农民专业合作社优秀示范社；2015 年获省科协和省财政厅"吉林省科普惠农兴村"先进单位；2016 年获中国科协和财政部"全国科普惠农兴村"先进单位等荣誉。

他来自农村，懂得农民，熟悉农业生产的每一个环节。他善于发现，敢于发明，勇于创造，发现了太多可以整合的东西，太多可以通过创新去改变的东西，减少了好多不必要的环节，把农民引导到规模化生产上来，引导到科学种田上来，从而走向致富之路。他改变了农民的传统观念，改变了传统的种植方式，改变了农民的经营生产模式，打造了一个致富之路。它凝结着现代职业农民的智慧和创造，不仅是当地农民，也是中国农民行之有效的致富良方。它靠种植创新、管理创新、细化经营，既经营土地，又经营农民，把土地和农民进行科学的整合，使有限的资源变为无限的可能，对当前解决"三农"问题这一短板，全面建成小康社会，具有重要借鉴意义。

第五节　返乡创业成就辉煌——徐海波

徐海波，男，汉族，1975 年 11 月 15 日出生，现任黟县农友种植专业合作社理事长。他热爱祖国、遵纪守法、务实进取、勇于担当且善于经营管理，有强烈的创新发展意识，责任心强、秉性善良、心胸宽广、乐于助人，在当地有非常好的口碑，得到了乡亲们的认可。

他不断研究农业标准化管理，以工业化的管理理念来经营农业，获得了许多值得借鉴的成效。他积极探索成立农民土地入股合作社，与农民形成共享发展的利益联结机制，把农民变成了股东、资源变成了资产、资金变成了股金，极大调动了村集体和农民参与农业产业发展的积极性，实现了国家惠农项目投入带来的效益让更多农民共同享有的目标，他的"田川模式"被安徽省政府列为重点推广的农村"三变"改革试点模式之一。他主动投入扶贫攻坚行动，创新产业扶贫模式，两年内让 13 个重点贫困村集体、339 户贫困户实现长效增收。正是因为徐海波在农业创业中的突出表现，他本人先后被评为"全国青年农民致富带头人、安徽省种粮大户、黄山市劳动模范、黄山市五四青年、黄山好人、黄山市首批创业领军人才"等荣誉称号，是 70后返乡创业的新型职业农民典型代表之一。

一、心系家乡徽凤归巢

2011 年起，徐海波就开始尝试有机农业种植，虽只有 80 多亩面积，但小有成效。后来，他发现因为一家一户种田不挣钱，在家乡被撂荒的农田越来越多，非常担心。他在想，要解决农田撂荒，一定要发展规模化、机械化种植；要解决种田不挣钱，一定要发挥家乡的生态环境优势，发展优质粮油产业，打响品牌，提高效益。思路明确了，想好了就干，徐海波说服了妻子，让她也放弃了在安徽合肥的工作，一起回到家乡，把家乡整个村1 270亩的农田全部流转过来，开始了新的创业。

二、创新创业实干巧干

徐海波深知：创业不是享受，而是持之以恒的追求和奋斗。搞大规模的机械化种植，自己没有经验，一切都得自己去摸索。凭着对事业的执著，对家乡热土的深情，他经常是白天在农田和村里农民、农技专家求学，晚上就上网查资料，经常工作到深夜一两点。一有机会就和农委、农机专家出去学经验，求贤若渴地招募各类人才。面对山区的特殊地理条件，不断揣摩实践各种规模化、机械化实用技术，在夫妻俩的努力下，首次实现了黄山山区全程机械化种植的成功。通过不断努力发展，徐海波合作社的优质粮油种植基地规模扩大到了8个村，7 015亩，涵盖了2 300多户农户。

为了解决规模化种植管理难题，徐海波通过把工业化的管理理念引入到农业生产中来，把水稻种植像流水线作业似的，分成育秧、施肥、耕田、插秧、植保、收割、烘干等若干环节，各自建立了专业的服务队伍，每个环节都制定了详细的工作质量和操作管理流程标准，每项工作都设定了考核奖励制度，分工明确，让大家都知道怎么干，如何干，简单明了，把跟着他做事的农民都变成了新的职业农民。

在这些年的经营中，徐海波发现，从事农业劳动的大部分都是50多岁以上的农民，年轻人都不愿意种田，觉得种田没面子，太苦，收入又少，这让他感到很忧虑。为此，他不断地学习，与科研单位合作，引入人才，研究如何更好用科学化、机械化去种植，降低劳动强度，让种田不再那么辛苦。在合作社内，引入奖励机制，提高劳动收入，形成良性循环。还经常举办机械化耕田、插秧、收割、无人机植保等劳动竞赛，拍摄新农民的宣传片进行播放，与学校、旅行社等合作，免费提供参观优质水稻种植的全过程，向大家展示现代农业发展和现代农民的风采，改变人们对传统种田的看法，让人们觉得从事农业也是一项很好的职业。目前，加入徐海波合作社工作的80

后、90 后年轻人越来越多。

为了提高经营效益，必须实现一、二、三产业融合发展，徐海波不仅采取绿色、有机方式种植，还仔细调研了大米销售市场，发挥自己基地种植、零农残、当年新稻等质量品质优势，研究了胚芽米的加工工艺，走差异化竞争，很快就将自己种植加工的优质大米打入了合肥市 200 多家各大连锁超市门店销售，销售价格为 7.6～36 元/千克，得到了消费者广泛认可。徐海波充分依托黟县生态和旅游资源优势，把农业与乡村旅游相结合，发展电子商务销售，诞生了黄山市首个优质大米品牌，目前产品供不应求。

创业 6 年来，徐海波一共累计支付农民田租 1 000 余万元，发放农民工工资 500 余万元，未拖欠一分钱田租、一分钱农民工工资。

三、一枝独秀春色满园

多年的经营实践，让徐海波知道：一枝独秀不是春，万紫千红春满园。从他创业一开始，就牢固树立了共享发展的理念和目标。为了帮助村集体提高收入，他每年按每亩 60 元支付给村集体管理费，帮助改善村容村貌，实现共赢发展。每次他掌握了实用新技术，就举办新技术现场会，免费向市、县其他种粮大户进行推广，帮助村里能人流转土地，发展规模化种植，提高农民收入。在他的带动下，黟县种粮大户发展迅猛，全县粮油规模化种植达到 70% 左右。徐海波以自己购买的 70 多台各种农机设备为基础，成立了社会化服务组织，为种粮大户提供全程机械化服务，降低他们的种植成本，帮助他们一起发展。种粮大户遇到困难，他总是尽可能地提供帮助。为了更好实现共赢发展，徐海波牵头成立了优质粮油生产联合体，在联合体内，统一采购生产资料，统一社会化服务，统一技术管理，统一按高于保护价回购，统一提供联合体贷款担保，优势互补，极大促进了农村能人参与到土地流转中来，使得黟县优质粮油产业发展得红红火火，联合体优质水稻种植基地面积达到 2.1 万亩，直接带动了 7 000 余户农民增收。该联合体被评为安徽省首批现代农业产业示范联合体。

徐海波在自身发展的同时，还积极参与到扶贫事业。不仅自己通过产业对口帮扶一个贫困村脱贫，还专门成立了黟县农友种植专业合作社，吸纳了13 个重点贫困村、122 户贫困户成为社员，通过统一经营管理，保底＋效益分红方式，实现长效脱贫致富。在徐海波及合作社的帮助下，以农田租金、社员分红、务工收入、产业帮扶等方式，共帮助13个重点贫困村村集体收入实现每年1万～7万元的增长，339户贫困户分别实现年收入增加1 700～9 000元。

徐海波常说：我选择回家乡创业，除了实现自身价值，更要尽自己的一些能力造福乡亲，不能只为钱去做，要有点奉献精神，我们的事业和人生才有意义。

四、土地入股共享发展

徐海波发现，随着面积的扩大，管理越来越难。直接流转支付固定田租虽好，但不能更好地发挥村集体、农民参与产业发展的积极性。许多问题矛盾也暴露出来，如：农民对田埂平整有顾虑，国家项目投入带来的效益农民享有的很少等。如果不能更好地把农民融入进来，产业就很难做大做强。为此，徐海波于2015年12月29日，成立了以田川村集体为单位的"黟县农友种植专业合作社田川分社"。分社中农民以土地入股、村集体以管理入股、龙头企业以现金入股、贫困户按扶贫资金额度量化入股，选举产生社员代表、理事会、监事会，设立公积金，以公司化模式组织开展优质农产品基地建设和农作物种植生产。分社财务独立核算，账务每月公开公示，实行"400元/亩保底＋效益分红"的模式。田川分社经营一年多来，农民对分社中项目的实施、配合支持度明显提升，种植作业和田间管理作业进展异常顺利。

徐海波也非常高兴，探索到了一条能长远、复制发展的好模式。他说：田川模式，让农民变成了股东，当家做主，合作社经营好坏与他们收益息息相关，大家都融入到一起发展，充分调动了村集体和农民的积极性。合作社负责为公司提供优质农产品，公司负责组织农资统一采购和农产品回购、加工、销售，将种植环节利润全部让利于种植合作社，既降低了种植成本，保障了合作社经营安全，公司农产品原料的质量和数量供应也得到保障。国家财政项目资金进入公积金，用于日常基础设施建设维护、对合作社出现的亏损进行弥补；基础设施等财政项目实施后，因降低种植成本产生的效益由合作社农民共同享受，让每个农户都受益。"田川模式"也被安徽省政府列为重点推广的农村"三变"改革试点模式之一，该模式已在全县其他村进行复制推广。

徐海波真切地感受到：如何把农民的利益融入进来，是事业发展壮大的根本。他正在积极总结经验，探索用农民、村集体闲置的房子、资产入股成立合作社，形成利益联结，在一、二产业发展的基础上，通过合作，增加乡村休闲旅游、创意农业、居家养老等内容，打造三产融合发展的田园综合体，让更多的农民增收致富。

第六节　科技致富领路人——杨莉

2016 年 3 月 8 日上午，习近平总书记参加全国"两会"湖南代表团审议，她作为优秀农民代表被安排与总书记同坐主席台共商国是。总书记握着她的手亲切地说："农民代表，带领农民致富，好！"。

她，就是农民科技致富的领路人，第十一届、十二届全国人大代表，湖南省岳阳市屈原管理区凤凰乡河泊潭村村委会主任，国家农民合作社示范社——海泰栀子专业合作社理事长杨莉。通过专心学科技，她从普通农家女成长为新型职业农民；通过专心用科技，她又从新型职业农民成长为农业供给侧结构性改革的践行者；通过真心教科技，她更是从致富能手成长为扶贫一片、带富一方的致富典范。她还是全国新型职业农民培育示范基地——岳阳洋利农业技能培训学校校长、全国杰出创业女性、湖南省劳动模范等。在杨莉看来，每一个身份，每一份荣誉，不仅凝结着辛勤的付出，更意味着沉甸甸的责任。如今，她正带领农民兄弟撸起袖子加油干，用科技和勤劳浇开致富花，结出小康果。

一、专心学习农业科技　农家女变成了新农民

杨莉是土生土长的农民，但她对学习农业科技却特别痴迷。她通过各种渠道坚持学习了《作物栽培与耕作》等本科课程，记了近 30 万字的学习笔记。

洞庭湖区是全国主产粮区，种好粮食在她看来是"天大"的事。2010年，她成立"岳阳洋利农民粮食专业合作社"，带领农民科学种粮。村里的

"老把式"都不相信她能把田种好。不服输的她向湖南省农科院专家拜师学艺，率先实行水稻大棚育秧和机插机收，最终效益比普通农民种粮高出近30％，"老把式"们心服口服。第二年全村整体加入了她的合作社，全社种植面积 5 300 亩，产量 4 700 吨，实现产值约 1 400 万元，影响带动屈原区的水稻机械插秧普及率达 95％以上。正是坚持专心学科技、用科技，经过多年的摸爬滚打，杨莉从一名普通农家女成长为有文化、懂技术、会经营、善管理的新型职业农民。在屈原区荣获第一批国家现代农业示范区的座谈会上，她关于科技兴农的发言赢得了各级领导和农业专家的高度好评。

作为农民代表，杨莉总在思考：怎样才能带领农民脱贫致富，让农业成为有奔头的产业？她自费到湘、鄂、赣等多个省的 20 多个乡镇走访调研，在 2016 年全国"两会"期间，提出了《关于国家要加大对农村新型科技组织支持的建议》，提出要改变"科技下乡好、扎根基层难"的局面，让科技农业在乡村生根开花。十年来，她先后向全国人大常委会提交关于"三农"的建议 186 份，其中有 10 条被全国人大列为重点建议。

二、敢想敢干趟出新路 栀子花长成了摇钱树

在参加全国人大常委会组织的一次重点建议调研过程中，杨莉参观了中国科学院植物研究所的组培实验室。听着专家对组培苗的介绍，亲眼看到由细胞反应培育出的小苗生机勃勃，她敏锐地意识到：植物细胞脱毒组织培育是一条科技兴农带动农民更快致富的途径。

说干就干，经过对众多植物品种调研对比，杨莉决定发展药食同源植物栀子。栀子花是岳阳市市花，栀子非常适合在洞庭湖区种植，它的花、果、叶、根都可利用，特别是从栀子干果中提取的天然色素，市场前景十分广阔。杨莉坚信，栀子产业必将为乡亲们开启致富之门。

决心下定，但一没技术，二没设备，怎么办？她不畏艰难，四处请教专家，一年内 11 次去中国林科院和中科院植物研究所，争取到了王亮生等著名专家教授的支持和指导。教授们都说："对组培这门技术的掌握，杨莉绝不亚于研究生"。

2012 年，杨莉从中国林科院引进了优质栀子母本，坐火车从北京带来营养母液，湖南第一个由农民创办、建在农村、直接服务农民的高科技农业

实验室及育苗工厂，就在田间地头成立了。培育出的栀子新品种"林海1号"，具有产量高、成熟早、抗病毒性强等优势，并且栀子果中天然色素、藏红花素、栀子苷等成分含量远远高于普通栀子。

经过5年多的努力，海泰栀子已发展成占地9 980平方米、专业技术人员36人、先进仪器设备128台套的实体，具备5 000万株/年的优质组培苗的研发与生产能力，制定了"栀子工厂化育苗和GAP种植技术操作规范"等五项标准，申报了8项专利，建设了580亩炼苗基地，56 000平方米的工厂化育苗大棚，实行了栀子大棚多层育苗新技术，这在全国是首例。2016年被国家发改委认定为湿地林木良种创制国家地方联合工程实验室。每当看到一批批优质种苗从实验室到大棚移栽，远乡近邻的农户拉走一车车优质种苗，杨莉总是满怀欣慰。

仅仅引导农民种植栀子是不够的，为解决农民卖产品难的后顾之忧，杨莉引入合作伙伴美籍华人、全球研究栀子深加工的顶级专家王志远教授的团队，投资8 000多万元，在屈原区建立栀子深加工基地，提取天然色素、藏红花素，打造"优质种苗繁育＋GAP示范种植＋合作社＋深加工＋市场＋互联网"的产业链，完善从田间到餐桌可追溯的农产品质量安全体系，打造以栀子为核心的十亿元高效农业产业。成立了全国第一家集栀子科研、种苗培育、示范种植于一体的海泰栀子农民合作社，和社员实行"六统一"的合作模式：统一供应种苗、社员培训、测土配方、生资供应、品牌标准、收购产品，实现了生产的标准化。目前杨莉示范栀子种植6 123亩，带领1 080户社员种植32 165亩，30亩以上规模经营社员634户，千亩以上规模社员5户，社员平均年收入4万多元，每亩年增收入1 800多元。合作社社员湛辉龙入社前因儿子读大学花光了家中所有的积蓄，父亲患症负债累累。杨莉动员湛辉龙加入合作社，免费提供16亩栀子种苗送到他的地里，手把手教他种栀子，发展林下经济，使他年收入达到8万多元，2016年湛辉龙不仅还清了欠债，建了新房，还有了存款。

三、心系培训精准扶贫　困难户圆了脱贫梦

为了将农业科技落地生根，杨莉将高科技农业实验室建到了田间地头，把专家请到农民中来培训。一开始农户瞻前顾后，杨莉让成果说话："普通

的一个栀子果只有 5 克，组培的足有 17 克重"。农民眼见为实，学科技的意识越来越强。杨莉又自筹资金建农民书屋，配备了电脑、投影仪等硬件设施，购买了科技农业书籍、光盘 3 000 多册（套）。她的农民培训学校不仅有专家讲课，还有种植大户和社员的现身说法，农民愿意听、喜欢听、听得进、学得会。2016 年她组织"贫困村致富带头人"培训 2 000 多人次。

家门口培训，走出去"换脑"。杨莉多次带领社员们到山东、浙江等 10 多个省市取经，每年送社员们到中科院、湖南农大培训。几年来，农民培训学校已组织栀子、龙牙百合等种植技术、信息服务、市场营销等培训近 300 期，参加学习的社员达 29 786 人次。

杨莉积极响应总书记精准扶贫的号召，2016 年为岳阳 32 家合作社社员垫付栀子苗、专用肥等生产资金 400 多万元。平江县瓮江镇兰家洞林业合作社在杨莉的帮助下，发展林下栀子观光园 2 600 多亩，有效带动了当地农户脱贫增收，2015 年脱贫户有 50 余户。至 2017 年，杨莉已在岳阳、益阳、湘西等地带动贫困村农民 219 户，种植栀子 1.6 万亩，免费提供栀子苗 96 万株，价值 439 万元。她计划在三年内种植栀子 10 万亩，让 5 000 户社员受益。

平江县三市镇麦田村特困户李群平，父亲早逝，母亲体弱多病，两任妻子先后都因家境贫寒而离婚，留下两个年幼的小孩。杨莉逢年过节和开学都会给孩子送去慰问金及学习用品。2015 年给他家送去了一公一母两头小牛，现在 2 头牛变成了 4 头牛，同时送去了 5 亩地的栀子苗，预计从 2018 年开始栀子能每年增收 5 000 多元。

一分耕耘一分收获。2017 年 3 月 13 日，中央电视台《新闻联播》以《践行农业供给侧改革，开出栀子花，结出小康果》为题对她进行了报道。杨莉表示，要将总书记的嘱托落实到田间地头，始终不忘自己是农民代表，一心一意带领农民走科技兴农、科技致富之路，要利用高科技生物技术发展现代农业，用栀子添彩美丽中国，在湖湘大地构筑起一道亮丽的风景。

第七节　爱拼才会赢——陈建坤

旧镇湾地处福建省漳浦县古雷半岛和六鳌半岛之间，而白沙村就在旧镇湾边。这里的人们世代靠海吃海，海鳗也成为当地渔民离不开的一道美食。海鳗的肉质洁白鲜甜，在很多南方城市是很有人气的美味鱼鲜，而日本人对于吃鳗的疯狂迷恋，使得海鳗身价倍增。因为有营养有市场，陈建坤所在的白沙村，从1993年开始尝试养起了海鳗，渔民们把大面积的滩泥圈成了一个个池塘，引入海水养殖海鳗。一进村，就能看到一块醒目的牌子——漳浦县南坤海鳗养殖专业合作社。这个成立于2009年的合作社已有养殖户社员102人，总投资额800万元，养殖面积3 000多亩，年产值达近亿元。这一切还要归功于村里的领头羊——陈建坤理事长。

一、穷则思变 开启生态健康养殖新模式

海鳗分布在非洲东部，印度洋及西北太平洋，在我国主要分布在东南海域。海鳗是鳗鱼的一种，不同于河鳗的是，它有着长而尖利的牙齿，尖利的牙齿使得海鳗具有凶残的撕咬能力，鱼虾蟹都是它猎食的对象。不过凶猛的海鳗也有温和安静的一面，除了捕食，海鳗更多的时候会去打洞，待在泥里。由于海鳗喜欢泥巴加上它凶猛的本性，每次收获时陈建坤都会请一些专业的抓鳗人。而陈建坤却让鱼虾和它住在了一起，明明是会被凶猛的海鳗捕食的鱼虾，又怎么能和自己的天敌共处一室呢？事情要追溯到2002年，这一年白沙村的海鳗得上了"红耳病"，每天都有大量的海鳗死掉，池塘里放上15 000条的鳗鱼苗，抓的时候只剩不到9 000条。后来一个偶然，渔民发现在向池塘放海水的时候会带进黄鳍鲷的苗和虾苗，而且膘长得还挺好。慢慢地，当地渔民为了提高池塘利用率开始尝试着专门投放一些鱼苗、虾苗。海鳗看似是对虾的天敌，恰似羊群放入狼群，实际上恰恰利用了自然界"物竞天择，适者生存"的原理，让海鳗及时吃掉患病体弱的对虾，切断了病菌的传染源，加强了对虾的游动能力，降低了患病的风险性，大大提高了对虾的成活率。这种人为重构水产养殖食物链及生态环境的养殖模式，既提高了鳗池中各种养殖产品的产量，促进了鳗池生态环境的自我净化，又提升了水产品抗病力和质量安全水平。在哪儿跌倒的，就要在哪儿爬起来。经历了失败，陈建坤开始思变，他凭着闽南人爱拼才会赢的精神，不放弃、不松懈，变卖家当投资海鳗养殖。他养殖的海鳗曾经死亡五六千斤，亏损十几万元，

经历了失败再失败后，他积累了经验教训，一方面投资改造老旧池塘、购置养殖设备、安装电力设施、改善进排水系统；另一方面多方求教水产专家，走南闯北考察学习养殖技术，钻研养殖理论、大胆实践，不断探索海鳗与石斑鱼、黄鳍鲷、对虾和贝类优化比例混合的立体养殖模式，硬是闯出了一条成功之路。

经过十多年的实践，陈建坤团队成功探索出比较规范的适宜当地发展的海鳗和鱼、虾、贝高效生态立体混养技术与模式。

二、不辞劳苦　开辟市场天地

每年进入 11 月份鳗鱼的销售期，村里每天都会有运输车挨家挨户收鳗鱼，再运输到厦门、泉州、宁波等地。渔民陈元辉笑呵呵地说："坐在家里等着卖鱼收钱就行了，这两年鳗鱼价格都在二三十块，比原来高了好几倍"。鳗鱼销路好、价格高，渔民们最感谢的是陈建坤。混养模式成功后，技术问题解决了，销路却还没打开。"这么好的鳗鱼，才能卖十来块钱一斤，算下来不赔钱就不错了"。陈建坤觉得很可惜，于是，为求好销路，他背起行囊，拿上自己养殖挣的钱，开始天南地北闯市场。这些年来，陈建坤先后自费十几万元进行产品宣传和市场推介，不仅给自己带来好的销路，也为渔民群众解决了产品滞销问题。陈建坤专门设计订制了精美的水产品外包装，以此促进销售；他与当地大酒店餐馆合作，推出海鳗招牌菜，从而引导海鳗消费；他不惜投入广告经费做品牌宣传，多次参加渔博会、农博会；他还投资研制海鳗加工产品，把海鳗加工制作成烤鳗和海鳗鱼丸等产品，尝试开展订单生产。一系列宣传促销努力终于取得了良好成效，海鳗销售量逐年攀升。为了消除渔民对海鳗价格波动带来风险的担心，陈建坤还投资建设海鳗收购点，合作购置活海鳗运输车，对养殖户实行保底价收购，把风险留给自己，深受群众感激。

三、创立品牌　带动全村致富

为了带动更多渔民共同致富，陈建坤联合几个养殖大户，倡议成立渔民专业合作组织，并已成功注册海鳗等水产品商标和海鳗地理标志。在他牵头下，合作社制定了一系列养殖操作规范，开展海鳗生态养殖标准化生产，当地海鳗养殖从未出现产品质量问题。如今，合作社的水产品不仅畅销上海、浙江、广东等省市，还远销日本、韩国等国家，渔民的效益年年增长。底播的泥蚶收益正好抵掉虾池的租金，养成的 3 斤规格的海鳗和 60 尾/斤的对虾让合作社的每一位社员都享受到了实实在在的收益，虾池亩创利润近 2 万元。

2013 年，合作社生产销售海鳗 2 800 吨，血蚶 2 000 吨，黄翅鱼等 400 吨，石斑鱼 100 吨，产值突破 1.5 亿元。渔民们的腰包都鼓起了，村里家家户户都住上了两三层的小楼。合作社的荣誉也纷至沓来，陈建坤经营的主导产品获得了农业部无公害农产品认证。在合作社办公室，挂满一面墙的"国家农民合作社示范社""农业部水产健康养殖示范场""渔民专业合作社省级示范合作社""漳州市渔民专业合作社示范社""漳浦县龙头企业"等荣誉记录下合作社发展的每一个坚实步伐。在合作社的辐射带动下，周边地区的海鳗养殖风生水起，当地渔民群众提起陈建坤，无不竖起大拇指，盛赞他是渔民致富的带头人。

第八节　种地"秀才"——袁起

"搞农业就要真心、用心、耐心，要有热情、真情、感情"。这是江苏省十佳新型职业农民袁起自己总结出的"三心三情"。带着这样的信念，袁起通过自己的不懈努力，从一个放弃了北京优越的工作生活条件，到回乡创业的大学毕业生，再成长为了一个获得"江苏省劳动模范""江苏省十佳新型职业农民"等诸多荣誉称号的职业农民。目前，他的徐薯薯业科技有限公司拥有甘薯、小麦、花生等良种繁育基地 2 000 亩，获得 22 项自主知识产权专利技术。从最开始的门外汉到如今的新型职业农民，这位来自江苏省徐州市贾汪区江庄镇的小伙——袁起给乡亲们带来了一个又一个的惊喜。

一、义无反顾　从秀才变成了农民

初见袁起，敦实的身形，憨厚的笑容，看起来比他 33 岁的实际年龄要大一些。穿着与当地农民并无不同，唯一的区别可能就是架在鼻梁的眼镜，使他显得"有些文化"。袁起是中国政法大学的高材生,"那年考上政法大学,可是给我们村放了一颗卫星,乡里乡亲的都说我们村出了一个秀才,以后肯定有出息"。大学毕业后袁起获得了国防大学防务学院办公室工作的机会,这在一般人看来是非常优越的,但是未及一年,他便毅然决然地回到了家乡,当起了农民。袁起的举动,在平静的村子里激起了千层浪,成了当时的头号新闻。秀才当农民,这在乡亲们的眼里是不能理解的举动。"当时村里有个本家大爷,拉着我的手直看,然后问我,'你手上连个老茧都没有,也能在土里刨食? 赶紧回去吧,省得给你爹娘丢人'"。袁起给记者讲起了当时回乡务农的历程:"当时压力确实很大,包括我父母,对我回来的决定都是坚决反对的。但我还是顶住了这些异样的目光回来了"。是什么让袁起下了这么大的决心?"我在国防大学的时候,一次外事活动上,欧美发达国家的军官小费给得很多,而非洲国家的却很少,所以非洲的军官显得很窘迫,这对我触动很大。贫穷就会让人瞧不起,再想想依然穷苦的村里人,还有几十年都没变化的老村子。我就给自己说,一定要尽己所能,帮助乡亲们致富"。袁起的话里,饱含着真诚与责任。

二、不畏艰难 打造出了农业科技示范区

2006年,袁起回到了家乡贾汪区江庄镇,跟随姐姐种地,从事了一段时间农业后,他发现靠这种老方式致富前景黯淡。怎么改变? 由于自己在农业方面是个门外汉,急需补上农业这门课。一切从头开始,袁起深入田间地头走访了解情况,融入农家生活,掌握农民迫切需要解决的生产、生活问题。通过长时间的深入了解和向农业院校的老师请教,袁起决定从"地"开始,着手建立农业科技示范园。为建成农业科技示范园,在当时相关政策法律尚未明朗的情况下,他流转来168亩土地,成立了贾汪区首家土地股份合作社,进行规模化种植,并创新了股权设置,引入基本股、投资股和管理股。经过对市场的考察和分析,袁起先后与省农业科学院、南京农业大学和徐州市农业科学院的专家教授联系,根据江庄镇的土壤、气候实际情况引进了"徐紫薯1号""彩色花生"和"高档菜用型豌豆"等新的作物品种并进行示范种植。通过科技示范园的推动,江庄镇已有7个行政村8000多亩土地改良了甘薯、花生品种,带动农户增收800余万元。好的品种和耕种技术

的引入，这是第一步。怎样才能更好地组织群众进行规模生产、标准种植，实现增产创收呢？为了解决这些问题，袁起先后赴苏州、南京、上海、杭州等地参加农展会，了解市场信息。

2007年，他牵头成立了贾汪区劳信种植专业合作社，聘请徐州市农业科学院的专家对会员种植的彩色甘薯的标准化生产进行指导，推广起"规模化种植、组织化生产、市场化运营"的农业发展新模式。刚开始，村民们顾虑重重，为了打消大家的疑虑，袁起挨家挨户做工作。"当时为了签协议，袁起可以说是跑断了腿，磨破了嘴。他经常是5点之前就去堵门，对于不相信他的人，他就跟着人家下地里，帮着干活，边干边解释。我们当时都很佩服他这股韧劲"，徐州市贾汪区农广校校长赵勇对记者说道。就这样，合作社成员由最初的49户增长到了27户。2010年，袁起又开发了营养价值高、保健功能强，被誉为"蔬菜皇后"的菜用甘薯，亩纯经济效益3万元左右。同年，建成了1 200吨非窖式改良节能甘薯贮藏库，延长了甘薯的销售时间。由于打了个时间差，使得每斤多卖0.2元。2011年建成年加工甘薯休闲食品300吨的生产线，当年实现销售收入1 200万元。2013年建立了集甘薯及农作物良种繁育、农产品深加工、农业机械、研发、推广与应用及相关技术服务于一体的徐薯薯业科技有限公司。采访中，袁起带记者来到甘薯基地，不同于传统的露地栽培，基地将甘薯藤蔓绑扎和缠绕在层层的木棒支架上，使之向着立体方向伸展，各个方向都能长出茂盛的茎尖来。"这种栽培方式改善了甘薯植株通风透光的条件，使甘薯叶面积系数增大，同样的土地面积，产量能翻上多倍"。袁起告诉记者。通过该技术，菜用茎尖的产量和品质得到了大幅提高，经济效益十分显著。

三、精耕销路 以敏锐嗅觉投身农业电商

八年创业，袁起历经重重考验，"销路"问题始终是袁起从事农业的最大困难。"2007年搞花生的时候，种了几十亩的花生，但没有人来收，我们只得自己推着三轮车到农贸市场去卖。徐州这边收货都是凌晨1点到3点，我们就必须在1点之前赶到。白天又得收花生，收完就得去卖，所以一天基本上没合过眼，连续1个月才卖完"。袁起说，"2008年的时候

种豌豆，因为以前没有卖过，所以不懂行情。拉到市场以后被几个二道贩子坑了一把，损失了不少"。回忆起这些经历，袁起至今满是心酸。挫折并未将袁起打倒，敏锐的嗅觉和先进的理念让他看到了发展农业电子商务的机遇。

2014年，袁起依托贾汪区供销系统的合作易购平台和淘宝网建立了徐州市桃园电子商务有限公司，销售生鲜农产品和加工农产品。生鲜农产品如紫薯、五彩花生、秋葵等以同城交易为主；加工农产品如薯条、薯球等则面向全国销售。同时，合作社建起了3个实体店，作为网络销售的支撑。袁起说，实体店后期的发展方向主要以开发农产品的深加工为主，走休闲食品路线，让人们线下体验之后，在线上继续消费。在贾汪的实体店，"合作易购"与"贾汪淘宝店"的大字赫然醒目。店面有两层，楼下是一排排干净明亮的展示柜台，主要是自家农场生产的彩色花生、紫薯等特色农产品；楼上是办公区、洽谈区及会议室，几位年轻员工正在电脑前收发网上的销售订单。据袁起介绍，前不久，他们新成了一家专门做鲜果配送的电子商务公司，目前已建成综合服务平台1个，矿大科技园运营中心已投入使用，贾汪运营中心正在建设中。

当记者问及目前公司的推广情况时，他笑着指了指旁边的营销经理苏艳："主要都是靠她，让她讲"。"我们公司最大的卖点就是从田间地头直到客户手中，干净、价廉、品质、方便是我们塑造的品牌形象。我们在推广的时候会根据不同的行业、不同的人群进行区别对待。比如对饭馆，我们主要是采取买水果送纸巾的方式，因为纸巾对饭馆来说最有用，然后我们会把自己的微信、微博扫码印在纸盒上，这样就无形中推广了我们的品牌；再比如针对政府、企事业单位的员工，我们主要是采取买水果送水果的方式，每种水果我们都会标识原产地，同时，如果在运输过程中有变质损坏，我们将全额赔偿。这样可以让他们买得放心、吃得舒心。"苏艳的专业解答也让记者明白了袁起的成功也在于有这样一支高素质的团队。

目前，袁起带动的致富火苗已经不仅仅局限在江庄镇。据悉，为了帮助与他同龄的大学生村官们做好工作，他还拿出100亩土地与贾汪区委组织部共同创建了"星火庄园"创业实践基地，并于2010年5月在江庄劳信种植专业合作社正式揭牌成立，这为大学生村官发挥自身价值搭建了可靠平台。与此同时，袁起还帮助贾汪区塔山镇阚口村成立了土地股份合作社，帮助塔山镇成立了特种蔬菜种植营销专业合作社，帮助九里区成立了万兴泥鳅养殖专业合作社，把自己的经验毫无保留地传递给了这里每一位需要的农民。"我觉得我做得还不够，只能说是在帮助乡亲走上致富的道路上刚刚迈出小小的一步，接下来还需要继续努力"，袁起谦逊地说道。

图书在版编目（CIP）数据

新型职业农民培训读本／沈琼，夏林艳编著．—北
京：中国农业出版社，2019.1
ISBN 978-7-109-25147-2

Ⅰ.①新… Ⅱ.①沈… ②夏… Ⅲ.①农民教育-教
育培训-中国 Ⅳ.①G725

中国版本图书馆 CIP 数据核字（2019）第 001858 号

中国农业出版社出版
（北京市朝阳区麦子店街 18 号楼）
（邮政编码 100125）
责任编辑 赵 刚

北京万友印刷有限公司印刷 新华书店北京发行所发行
2019 年 1 月第 1 版 2019 年 1 月北京第 1 次印刷

开本：720mm×960mm 1/16 印张：17.5
字数：270 千字
定价：32.00 元
（凡本版图书出现印刷、装订错误，请向出版社发行部调换）